U0924286

编写人员

王涵青（兰州大学）

执笔第一讲哲学是什么，第三讲中西哲学思潮简介，第四讲形上学，第五讲知识论中国哲学视角部分，并负责全书统稿

邱德钧（兰州大学）

执笔第二讲哲学思辨的基本元素

邵永选（兰州大学）

执笔第五讲知识论

郭昱辰（兰州大学）

执笔第六讲心灵哲学

张言亮（兰州大学）

执笔第七讲伦理学、第十讲应用伦理学

彭战果（兰州大学）

执笔第八讲功夫论

田宝祥（兰州大学）

执笔第九讲美学

韩慧云（兰州大学）

执笔第十一讲科学哲学

王兴赛（中山大学）

执笔第十二讲政治哲学

方锡良（兰州大学）

执笔第十三讲马克思主义哲学

哲学精要十三讲

ZHEXUE JINGYAO SHISAN JIANG

王涵青　主编

图书在版编目（CIP）数据

哲学精要十三讲 / 王涵青主编. -- 兰州 : 兰州大学出版社, 2025. 8. -- ISBN 978-7-311-06899-8

Ⅰ. B

中国国家版本馆 CIP 数据核字第 2025FD7637 号

责任编辑 马继萌
封面设计 汪如祥

书 名 哲学精要十三讲
作 者 王涵青 主编
出版发行 兰州大学出版社 （地址:兰州市天水南路222号 730000）
电 话 0931-8912613(总编办公室) 0931-8617156(营销中心)
网 址 http://press.lzu.edu.cn
电子信箱 press@lzu.edu.cn
印 刷 甘肃发展有限公司
开 本 710 mm×1020 mm 1/16
成品尺寸 170 mm×240 mm
印 张 20.5
字 数 336千
版 次 2025年8月第1版
印 次 2025年8月第1次印刷
书 号 ISBN 978-7-311-06899-8
定 价 82.00元

前　言

教育是推进中国式现代化的基础。《国家中长期教育改革和发展规划纲要（2010—2020年）》指出，提升高等教育与人才培养质量是高等教育发展的核心任务，而高等教育质量与本科教育的教学方式密切相关。中国科学院院士、兰州大学原校长严纯华在《抓好提升高校人才自主培养质量的四大问题》（《中国高等教育》，2024年第6期）一文中指出："大学之所以成为大学，首先必须关注教育。同时，对于人才培养的主体教师来说，教学是天职，属耗时费力的抱石上山过程；科研是兴趣和需求，是滚石下山过程；科学公平的评价和绩效体系就成了杠杆支点。"过去高校重科研轻教学的惯性，确实到了需要整体观念扭转与改变的节点。2025年，中共中央、国务院印发的《教育强国建设规划纲要（2024—2035年）》亦明确指出，打造高质量教材，开发基础教育科学教材是塑造立德树人新格局的重要工作之一。兰州大学哲学社会学院顺应这股驱动力，以“2019—2021年度精品自编教材建设项目”与2021年的“专业大类基础课程项目”为依托，立足过去良好的基础，对哲学概论课程展开进一步深化，其中主要目标即一本合于现代课程需求的哲学概论教材之编撰，《哲学精要十三讲》一书即为此成果。

不论作为哲学专业本科生入门课程，还是通识教育课程，哲学概论除了系统性知识（知识承载度）的强调外，其还是一门引导性的课程。如同所有哲学概论教材都会提到西方哲学起源于哲人对世界的惊讶（好奇），国内具有代表性的学者孙正聿在《哲学通论》中指出，哲学是一门“关于人类生存发展和安身立命的‘大智慧’和‘大聪明’”的学问，都说明了哲学概论这样的课程除了在专业上必须引导学习者对哲学有整全与系统性的认识，打下往后的知识基础外，还必须在过程中启发其对哲学问题的好奇与追问，以及培养其批判性反思的习惯。回到哲学的本质，还能同时观照哲学的理论与实践双重面向。循此，《哲学精要十三讲》一书，是以兰州大学哲学社会学院为主体，由不同专业、不同年龄段、不同学缘背景的教师组成的教学团队，共同讨论、凝聚共识而编排撰写的一本教材。本书尝试让读者有一整体性且递进的学习路径，在“基础—理论—延伸”三大篇共十三讲中，除了把握形上学、知识论、伦理学等基本学科，也将如心灵哲学与科学哲学等当代哲学热点纳入进来，并且考虑到了中国哲学的视角。过往哲学概论类的教材，通常有西方哲学与传统哲学视角，或纯粹立基某一哲学视角，或那种大师型的个人风范视角等几种类型。本书则旨在搭建一套基础而全面的知识结构，因此不特意往一家一系之论发挥，期望读者借此一步步穿行在哲学一幕幕的世界里，领略其独有的韵味与风景。

本书作者及分工情况如下（按章节顺序排列）：

王涵青，辅仁大学哲学博士，兰州大学哲学社会学院教授，硕士生导师，主要从事宋明清儒学、伦理学相关研究，于台湾地区任教职以来，具有丰富的哲学概论相关课程教学经验；执笔第一讲哲学是什么、第三讲中西哲学思潮简介、第四讲形上学、第五讲知识论的中国哲学视角部分，并负责全书统稿。

邱德钧，兰州大学哲学社会学院教授，科学、技术与社会研究所（STS）暨研究生公共课教学部所长，硕士生导师，主要从事逻辑学、科学技术哲学相关研究与教学；执笔第二讲哲学思辨的基本元素。

邵永选，中国人民大学哲学博士，兰州大学哲学社会学院副教授，硕士生导师，主要从事国外马克思主义、马克思主义哲学基础理论相关研究与教学，并主要负责哲学社会学院知识论课程教学；执笔第五讲知识论。

郭昱辰，法国索邦大学哲学博士，兰州大学哲学社会学院青年研究员，硕士生导师，主要从事“想象、虚构和假装”、心智哲学与行动哲学、分析美学、文学哲学、表演哲学相关研究与教学；执笔第六讲心灵哲学。

张言亮，清华大学哲学博士，兰州大学哲学社会学院教授，硕士生导师，主要从事伦理学、科学技术哲学相关研究与教学；执笔第七讲伦理学、第十讲应用伦理学。

彭战果，山东大学哲学博士，兰州大学哲学社会学院教授，硕士生导师，主要从事易学、儒释道关系及中国古代功夫论相关研究与教学；执笔第八讲功夫论。

田宝祥，首都师范大学哲学博士，兰州大学哲学社会学院讲师，主要从事中国古代哲学（先秦哲学、诸子学研究）、中国古典美学相关研究与教学；执笔第九讲美学。

韩慧云，北京大学哲学博士，兰州大学哲学社会学院讲师，主要从事科学哲学相关研究与教学，尤其关注与说明、理解相关的认知问题；执笔第十一讲科学哲学。

王兴赛，中山大学哲学博士，中山大学哲学系副教授，硕士生导师，主要从事马克思与黑格尔实践哲学、政治哲学相关研究与教学；执笔第十二讲政治哲学。

方锡良，复旦大学哲学博士，兰州大学哲学社会学院副教授，硕士生导师，主要从事马克思主义哲学、农业伦理学、生态哲学与生态文明相关研究与教学；执笔第十三讲马克思主义哲学。

最后，本书的成稿，要感谢中山大学哲学系王兴赛副教授对政治哲学一讲的撰稿协助，以及哲学社会学院张言亮教授对哲学概论课程改革项目以及书稿出版的所有相关行政与协调工作的大力协助。

王涵青

2025年2月20日

目 录

第一篇 基础篇

第二篇 理论篇

第一篇 基础篇

第一讲　哲学是什么

学习一门学科，首先要对这门学科有基本认识，学习哲学亦是如此。只是，当我们初步展开对“哲学是什么”的理解时，情况却有所不同。譬如，在开始学习物理学或药理学时，老师在第一堂课说明了其定义后，后续展开的就是对物理学或药理学内容的探索，很少需要再回头去讨论物理学或药理学的定义。而“哲学是什么”这个问题，始终与哲学学习的过程形影相随。如同我们向初识之人介绍自己，或是向某人说明某事某物，介绍者的认知模式、叙述方法与内容是清晰或模糊的，要说明的这个人或事物自身的简单或复杂程度，甚至认知者自身的认知模式，都是影响理解与认识的因素。如果让哲学对着读者进行一次自我介绍，这个介绍在每一面向的变因与其复杂程度，也就让“哲学是什么”的答复变得含混不清，难以表明。而此种情况是因为关于何谓哲学的定义实际上是有歧义的，譬如让一位分析哲学或中国哲学的研究者来介绍哲学是什么，其所呈现的观点有很大可能是歧义的。这类歧义放在其他学科的定义问题上一般没如此剧烈，但放在哲学学科上，确实显得天差地别。

尽管如此，对于一件事情的理解，从认识的进路来说，仍不免从基本定义开始。因此，第一讲我们以“哲学是什么”这个问题为核心，尝试从几个面向层层解析此问题。

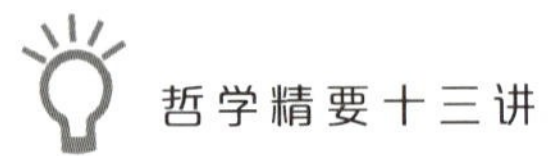

一、从字源与字义而论

“philosophy”一词源自希腊文“philo”与“sophia”的组合，“philo”有“爱，友爱，与之为友，渴望”的意思，“sophia”则有“智慧，有智慧的，爱好智慧，有学问的”的意思，合而言之常见的解释是“爱智”。一般认为，哲学一词的首次使用者是古希腊哲学家毕达哥拉斯。张世英指出，根据海德格尔透过字源上的考证，与毕达哥拉斯同时期的赫拉克利特最早使用了“φιλόσοφοξ”此形容词，应该译为“爱智慧的”。然在此时“爱智慧”的含义指的是“人与万物（一切存在者）合而为一的一种和谐一致的意识”，在这层含义上反而很容易联想到中国哲学的“天人合一”之说，与其后西方哲学中通常理解的“爱智”概念略有不同。不过，此智慧之学在含义上的转变，实则也就是哲学这门学问，以苏格拉底为转折，显示出一种由“爱”到“渴望”智慧的演变过程。古希腊以来西方哲学所谓的爱智之学，显现出的是人类对哲理的渴望与追求，以及对存在性的追根究底[①]。从字源的发展来看，philosophy本指自古希腊以来而有的一门学问，其内涵即为西方哲学，当今西方的哲学系仍是以西方哲学为主体的。哲学如何从以西方哲学为主的论述发展成为世界的共同语言，并且保有如中国哲学、印度哲学那样不同的区域性哲学的特征？其间的共同性与殊别性问题，有着错综复杂的关联。

以中国为主体的视域来看，首先可由以下三个面向理解：其一，从以西方哲学为范围的这门学问是何时传入中国而论。沈清松指出，西方哲学最初是由明末天主教传教士利玛窦等人引入。在此时期，明末来华的天主教传教士傅汎际（F. Furdato）口译，李之藻达辞的《名理探》一书，将philosophia译为“爱知之学”，另外在当时介绍西方学术的《西学凡》一书也将哲学称为“理科”或“义理之学”，或音译为“斐禄所费亚”[②]。其二，从philosophy到“哲学”此译文的出现而论。此译文是由日本学者西周于1874年著《百新一论》时所译。其三，从“哲学”的中文译文回溯其字源而论。“哲”在《尔雅·释言》中为

① 张世英：《哲学导论》，北京大学出版社，2016，第3–4页。

② 沈清松主编《哲学概论》，贵州人民出版社，2003，第1–2页。

“哲，智也”，《说文》为“哲，知也”，《尚书·大诰》言“爽邦由哲”，《尚书·皋陶谟》言“知人则哲，能官人”。总体言之，其含义表现出两个层次：一是明智之意，言主体自身拥有的能力；二则显现为能善用此能力而适当地用人选才治理国家的具体表现。“学”在《说文》为：“斆，觉悟也。”《说文解字注》言：“学记曰，学然后知不足，知不足然后能自反也，按知不足所谓觉悟也。记又曰，教然后知困，知困然后能自强也，故曰教学相长也”。《广韵·效韵》：“斆，学也。”循此，“学”的含义是觉悟。此觉悟在主体上有两面向，施教者与受教者，因此学是两主体在教与学双向互动中自身获得的启发（自反、知困）与智性提升。合言之，显现出的含义可说这是一门关于主体能进行反思觉悟且力行实践的明智之学。

当然，对于“哲学”此中文词汇的组合是当代才产生的思考，仅为一种参照。不论从希腊文还是中文字源而论，都无法简单地让我们理解哲学是什么，且还衍生出一个重要的问题，即从西方哲学进入中国的思想流传过程中，相对应的是否有中国哲学的问题？张岱年在《中国哲学大纲》的《序论》中提到，古代中国思想中并没有与现代我们所谓的“哲学”意义完全相同的名称，虽然先秦时有诸子之学、魏晋时期有玄学、宋代有“道学”“义理之学”“理学”等对当时学术思潮的称谓，清人将学问分为义理、考据、辞章三类，义理之学也看似哲学，然诸子之学、玄学、理学、义理之学等是否可以称为哲学？这必须视我们对于哲学一词的看法而定①，因此确实没有一定的答案。

二、从哲学的思维活动而论

前面从哲学的字源与字义出发已可见此问题的复杂性。有趣的是，当检视多本《哲学概论》教材，一探其如何展开关于哲学是什么的说明时，几乎都会以苏格拉底为重要的转折点，以苏格拉底的生平事迹为例，彰显哲学思维之特性。由此，对于“哲学是什么”这一问题的讨论，就从字源与字义的梳理，进展到对“哲学的思维活动”的解析。

苏格拉底没有个人著作，但我们从其学生柏拉图撰写的《对话录》，尤其是

① 张岱年：《中国哲学大纲》，商务印书馆，2015，第21–23页。

《自辩》《克里托》等篇章中，可以读到柏拉图对于苏格拉底言行与活动的记载。在柏拉图的描摹中，苏格拉底对事物永远抱持着不安、疑问、惊讶的态度，他不断地在雅典街头与众人辩论（对话），执着于对正义、勇敢、爱等概念的探究。在对苏格拉底的描绘中有两句不能忽略的话，一是德尔菲神庙上的神谕："认识你自己！"一是苏格拉底所言："未经审视的生活是不值得过的。"由此出发，苏格拉底从发现与承认自己的无知开始，进而展开求知的追寻历程，透过对真理的追寻，帮助我们好好地活着。苏格拉底的哲学实践，因此成为哲学思考的最佳模板，也成为许多当代《哲学概论》教材的撰写者定义何谓哲学的基础。

以下我们可略举几例：

沃尔夫《哲学概论》[①]：哲学是心灵对正确思想言行判断标准的系统性反思，它适用于一切活动。哲学的真理或洞见公认的有合理性、普遍性、客观性三个特征。

邬昆如主编《哲学概论》[②]：定位宇宙，然后在宇宙中安排人生的爱智之学。

沈清松主编《哲学概论》[③]：哲学是对于存在界和人所进行的整体性、基础性和批判性的研究。

冯友兰《中国哲学简史》[④]：哲学是对于人生的有系统的反思的思想。

牟宗三《中国哲学的特质》[⑤]：凡是对人性的活动所及，以理智及观念加以反省说明的，便是哲学。

以上列举了西方与中国当代哲学家对于哲学定义的描绘，就共同性而言，其说明了哲学思考的特色，即反思批判的能力与系统性的建构，以及相应的实践活动（行动）。再以国内马克思主义哲学代表性思想家孙正聿的描述来看：

---

① 沃尔夫：《哲学概论》，郭实渝等译，广西师范大学出版社，2005，第21、30页。

② 邬昆如主编《哲学概论》，中国人民大学出版社，2005，第1页。

③ 沈清松主编《哲学概论》，第1–4页。

④ 冯友兰：《中国哲学简史》，北京大学出版社，2013，第2页。

⑤ 牟宗三：《中国哲学的特质》，载《牟宗三先生全集》（28），联经出版事业股份有限公司，2003，第3页。

> 热爱智慧的哲学，既不是智慧的别名，也不是智慧的总汇，而是把智慧作为探究的对象。由热爱智慧和探究智慧而构成的哲学智慧，就不是回答和解决各种具体问题的“小智慧”和“小聪明”，而是关于人类生存发展和安身立命的“大智慧”和“大聪明”。这种“大智慧”和“大聪明”，按照中国传统哲学的看法，就是“究天人之际，通古今之变”，“判天地之美，析万物之理”，“为天地立心，为生民立命”；按照西方传统哲学的看法，就是“寻求最高原因的基本原理”，“提供一切知识的基础”，“发现生命的意义”和“使人崇高起来”；按照现代西方哲学的看法，就是解决“精神的焦虑”“信仰的缺失”“形上的迷失”“人生的危机”“意义的失落”和“人与自我的疏离”等问题；按照马克思主义学的看法，最根本的就是解决“现实的人及其历史发展”的问题。所有这些问题，用通常的说法，就是哲学所研究的“世界观”“历史观”“人生观”和“价值观”等问题。[①]

循此，孙正聿指出哲学的重大基本问题是“思维和存在”的“关系问题”[②]。以上的描述一方面就哲学的共同性给予了哲学是什么这一问题的基本内涵，另一方面也以此为基础显现了不同地域或时代哲学的特殊性。从共同性来看，哲学的重大基本问题是“思维和存在”的“关系问题”，这样的定义是在以马克思主义哲学为方法论基础的观点上对哲学内涵的定义，若方法论的视角与立场产生转移，此类定义会随之转移。然而说到哲学所研究的是“世界观”“历史观”“人生观”和“价值观”等问题，从哲学的普遍关怀来看，则说哲学是定位宇宙，然后在宇宙中安排人生，以及前面就字源上所说到的哲学是一门主体能进行反思觉悟且力行实践的明智之学等描述，以及从哲学思维所强调的反思批判与系统性建构来说，更能见得我们对哲学是什么这一问题在理解上的共同性。

---

① 孙正聿：《哲学通论》，北京师范大学出版社，2020，第3页。

② 孙正聿：《哲学通论》，第153–168页。

三、中西哲学的分类与课题，兼论中国哲学的合法性问题

前面着力于从共同性出发探讨哲学是什么这一问题，接着本段再从中西哲学的不同面向说明中西哲学的分类与课题，并借此再扼要讨论中国哲学的合法性问题。

从时间上来说，公元前6世纪，古希腊、埃及、阿拉伯、中国等几乎同时出现了哲学的思维活动，这个时代成为人类文明跃升的重要时间点，亦即雅斯贝尔斯在《历史的起源与目标》所论的“轴心时代”①。但在当时分别诞生于古希腊与中国的哲学思维，确实有着不同的特色，并且在思想传递过程中，产生中国哲学的合法性问题。前面提到，“哲学”作为一门从西方philosophy而来的学问，在中国的发展确实经过了一个辩证的历程。清末民初之际，中国知识分子在面对外强侵扰造成的种种政治、社会困境中，以及随着西学东渐，西方哲学的概念与方法成为一种救亡的新资源，此时，所谓“哲学”研究，以及“哲学史”的撰写，成为当时学者在中/西、传统/现代、强/弱的救亡意识中开启的一种新的思想途径。谢无量撰写了第一本中国哲学史，其后，胡适与冯友兰等人陆续撰写中国哲学史，透过不同的方法面对传统学问，“哲学”在中国之发展亦逐渐确立。其中，胡适《中国哲学史大纲》的写作开启了后代中国哲学研究者对中国哲学史研究与撰述的重要方向，即“依傍”西洋哲学史以研究撰写中国哲学史②。对中国知识分子而言，哲学作为一门学问在此时可说如佛学当时之东来一般，原属外来的学术，佛教（佛学）在中国发展的过程中受到许多攻击与排斥，然最后却形成中国佛教，成为中国宗教信仰中的重要部分。哲学非宗教信仰，然作为一新学术领域在进入其他社会文化之时，其发展必然会受到反复检证。此检证一方面会从西方哲学视角检视中国传统思想，另一方面亦会站在中国传统思维的立场面对西方哲学，因此便引起了中国是否有哲学，中国哲

① 卡尔·雅斯贝尔斯：《论历史的起源与目标》，李雪涛译，华东师范大学出版社，2016，第8-13页。

② 颜炳罡：《从“依傍”走向主体自觉——中国哲学史研究何以回归其自身》，《文史哲》2005年第3期，第28页。

学之合法性问题等质疑与讨论。此讨论到了当代，甚至发展出哲学与经学的共同与殊别之思等延伸。

张岱年在《中国哲学大纲》中提到中国哲学的六项特点，其中“合知行”与“一天人”大抵是最常被谈论的特点，但其另外提到的“重人生而不重知”以及“重了悟而不重论证”[①]两点，则特别是针对中国哲学与西方哲学的殊异性而论的，即显示出西方哲学注重逻辑论证与知识论，与中国哲学不同。由此不同来看中西哲学的分类，一般以西方哲学为主可有以下几个分类：

逻辑（logic）：研究“有效推论规则”的科学；

形上学（metaphysics）（本体论与宇宙论）；

本体论（ontology）：关于存在本身的理论或研究；

宇宙论（cosmology）：关于宇宙的起源、结构、发生史和归宿等的研究；

知识论（认识论，epistemology）：关于人类认识的来源、能力、范围、限度、真伪标准的研究；

伦理学（ethics）：关于如何对待自我和他人关系的系统研究；研究普遍规则或原则，也探讨特定的案例；

美学（aesthetic）：关于美及其有关概念的研究，也涉及对人们经验和事物判断中的价值、嗜好、态度和标准的分析。

以中国哲学为主的分类，若借张岱年之分析，从内容来看，可约略将中国哲学分为宇宙论或天道论、人生论或人道论、致知论或方法论、修养论、政治论五部分，其中宇宙论、人生论、致知论三部分为其主干，总此三部分，正相当于西洋所谓的哲学。现代常见之分类则可以如下为例：

形上学（本体论与宇宙论）；

本体论：关于存在根源与规律、终极意义与价值的研究；

宇宙论：关于具体时空、物质、存有者类别、世界结构等的研究；

人性论：关于人性之探讨；

功夫论：论修养、修炼、修行等实践功夫的操作方法；

境界论：论理想的人格境界如圣人、君子、真人、神人等，以及境界层次的问题。

---

① 张岱年：《中国哲学大纲》，第25-30页。

四、关于“哲学是什么”的再思

总结以上说明，实则可以得到一个结论，关于哲学是什么这样的问题，实在不需急于在刚踏入哲学殿堂时得到某种确切的回复。此问题本身的复杂性及其多样性，或许更可透过劳思光所言，从维特根斯坦“家族相似性”视角切入。维特根斯坦用“游戏”这个概念举例，为什么我们称呼所有的游戏为游戏，这是因为这些东西，譬如各种桌上游戏、各种球类游戏，彼此之间有相似性，就像一个大家族的成员间多少有些彼此相像的地方，家族相似性会出现在一个词的不同用法之间，或出现在一个词可以指称的不同对象之间。以此思考进路来理解哲学这个概念，也不需急着定义何谓“哲学”，而可以将哲学视为一个“开放概念”。劳思光透过此主张将“哲学思维”（philosophical thinking）作为界定的对象，用哲学的“开放概念”回答哲学的定义。因此，所谓哲学思维就是一种“反省思维”，反省思维是变化不定的，所以不同的题材会得到不同的哲学。这些不同的哲学依然有个共同性，就是它们都是哲学思维的产物，了解了哲学思维，就可以明白这些不同的哲学都叫作哲学①，而在此共同性之中，各种不同哲学的殊异性亦可清晰地彰显出来。

---

① 劳思光：《论哲学基本问题》，劳思光研究中心，2016，第5-22页。

第二讲　哲学思辨的基本元素

一、认知过程

人类的认知处理过程有感知、记忆、思维这三种与哲学密切相关的过程[①]，借助语言在对世界和人自身的认识过程中，三者并不绝对孤立，而是交织在一起，依据认知的具体环境达成认知的目的——与环境交互并对交互行为进行理解和解释。

达成对环境的交互和对人自身的理解是认知的目的，并不限定要采取某一种认知方式或几种认知方式的组合。但感知因个体不同而表现出的个性化呈现为多样性表达，与各种推理组合，会形成一定程度的个性思维模式。这些思维模式或严谨、或机械、或发散，跨思维的不同层次，却总表现出共同的特征：达成对世界的认知；与他人交流和传播这种认知；以这种认知解释世界过去的运行状态和预测未来的状态，使得个性化思维因交流出现共同的概念表达，进一步导致思维出现普遍化的结构，催生了思维结构的固定、确定性的表达，以增加共识减少歧义为目的。

把对环境的某种认知表达出来有多种方式，声音可表达惊奇，动作能传达更多认知信息，还有气味、图像等信息表达方式。但系统性且理论性的表达，

① Merleau-Ponty M.，*Phenomenology of Perception*（Paris：Gallimard，1945），pp.15-27.

一定要借助语言。哲学是一种系统化、理论化的世界观，与语言天然分不开。哲学依赖语言来表达和沟通复杂的概念、理论和观点①。语言是哲学家探索、解释和讨论问题的主要工具。哲学涉及对基本概念如存在、知识、道德、美等的定义和概念化，这个过程完全依赖语言，因为语言为这些概念提供了形式和结构。哲学的一个重要方面是在已知前提下进行逻辑推理，长期的语言习惯和结构提供了构建论证和分析推理的框架，使哲学家能够明确表达推理过程。哲学思想往往与特定语言和文化背景紧密相关②。不同语言和文化背景下的哲学传统展示了多样的世界观和思维方式。语言不仅在表达哲学概念时发挥作用，它还界定了我们能够思考的概念的范围。某种意义上，语言形成了我们理解世界的框架。不能想象，不借助语言可表达系统化的理论，虽然舞蹈、图像可以传达关于某一具体问题的认知和理解。

二、语言、逻辑与哲学

哲学与语言分不开，要表达较为系统和复杂的思想就天然地与推理联系起来。广义的推理是指在已有认知的基础上，按一些规则得到结论。把已有的认知，按一定模式映射到结论就是推理。这里借用数学里常用的映射是为表达简洁，它指的含义是大脑里把一个概念简单地对应于其他概念。如见到“在河之洲”欢快鸣叫的鸟，就映射到“窈窕淑女，君子好逑”。这种映射式推理多称为类比、比喻和类推，是常见且重要的富有启发性的推理方式。但仅依据它，不足以产生理论化的思维。

因为随着语言的出现，在长期共同面对同一个地球环境和进行大量交往的过程中，人类的不同语言中必然出现关于同一事物的表达不尽相同从而阻碍交流沟通的现象。为了扫除交流的障碍，不同的概念表达在面对相同的对象时生成了一致性，不同语言、不同思维内容中形成了共同的思维结构这一特征，就是思维中最重要的形式——逻辑结构。也存在与上述分析不一致但并不矛盾的

① Wittgenstein L., *Philosophical Investigations* (Oxford: Blackwell Publishing, 1953), pp.3-12.

② Gadamer H. G., *Truth and Method* (London: Continuum, 1960), pp.65-78.

另一种主张，认为人类即使处于没有逻辑的时期，思维的确定性也促成了逻辑的出现，因为你不能在与狩猎的同伴交流中说“此地既有猎物又没有猎物”。而思维的确定性正是促使逻辑思维产生的关键，逻辑研究有效推理，它依赖于明确、确定的前提来形成有效和可靠的结论[①]。如果思维过程中的概念和陈述缺乏确定性，那么构建起来的逻辑结构将是不稳定和发散的。逻辑推理要求思维过程具有一致性和准确性，确定性的思维使得逻辑结构更加清晰和可靠，避免了矛盾和模糊性，这是进行严密推理的前提。逻辑结构的目的是产生有效和可靠的结论，确定性的思维确保了从前提到结论的推理过程是严密和合理的，从而保证了结论的有效性。没有确定性的思维很难支撑起严密的逻辑结构，也就不足以支撑需要概念推演的哲学研究。

有了认知的积累和理论化的推理工具，哲学这种系统化的世界观方可诞生。但我们今天也见哲学家在构筑关于世界的认知理论时，并不以逻辑为基础，而是先构造特有的基本概念，并主张以之为基础发展出庞大的关于世界的认知体系。那么，哲学到底会与推理和研究推理的逻辑形成什么样的关系？

至少，大部分哲学家以语言表达自己的思想，表达中遵循共同的思维结构是思想得以传播的必要条件，即使存在以自我体验为特征的哲学家不重思想传播，但不代表共同的思维结构也在隐性影响其思想与体验的形成。这导致思想的表达不会以违反逻辑为要，而为了传播思想也须遵循逻辑，这是哲学家作为人类知识成员必然在人类社会中养成的思维习惯，除非其理论以脱离人类思维为目的。因此，哲学通过语言得以与逻辑达成同路，即思想的表达必须合逻辑。在某一时期，甚至以语言来分析思想，作为厘清不同哲学观点或找出共同点的重要分析工具。但语言只是思想的载体，不是思想自身，若语言限制了思想表达，可选的路或是发展更丰富的语言，或是修正思想，但哲学家不会走后一条路。

不可忽视的一点是，逻辑仍然被视为阐明语言所表达的哲学思想的最关键工具。尽管现象学方法、历史分析方法和思想实验方法等各种方式，例如概念分析、批判性思考、语言分析，以及关注直接经验并尝试从第一人称的视角理解经验本质的描述，都各有其独特的优势，但无一例外，它们都不会去主动违

① Frege G.，*Begriffsschrift*（Halle：Verlag von Louis Nebert，1879），pp.45-50.

反逻辑的基本原则。

三、必要的逻辑能力

思维是由概念、判断、推理和论证或反驳表达出来的。语言符号是最常见，也是最方便系统化的表达方式。外在表现为文字、声音，内在承载了意义和信息。概念的外在与内在二元性为使交流不出现歧义总体是趋于统一的，但不排除有时在特定环境下出现的分离与意义的发散和背离，因为后者有可能是在新的未知领域借用已有概念的形式表达新的意义。这在逻辑上不被允许，但在哲学上多见。因为哲学的一个重要任务就是在怀疑旧的思想的过程中通过给原有词汇赋予新的信息来探索未知的领域，借用已有的概念形式来表达未知就成为常态。

这时仍要遵守的原则有二：第一，概念内涵是什么要明确；第二，概念描述什么对象要清楚。即要明确界定概念在当前使用环境的内涵与外延。外延在某些环境中不一定是客观的对象，可以是任意为内涵所界定的对象，尤其是抽象的对象。这里的抽象对象由于是抽象体，不必有现实中可对照的事物，可以是想象的观念，如果是基础的观念，哲学家往往就以此出发构建自己的世界观。此时的抽象概念可能很易理解，也可能不能准确界定。哲学上习惯借此概念构造出一个关于世界的解释系统从而达致对该抽象概念的定义。这种定义概念的方式是探索人类未知的一种方式，不同于逻辑上必须以已经被人类认知的概念出发为界，来定义新的概念。特别是，概念还可以为空，并据此给哲学带来更多的丰富性。

断定一个概念具有或不具有某些性质，断定概念之间具有或不具有某些关系会形成判断，其实质是完成了对概念的认知过程。认知的结果总是以各种判断呈现出来：

a.花是红色的。

b.天空正变得不再灰蒙蒙。

c.所有的克里特人都不是爱说谎的。

d.牛郎爱织女。

e.甲认识乙和丙两人所有的朋友。

以上是陈述性的判断，是对事实的肯定或否定，或表达个体与其他个体之间的各种关系。

另一类判断则不同，主要是在当下表达对未知或未发生的事情、人物的期盼或态度：

f.核战争可能出现。

g.不允许在公共场合吸烟。

h.未来必定以你预料之外的方式到来。

i.他相信夏日里也会飘雪。

j.我一定要去火星定居。

这些表达清晰、准确的判断，有时会被故意以抽象而不准确的形式在哲学里出现。例如，看见一片红色的花海，准确表达是“存在一片红色花海”。哲学家偶有表述为“世界是红色的”，这是经过多次抽象的表达。我们应该训练出还原这种抽象表达原意的能力，不是为了拒绝这类抽象，而是还原思想至起点以达成原初的解读。

还必须注意，历经长期的思维交流，人类语言中出现了一类非常特别的结构，如：

k.凯撒入侵过高卢或没有入侵过高卢。

l.如果天下雨，那么天下雨或天晴。

m.若房玄龄病重，则无须看望；今既随例看望，玄龄不死也。

把“凯撒入侵过高卢”替换为“小张是国王”，不会使句子的真实性遭人怀疑，因为句子的有效性不源于内容，而源于判断的特殊结构（其他两句同理，可作课后思考）。但这些句子哲学家鲜有使用，因为这类句子讨论现实世界已发生事情的真假，而哲学主“怀疑”，会回避这种有稳定结构从而意义总为真的句了。但这类句子会构成人类语言的规则集合，以之为基础，就能构建正确思维大厦的共识基础。对此，哲学家并不否认，而是在不含这类句子的未知句子集合里寻找新的真理。因此，哲学思考是探索性的且有趣的。

不论在日常生活、哲学或数学中，推理都保持着相似性或一致性，并不存在只在哲学中成立而在其余两种场景下不成立的独有推理方式。换言之，人类使用共同的推理形式应用于广泛的不同领域。其中演绎推理占主要地位，它试图从已知的前提，得出唯一结论，保证这一推理正确的，正是前面k—m这类固定的、永真的形式化结构。掌握完整的关于这些结构的知识是逻辑学学习的主要任务，但即使没有系统、完整的逻辑学训练，我们也从数学、语义等课程中逐步接受了常见的分离规则、逆否命题、分解式与组合式，以及较常见的全体具有的属性推论到个别也具有的三段论推理。这些会为我们的哲学学习构筑起基本的演绎推理保证。

但必须重视的是，日常生活的推理往往是方便而简洁易用的，如“所有阔叶植物会落叶，葡萄是阔叶植物，葡萄也会落叶”。数学中会从向量的连续循环中发现“洞”的定义，使平面上的圆成为其简单特例，这样在用“数”“数值”描述几何或拓扑性质的过程中，达到了用纯“数”表达高维空间的目的，扩大了“数”的应用领域，还从数与形的转化中发现了关键概念“向量”的共性与作用。哲学亦如此，在分析不同的变化、现象时，洞见到在多种场合起作用的基础概念，并据此完成一种新的世界观的构造。这种“洞见”是从不同现象中抽象出共同特征之后找到关键概念的思维过程，也被称作“思辨”。“洞见”是人类珍贵的财富，哲学家得之殊为不易。与数学相比，更难的在于数学里可以找到数值或几何方法描述这种洞见，哲学家还得创造概念表述这种洞见，接受度和可理解性及应用范围最终会决定这种洞见所产生的影响力。

论证是向他人说明自己的观点正确，此时不必然与对方的观点相矛盾，除了可能形成对对方观点的反驳之外，还可能在“商榷”中形成疑问、削弱等针对对方论证中关于论据、论题的不同结构，是有益于对方观点修正、完善的。尤其对话中的论辩，优于文字论证，更易碰撞出思维火花，是哲学研究的重要途径之一。

四、非逻辑思维能力

逻辑思维能力涵盖面极为广泛，哲学中涉及的多表现为批判性思维、实践、想象、伦理与道德批判、美学创造、情感和共鸣等。一个特殊的现象是，丰富、优美的语言表达能力常常会激荡起直觉式的洞见，有益于哲学研究，虽然我们还不了解其内在的因果关系。

人类对事物的认知是一个漫长且持续的过程，在这个过程中，要强调两个共识：一是知识的划分（见图1–1）；二是要重视知识的积累，每一分人类认知的进步都是弥足珍贵的。

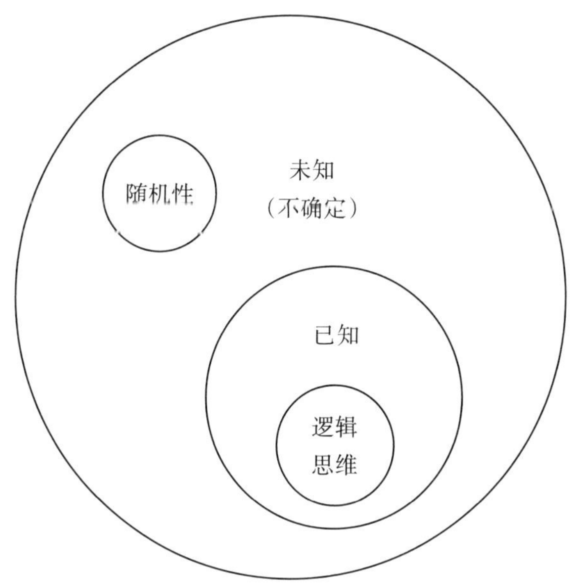

图1–1　知识的划分

人类知识领域大部分还是未知的，也是由不确定性主导的；少部分是已知的，在已知领域里，能用逻辑思维描述的只是小部分。非逻辑在已知和未知领域都会发挥作用。而未知领域是否符合逻辑思维的描述也是未定的。

未知领域不一定全是不确定性的，其范围相较于已知要大得多，我们不应该给图1–1的外圈设定边界。但其中一部分是具有随机性的领域，我们可以用各种特征分布（例如高斯分布等）来刻画。正是对这一领域的探索，带动了科学的巨大进步。在不确定性领域里，仍存在大部分我们未能探索，甚至想象也未能涉足的地方，但减少认知的不确定性，哲学家长于走在探索的前列。

第三讲　中西哲学思潮简介

哲学史是学习与认识哲学的基础，在哲学概论教材中置入中西哲学思潮的简介，似乎是较罕见的设计。傅伟勋在《西洋哲学史》中对哲学概论与哲学史进行过区别：哲学史的写作是从“纵的发展侧面透示哲学思想之中所存在着的理论难题”，哲学导（概）论是就“横的侧面直接剖示诸般哲学问题”，二者是相辅相成的[①]。不论是哲学概论还是哲学史的学习，都需循序渐进且有阶段性。而在本教材中对中西哲学思潮进行扼要介绍，是希望读者对历时性的中西哲学史的发展脉络有基本知识乘载，而为后续各讲主题与哲学问题讨论之基础。

循着哲学史的发展脉络，可以见到哲学思想中所存在的理论难题，哲学史的发展在时代与哲学家之间有着内在的关联与必然性。劳思光在《新编中国哲学史》的写作中提出“基源问题研究法”，指出整理哲学理论的第一步必须有一基本了解，即“一切个人或学派的思想理论，根本上必是对某一问题的答复或解答”[②]。本教材理论篇与延伸篇每一讲的主题与其中所提出的问题，是哲学整体框架中的横向结构，展现出普遍性、基础性的共同课题。但不同时代对这些课题的整体性观点，或个别哲学家对这些课题的特殊立论，本质上又响应着时代与哲学家自身的基源问题。哲学史之进程，便显现出此种思潮（哲学家）与思潮（哲学家）间的转换与确立。梁启超在《清代学术概论》中言：“凡‘思’

① 傅伟勋：《绪论：哲学史概念》，载《西洋哲学史》，三民书局，2005，第2页。

② 劳思光：《新编中国哲学史》(一)，生活·读书·新知三联书店，2015，第11页。

非皆能成‘潮’，能成‘潮’者，则其‘思’必有相当之价值，而又适合于其时代之要求者也。凡‘时代’非皆有‘思潮’，有思潮之时代，必文化昂进之时代也。”[①]由此可知，实际上并非每个时代都具有代表性之思潮，然此并非否定不具代表性的学术思潮之时代，其中的思想理论或哲学家便没有价值，不值得我们探究。只是在哲学学习的初步，就哲学史的掌握上，首先以具备历史价值且符合时代需求的哲学思潮为基础，再展开自身兴趣的哲学探索，以免陷入狂妄的空谈，如《论语·卫灵公》所云：“子曰：吾尝终日不食，终夜不寝，以思，无益，不如学也。”因此，本讲以下便对中西哲学思潮的发展与转型进行扼要梳理，是后面逐步踏入哲学概论学习的准备。

一、西方哲学思潮的分期与发展

西方哲学思潮的分期与发展，过去常按历史进程区分为“古代、中世、近代”三时期。古代指古希腊哲学，中世指中世纪哲学，近代则多以文艺复兴为转折点，表示其后的理性主义、经验主义、德国古典哲学直至现代哲学的发展。此三时期的主要特点可区分为宇宙中心（主义）的、神中心（主义）的、人中心（主义）的[②]。但近年更多地从近代再区分出现（当）代哲学，呈现出四阶段的发展。此四阶段就哲学形态的区别，又常被区分为希腊与中世纪哲学的本体论形态、近代哲学的知识论形态、现代哲学的语言学形态[③]。以下以古代、中世、近代、现（当）代四时期为主轴，略论西方哲学思潮的分期与发展。

（一）古希腊哲学的发展

人类早期文明的开端有许多相似性。远古时代，人类对世界上的种种现象已显示出对其生发运作之根源性的探索兴趣，但这些初步的提问与答案所展现

---

① 梁启超：《清代学术概论》，中国人民大学出版社，2004，第131页。

② 傅伟勋：《西洋哲学史》，第195页。

③ 关于此三哲学形态的区分，虽基本具有共识，但在对现（当）代哲学的“语言学转向”的说法上，会有较多争议，持此说法的主要是当代的英美分析哲学家。李德顺：《哲学概论》（第2版），中国人民大学出版社，2019，第120-121页、第132-137页。

出的世界观，多透过神话与原始的宗教进行展示。古希腊哲学是在荷马史诗、诸神的系谱，以及自然科学（以天文学为主）的萌芽背景下展开的[①]。在古希腊哲学诞生前的希腊神话与原始宗教中，即可见到当时对万物本源与变化法则的思考，而当人的抽象与推理能力提升至一定程度，哲学与神话、宗教逐渐分离，对于存在界的构成、人的构成、存在的运动变化等提问与思考，则促使了希腊哲学之诞生。古希腊哲学始于公元前6世纪至前5世纪，一般将其发展分为三个阶段：其一，公元前6世纪到前5世纪中叶，前苏格拉底时期，或称宇宙论时期、自然哲学时期；其二，从苏格拉底到柏拉图再到亚里士多德，或称人事论时期、人类学时期；其三，公元3世纪至5世纪，亚里士多德以后的晚期希腊哲学，或针对部分阶段有希腊化时期、神性论时期等称呼。

前苏格拉底时期的哲学家，对具有先在性的永恒不变的宇宙本源或根本物质（基质）的探讨，脱离了神话象征性的解释模式。泰勒斯几乎是所有哲学史会提到的第一位古希腊哲学家，其以“水”为根本物质，认为水具有某种生气勃勃的生命原理，万物由水构成。泰勒斯之后的多位哲学家都试图寻找万物变化的本源，尝试说明万物运动生灭之历程与原理，但他们所找到的基质多半都还是具有某种特殊形态的物质，比如气或火，属于一种形上学的直观。此时期的毕达哥拉斯则以“数”为万物的原始基质，认为整个宇宙就是一种和谐（数目），此则将思考方向转向对万物之共同性的寻找。另外值得一提的是巴门尼德，他在著作残篇《论自然》中“能被思维者和能存在者是同一的”的说法被归结为“思维与存在的同一性”命题，并由此推导出生成变化的不可能。罗素指出此为哲学上通过思想和语言来论证宏观世界的最早例子[②]。巴门尼德对“存在”概念的讨论，将宇宙本源的根源性追寻从时间上的先后转移至逻辑上的先后，使此时期的形上学兴趣从宇宙论转向本体论，且为往后两千年的西方哲学发展的核心命题奠定了重要根基。

从前苏格拉底时期到苏格拉底，在此转折中，智者有着重要影响。智者本指有某方面专长的人士，至公元前5世纪转变为对收费授徒，教授修辞学、辩

---

① 苗力田、李毓章：《西方哲学史新编》（修订本），人民出版社，2015，第20–24页。

② 勃特兰·罗素：《西方哲学史》（上），解志伟、侯坤杰译，应急管理出版社，2019，第45页。

论术的职业教师的称谓。此时期的智者彼此间并无共同观点，但显现出共同的思考兴趣，他们对于社会现象的关注，将哲学的思考由自然转向人类，而修辞学与辩论术的发展，也使他们在知识的建构上往相对主义与怀疑主义发展，如普罗泰戈拉“人是万物的尺度”，以及高尔吉亚“无物存在”“如果有物存在，也无法认识它”“即使可以认识它，也无法将其说出来传递给他人”此三命题。但相对主义与怀疑主义在辩论技巧的帮助下发展至极致，却造成了对普遍知识与真理的否定。苏格拉底即在此氛围中，承继智者带来的对于人事的关注，但反对智者没有客观真理与价值依据的诡辩，他从自知其无知的态度出发，透过辩论术寻求普遍定义、寻求真理。苏格拉底关注的真理问题主要是伦理的，知识就是德性，文德尔班说此为史上首次将“道德意识彻底明确地作为认识论基本原理而出现”[①]。罗素也认为苏格拉底的主要关怀是在伦理而不是科学（物理学上的思索）[②]。其后，柏拉图与亚里士多德相继成为哲学史上最重要的两位哲学家，柏拉图的理念论、回忆说、灵魂论等，与亚里士多德的范畴论、实体与偶性、四因说（形质论）、潜能与实现等说，建构出包罗万物、架构完整的哲学体系。

到了公元3世纪至5世纪，随着亚历山大大帝的军事征服，以及之后的罗马帝国崛起，古希腊哲学逐渐扩大了其影响范围。此时期的哲学发展主要是对柏拉图与亚里士多德的承继与发展，形成伊壁鸠鲁主义、斯多亚学派、怀疑主义、新柏拉图主义四个流派。此时期哲学的主要关怀，首先显现的是对生命的幸福与满足等伦理问题的强烈个人主义与实践主义，进而发展出对人的灵性解脱的向往，并上达至上帝的神性存在为永恒解脱的依据[③]。新柏拉图主义在此时期最后借着柏拉图哲学与宗教结合，成为中世纪基督宗教哲学重要的根据。

（二）中世纪哲学的发展

中世纪哲学主要指公元5世纪至15世纪的基督宗教哲学。就发展的外缘因素来看，罗马帝国在建立的过程中，上层争权倾轧，下层长期受压迫，长期的

---

① 文德尔班：《哲学史教程》，商务印书馆，1987，第130页。

② 勃特兰·罗素：《西方哲学史》（上），第81页。

③ 傅伟勋：《西洋哲学史》，第136–137页。

动荡让人产生了精神寄托之需求，而罗马帝国在早期基督教兴起与活动时，采取的是怀柔与限制相结合的态度，便给予了其发展的机会。从内在理路来看，中世纪哲学是古希腊哲学透过罗马政治的发展加上希伯来信仰逐渐形成的。邬昆如言希腊以“人”为中心，罗马在对人的关注上更强调英雄的崇拜，希伯来信仰则崇拜至上神，中世纪哲学则集合了此三种文化，“希腊注重哲者，罗马注重圣人，希伯来注重信徒，三者融合为一”①。过去学者常批判此时期的哲学沦为神学的奴婢，仅为神学服务，若将此批判放在问题上，显示的是希腊与罗马注重人的理性与希伯来宗教注重信仰，即理性与信仰（绝对权威）、哲学与神学之间的关系应该如何看待的问题。随着对此问题的处理，中世纪哲学的发展分为两大阶段：前半期为信与知联合，神学哲学不分家的教父哲学；后半期为神学与哲学开始分离的经院哲学②。

教父哲学之开端循着后期古希腊哲学新柏拉图主义的影响，发展至奥古斯丁时，他是最具代表性的哲学家。奥古斯丁思想的核心在对上帝与灵魂的讨论上，他认为最值得具有的知识即对上帝与自我的知识③，人所能崇拜的神性是三位一体的上帝，上帝创造了世界，是永恒和超验的，是全能全知的，具有绝对的统一性与绝对意志，对于“恶”的存在，则仅为“善之缺乏”。至于人则是世界中最高的创造物，是灵魂与肉体的结合。灵魂是指导和形成肉体的基质，具有记忆、知性、意志三大基本能力，但本质上是一种意志作用，通过意志信仰才有可能。然而人的自由意志使人有原罪，而有为恶的可能，需要上帝的恩典才能使人的灵魂获得救赎④。奥古斯丁的思想对中世纪哲学、宗教改革时期和近代基督教神学都有重要影响⑤。亚里士多德哲学于12世纪后，随着伊斯兰教的兴起与十字军东征，重新借由阿拉伯哲学传回欧洲，逐渐取代柏拉图成为基督教哲学的正统。此时期称为经院哲学，以托马斯·阿奎那为最重要的代表人物，他对亚里士多德哲学进行修改，使之更加适应基督教教义。从正面来看，可说

① 邬昆如：《西洋哲学史话》（增订二版），三民书局，2004，第186页。

② 邬昆如：《西洋哲学史话》（增订二版），第188-189页。

③ 梯利：《西方哲学史》，商务印书馆，1995，第162页。

④ 傅伟勋：《西洋哲学史》，第155-156页。

⑤ 梯利：《西方哲学史》，第161-162页。

阿奎那区别了理性（哲学）与信仰（神学）两大领域，但如罗素的评论，其理性的论证背后存在着基督教信仰所宣扬的真理，而若无法透过理性论证的，则退回诉诸启示[①]。因此，如三位一体、道成肉身等超越理性能论证的就被归属为天启问题，上帝存在则可透过理性论证而属于哲学问题。阿奎那最被熟知的理论即对上帝存在的论证，一般称为“五路论证”，且是经由因果原理以可经验的事实为出发点所进行的证明，证明上帝存在之后，阿奎那更详尽地提出了许多关于上帝的认知与论证。

另外尚需注意，中世纪哲学整体脉络有一重要核心问题，即“共相之争”。此争论显现出唯名论与唯实论两种哲学立场，安塞姆以唯实论立场的本体论证实神的实在性，持“普遍先乎个体而存在”的立场，唯实论立场在中世纪哲学盛极一时。随着此时哲学家逐渐对亚里士多德思想的探究，唯名论亦逐渐崭露头角，并由阿奎那调和。至14世纪的奥卡姆否定共相的实在性，透过“奥卡姆剃刀”（如无必要勿增实体）将一切知识建立在现实经验上，共相代表的仅是一种“记号”（名辞），是认识个别事物的方式，因此将神的存在、灵魂不朽等问题放回存而不论的神学领域，排除在理性之外[②]。奥卡姆可以说是英国经验主义的先驱[③]，他掀开了近代哲学的序幕。唯实论与唯名论的争议，上承古希腊哲学的柏拉图与亚里士多德，后继为近代哲学理性主义与经验主义的思想渊源。

（三）近代哲学的发展

近代哲学多半以文艺复兴时期为转折点，截止于德国古典哲学，与现（当）代哲学做出区分。此时期就外缘因素看，随着13世纪以来西欧各国生产工具与动力系统的改进，15世纪末的地理大发现，欧洲各地在政治、经济、科学、艺术等各面向开启整体性的改变。在思想上，经院哲学对理性与信仰的区隔，显

① 勃特兰·罗素：《西方哲学史》（上），第414-415页。

② 傅伟勋：《西洋哲学史》，第157-161页、第186-190页。

③ 但这里要区分，如罗素的评论，现代的历史学家为了找到经院哲学到近代哲学的过渡，实际上是曲解了奥卡姆的思想为其添加上近代哲学的学说。奥卡姆在哲学史的发生事实上并没有对近代哲学产生明确影响，只是他认为脱离形上学与神学而对逻辑的研究，在人类的认知上是可能的，因此确实鼓励了科学研究。勃特兰·罗素：《西方哲学史》（上），第424-426页。

现出哲学转向的趋势，而从14世纪发端的文艺复兴，以及相继而起的人文主义思潮、宗教改革运动、自然科学革命等各层面的变革，均成为西方文化与哲学发展至新阶段的养分。文艺复兴所显现出的人文主义思潮，兼具了复古与创新两面向，就复古而言，是指从中世纪的宗教与信仰中回归古希腊的理性以及对人之尊严与价值的强调，如文德尔班言："纯粹理论精神的复活是科学的'文艺复兴'的真正含义，文艺复兴与希腊思想在精神上的血缘关系即基于此，这是文艺复兴发展的决定因素。"[①]就创新而言，则展现在自然科学发展（分析与归纳的方法）、民族意识、个人主义、自由主义各面向上，共同促使了个体的觉醒[②]。如培根《新工具》提出的"归纳法"以及其名言"知识就是力量"，即显现出近代哲学的新趋势——人类理性的昂扬。随着文艺复兴与人文主义的兴起，近代哲学对理性的高举，分别于欧洲的英、法两国诞生了经验主义（又称经验论）与理性主义（又称唯理论）两大思潮。从培根与霍布斯到之后的洛克、贝克莱、休谟为经验主义的代表，笛卡尔、斯宾诺莎、莱布尼兹则为理性主义的代表。

理性主义与经验主义之别如傅伟勋之辨析：首先，在方法论的奠基上，理性主义重理性推论，擅长数学的演绎法；经验主义重感觉经验，擅于归纳法。其次，在发展上，理性主义借着数学的演绎方法构筑庞大的形上学体系，对于感觉经验多不予重视，在伦理学上则遵循苏格拉底与柏拉图以来的理路，以情意冲动之理性的超克为道德理想；经验主义则从培根以后到洛克等人甚至到边沁与密尔等，在知识论上擅长绵密的感觉分析，拒斥形上学，伦理方面则主张快乐主义或功利主义的观点[③]。就核心观点上的差异，两者之别则表现在对"天赋观念"是否存在的观点上。理性主义主张天赋观念的存在，笛卡尔常被称为近代哲学之父，他以"方法的怀疑"为哲学开展的基础，说明经验判断的不可靠，最后确立一个清晰明了的观念，即"思维者的存在"，成为其哲学的第一原理，并由此推论上帝的存在以保证世界存在，并认为只有心灵所产生的天赋观念才能真实地认识事物。此后斯宾诺莎的"充足观念"与莱布尼兹的"理性直

---

① 文德尔班：《哲学史教程》，第471页。

② 邬昆如：《西洋哲学史话》（增订二版），第376页。

③ 傅伟勋：《西洋哲学史》，第217页。

观”，都属于天赋观念。经验主义则不同意天赋观念，洛克承认人有天生的认知能力，但不承认知识是天生的，其“心灵白板说”假设人类的心灵如同一块白板，要在白板上记载知识，便需透过感官（经验）的帮助。感官是外物与心灵的媒介，但感官仅是外在经验，还需透过内在经验的“反省”，即心灵的作用（悟性），才能获得普遍概念，因此人类的悟性是被动的，被外界事物所推动。洛克之后的贝克莱主张“存在就是被感知”，认为一切关于世界的知识（除了自我与上帝之外）必基于经验，不认为除了经验之外还存在着事物；休谟则彻底否认了普遍概念，否认因果原理以及基于因果原理的齐一性原理与归纳推理，甚至否定了心灵能有实体的观念。

经验主义与理性主义的分歧，以及经验主义发展至休谟形成的彻底的怀疑论，最后由康德调和，从笛卡尔到康德，展现了近代哲学认识论转向的过程。所谓认识论转向是在根基上对哲学基本问题次序的逆转，过往从古希腊到笛卡尔，哲学家是将“什么东西存在、宇宙的本质是什么”等问题置于“对于存在我能知道什么、对于宇宙的本质我能知道什么”等问题之前，思考“存在问题”先于思考“认识问题”[①]。哲学史上对于知识论的重视与次序的翻转则可归因于笛卡尔，虽然如罗素所评论，从笛卡尔身上还能看到摇摆在科学与经院哲学间的二元主义[②]，到了康德，则完成了此翻转。由康德始，继之的费希特、谢林、黑格尔等，开启了德国古典哲学（唯心论）辉煌的体系，亦为马克思主义创立了理论根基。

回到知识论上，康德认为知识的构成是主体透过心灵的先天范畴组织形成的，知识因此不再是对主体经验之外的实在世界的理解，而是关于我们的经验的知识（再发展出物自体不可知的主张，因为人类知识仅能把握现象），以此建构了一套主体经验世界的心灵结构和法则（概念或范畴）。康德自己将此种先验观念论譬喻为“哥白尼式的转向”，不是以主体之认知去符合外界实在，反之以

---

① 罗伯特·保罗·沃尔夫：《哲学是什么》（第11版），李婷婷、聂一鸣译，商务印书馆，2021，第61页。

② 勃特兰·罗素：《西方哲学史》（下），解志伟、侯坤杰译，应急管理出版社，2019，第72页。

实在符合主体的先验结构[①]。另外，相对于理论理性（认知能力）所讨论的知识论的知识普效性问题等，康德区分出实践理性（意志能力）的作用，回到人类精神自身的要求讨论心灵、自由、神性等超乎经验的理念，建立道德形上学，解决超越感性的道德法则如何成立的问题[②]。康德在此层面提出的义务论伦理学，与功利主义相互呼应成为此时期规范伦理学的两大主轴。康德在知识论、形上学所提出的问题与建构的体系后续引发了费希特与谢林对知识、自然和自我形成的理论体系的发展。到了黑格尔，如李德顺之分析，黑格尔建构哲学体系的目标在于使哲学上升为科学的真理体系，在此体系中，哲学作为一种理性精神或绝对精神经历了演变的过程，最终达到了自己的概念，黑格尔的哲学体系就是通过对概念的逻辑推演，经过绝对精神的正反合历程，最终得到了自由的精神和绝对的理念[③]。

（四）现（当）代哲学的发展

过去西方哲学的发展多从历史进程区分“古代、中世、近代”三期，但随着当代哲学的发展，近年来更多地从近代哲学再划分出现（当）代哲学。依循过往的分期，近代哲学在黑格尔之后通常会继续介绍19世纪至20世纪的思想，但当近代与现（当）代之划分形成后，学界则较多以德国古典哲学思潮为近代哲学的终结，往后的发展被划入现（当）代哲学中。

语言学转向是理解现（当）代哲学的一个可参考思路，在此基础下，现（当）代哲学更多展现的是其发展样貌的多样化。此多样发展的内在理路之始点，可从黑格尔哲学将唯心论发展至极致后所带来的思想反动来看。当唯心论达到理论高峰后，如何回到经验世界，从高升的理想中回到实事求是的现实中，是后续的马克思主义、实证主义、功利主义、实用主义、存在主义等各学派的共同关注[④]。而从语言学转向的特点来看，虽然有学者认为此说法更明确地应是指称英美的分析哲学，如弗雷格与维特根斯坦，而区别于欧陆现代哲学。不过

① 傅伟勋：《西洋哲学史》，第332页。

② 傅伟勋：《西洋哲学史》，第334页、第348-349页。

③ 李德顺：《哲学概论》（第2版），第131页。

④ 邬昆如：《西洋哲学史话》（增订二版），第527-531页。

就总体趋势而言，当代的欧陆哲学，譬如胡塞尔的现象学、海德格尔的存在主义、伽达默尔的诠释学、法国的结构主义与后结构主义等，同样对语言问题十分关注。从语言学转向的观点上看，当代分析哲学家认为弗雷格与胡塞尔上承经验主义与理性主义传统，分别促成了英美分析哲学与欧陆现象学、存在主义、诠释学等思潮的产生。但两者对于语言问题的关注与转向的实质含义有着明确区别：英美哲学家的语言学转向是根本性的哲学基本问题的转变，即从前阶段如何使认识成为可能的问题，转变为语言表达如何可能，如何使哲学语言不违反逻辑句法或遵守日常用法等问题，以语言研究为其他一切研究的基础与前提；欧陆哲学则是将语言问题的探讨视为其哲学体系与观点呈现的工具，语言问题不在首要位置①。

在此之后，20世纪70年代以来，西方哲学的发展兴起了两种重要趋势，即政治哲学与后现代主义。政治哲学方面有新自由主义与社群主义的潮流，陆续发生新自由主义内部的争论，如罗尔斯福利自由主义与诺齐克权利自由主义之争，新自由主义与社群主义（如麦金泰尔、桑德尔等）间的争论，社群主义以“共同体”对抗新自由主义的“个人”、以“历史主义”对抗“普遍主义”、以“共同的善”对抗“正义”或“权利”，以及福山“历史终结论”的提出与争议等。另外，后现代主义以对现代主义的批判与反叛的立场，反对基础主义、表象主义、普遍主义，批评认识论主义与西方中心主义，推崇差别与多元，终结现代主义关于人的“神话”，是对西方整个观念体系的反思②。因此，亦有学者认为，后现代主义与其说是西方的，不如说是反西方的。然无论如何，当代西方哲学的发展，与过往不同的是，其展现出了多元缤纷的样貌。

二、中国哲学思潮的分期与发展

论及中国哲学思潮的分期与发展，通常以“朝代”将中国哲学分为六个阶段——先秦诸子学、两汉经学、魏晋玄学、隋唐佛学、宋明理学、清代学术；梁启超以汉代经学、隋唐佛学、宋明理学、清代考据学为中国哲学发展中足以

---

① 李德顺：《哲学概论》（第2版），第132-135页。

② 姚大志：《现代之后——20世纪晚期西方哲学》，东方出版社，2000，第1-14页。

代表时代思潮的理论[1]。此外，亦有学者（如胡适与劳思光）将中国学术发展依西方学术分期模式划分为古代、中世、近代（初期、中期、晚期）三阶段。郭齐勇教授主编的《中国哲学通史》则将中国哲学分为创立期（先秦哲学）、扩大期（汉至唐代）、融会期（宋至清代）、潜藏期（清末民初以来）[2]，其中特别以"潜藏期"标举出当代的中国哲学发展正是"回应西方文明的挑战并与之对话中产生出来的"[3]，相较于传统哲学，具有现代性与特殊性。而透过先秦诸子、汉代经学、宋明理学等称呼也显示出中国哲学发展的每个阶段，基本上均具有特殊性时代思潮的特点。以下以先秦、两汉、魏晋、隋唐、宋明、清代六个时期为主轴，略论中国哲学思潮的分期与发展。

（一）先秦诸子思想争鸣

中国哲学之开展以先秦哲学作为发端，此非主张在先秦之前无思想观念之产生，先秦诸子学未出现前，在原始信仰中蕴含的人格天、鬼神观、命等观念，以及如《诗经》中的形上天、《易经》中的宇宙秩序、《书经》中的政治思想等，影响了其后诸子思想之诞生与发展[4]。周朝是人文精神跃升之时代，礼乐制度的臻至与作用进入春秋时期，在贵族阶层中普遍表现出理性与持守的精神风貌，崇"礼"的节制与区分，亦重"乐"的融洽与协合[5]。然而当周王室权力渐衰，诸侯大夫专权相争，战争频繁，加上经济模式改变，农耕器具上的改革使土地私有情况产生[6]，原本稳定的政治社会制度与结构逐渐动摇。循此，就内在理路检视，先秦诸子兴起便基源于共同的问题意识——周文疲弊，意指春秋之后，从西周以来所建立的礼仪制度、精神文明逐渐失效且崩解[7]。此外，过往对先秦诸子起源因素之探讨，尚有诸子出于王官与地域文化两说。司马谈《论六家要

---

① 梁启超：《清代学术概论》，中国人民大学出版社，2004，第131页。

② 郭齐勇：《中国哲学通史·先秦卷》，江苏人民出版社，2021，第5-9页。

③ 郭齐勇：《中国哲学通史·先秦卷》，第9页。

④ 劳思光：《新编中国哲学史》（一），生活·读书·新知三联书店，2015，第58-76页。

⑤ 冯达文：《中国古典哲学略述》，广东人民出版社，2009，第15-17页。

⑥ 冯达文、郭齐勇主编《新编中国哲学史》（上册），人民出版社，2004，第19-22页。

⑦ 牟宗三：《中国哲学十九讲》，载《牟宗三先生全集》（29），联经出版事业股份有限公司，2003，第60页。

旨》为后代史家对先秦哲学分类之始，西汉末年刘歆《七略》将先秦思想分为十家，其中六家与司马谈相同，且第一次系统地追溯各家历史起源，后班固《汉书·艺文志》受其影响确立了“诸子出于王官”的说法。此说大抵认为周朝前期吏与师不分，因此世袭的官吏也是承袭其部门相关知识的老师，当周王朝逐渐丧失权力而贵族阶层逐渐崩解，这些官吏流散民间讲学授徒，诸子思想就此逐渐成形。至于地域文化之说，则是从不同地域的风土物质特性来解释诸子之起源。在此说法中，一般认为儒家起于邹鲁文化、道家起源于南方楚文化、墨家源于宋文化、法家源于北方齐国与三晋等地。张学智更进一步分析，中国哲学的地域特点，可放在理解先秦诸子起源问题上看，汉代以来的经学、魏晋以后的佛教、中国本土的道教都有南北地域的差异，宋代以来如濂洛关闽或三苏蜀学等，亦显示了儒学发展的地域性差异，因此讲到中国哲学的地域性，是一显明而又不易厘清原委与明晰流变的问题[①]。

以上几种对先秦诸子起源问题的不同说法，实则是不同面向对学术发生的解释，综合而看，可对先秦诸子的兴起有更完整之理解。而一般讲到先秦诸子，还会提及百家争鸣之说，但实际上，诸子百家在当时较具代表性的，为刘歆《七略》至班固《汉书·艺文志》所分列的十家，包括《论六家要旨》罗列之六家（阴阳、儒、墨、法、名、道）与纵横、杂、农、小说四家。再从思想上检视，则以儒、墨、道、法四家最为重要。此四家就思想的内在理路而言，均对周代以来的礼乐制度、人文精神进行了不同面向的反思。就儒家而言，孔子以肯定的态度处理周文，创立仁学使周文重新生命化，孟子、荀子则分别以内圣与外王的路径充实了儒学义理，且在此脉络下，儒家与前述的《易经》《书经》《诗经》等经典产生密切关联。墨家以否定的态度处理周文，墨子建构一套以兼爱为主体的价值奠基，在政治、社会制度、宗教等面向上共十大主张的理论体系。另外，后期墨家与荀子、名家等，均有认识论与逻辑学的思想关怀。道家亦以否定态度处理周文，且将其视为外在的形式主义的虚文，以形上学的大道理论为基础，追寻主体精神的超越与自在。法家同样否定周文，但完全从实用的政治、事功上着手，以富国强兵的方式解决因周文疲弊所造成的社会政治混乱情况，建立有力的统治。就学术发展史的传承来看，诸子思想在发展的历程

① 张学智：《中国哲学概论》，高等教育出版社，2022，第37–46页。

中逐渐融合，最终以儒道两家为主体，并与之后传入中国的佛教，形成中国哲学发展的儒释道三大主脉。

这里尚需关注一个问题，即中国哲学与经学的关系。在“哲学”未进入中国现代学术系统前，“经学”是中国学术的总揽与核心。可以确认的是，“六经”在先秦时虽不一定是现今所见之定本，但已是先秦诸子所见的共同文献。六经（《乐经》佚失后剩五经）的形成各自有一段经过历代学者选录与删补的过程，但一直是中国历代学术的基础与核心。如张学智所论，必须理解经学的成立是思想家对中国文化基本经典选择与确立的结果，此过程贯彻了中国文化成果的全面思考，因此，经学也是历代思潮的集中体现之所[①]。哲学的发展与经学是紧密相连的。

（二）两汉经学之发展

从背景上言，秦始皇一统天下后循李斯之建议焚书坑儒，导致汉代在思想延续与文化精神传承上的困乏，汉高祖刘邦一统天下后，采取无为而治的黄老治术，直至汉武帝执政后摒弃黄老之学独尊儒术，均对两汉学术产生直接影响。先秦诸子各家学说在此时逐渐会合，墨、法、名、阴阳等思想被儒道两家吸收，形成以儒、道为主轴的情况，历史上的墨、法、名、阴阳各家作为独立学派不复存在，实质上它们的思想观念则被继承和保留[②]。儒道两家在发展过程中的相互对立与影响，亦在此过程中不断产生。

汉初《黄帝四经》承继老子道论，确立以刑名、法治为前提，形成无为而治的社会政治观，《淮南子》则承继了此传统。至汉武帝时，儒家思想因治道的需求而提升，《汉书·儒林传》记载：“自武帝立五经博士，开弟子员，设科射策，劝以官禄，讫于元始（平帝），百有余年，传业者浸盛，支叶蕃滋，一经说至百余万言，大师众至千余人，盖禄利之路然也。”在思想上，董仲舒以“同类相动”为核心的宇宙生成论的感应系统成为汉代宇宙论的代表，以“天人感应”说解释了汉代政权的正当性问题，影响儒学成为国家意识形态，经学亦成为汉代哲学的核心。至《白虎通》时，甚至以官方经学会议的模式形成一套统一的

① 张学智：《中国哲学概论》，第46-51页。

② 金春峰：《汉代思想史》，中国社会科学出版社，1987，第6页。

经义解释，将董仲舒的“三纲”说系统化、权威化、制度化，形成“三纲六纪”之说，此可说为汉代经学的神学化的确立[①]。然而，当经学的制度化逐渐导致体制的僵化时，知识分子的反弹亦随之而起，因此，此时期又有如王充，以“疾虚妄”的经验主义式的认识进路强调效验与实证，建立元气自然的宇宙论，并以此为基础反驳经学神学化（谶纬之学的迷信）。

如此，汉代哲学的发展，从理论之核心而言在于经学思想的确立与发展，但汉代并非仅有经学（儒学），实际上，此时期的思想发展是对先秦各家思想的统合重构。

（三）魏晋玄学之发展

东汉灭亡后，国家政权在近四百年间经历三国、西晋、东晋、十六国、南朝、北朝等多个朝代复杂的轮替。此时期，士族左右国家政治，情势混乱，人才选荐制度始终摆脱不了门阀世族的垄断，儒家以德取才的理想成为谬谈。在思想上，天人感应与谶纬之学的流行与僵化，结合纲常名教的虚伪与工具化，在汉代时即有回归黄老道家从中寻找对应出路的倾向。另外，因人才选荐制度的影响，人才品评上名实不符的问题也引发知识分子对名实问题之探讨[②]。如此，从两汉经学之反动出发，为整个时代之动乱寻找思想与立身之根基，思考自然与名教间之关系的魏晋玄学应运而生。

玄即玄远之学，其思想以《老子》《庄子》《周易》为骨架，依汤一介之说，所谓魏晋玄学，是指此时期以老庄思想为骨架以调和儒道，会通“自然”与“名教”的哲学思潮，魏晋玄学理论发展的重心在于“本末有无”问题，此时期的哲学家以思辨的方式讨论整体存在界存在之根据等形上学问题[③]，因此，学术的发展从两汉宇宙论模式，逐渐走向形上学本体论模式。王弼首先对名教与自然问题展开思索，从以无为体、崇本息末的主张中将名教放置在“末”的位置上，以“名教生于自然”解释两者之区别；至嵇康、阮籍更是直接批判儒家的腐败，主张主体应回归自然的存在状态，就万物一气生化的宇宙论说明万物的

① 冯达文、郭齐勇主编《新编中国哲学史》（上册），第254-255页。

② 汤一介：《郭象与魏晋玄学》，北京大学出版社，2000，第13-19页。

③ 汤一介：《郭象与魏晋玄学》，第13页。

差别为相对的而其本质为一，以“越名教而任自然”彻底否定名教的必要性；郭象则重新反省以无为本的形上主张，认为“无”无法生物，提出万物皆为无待而自足的观点，整体存在界之万事万物之“自性”即为其存在之根据，万物皆为合理存在者，而名教之存在亦为此，他便以“名教即自然”的方式将道家之自然与儒家之名教统合。

（四）隋唐佛学之发展

佛教早于东汉时期传入中国，经历魏晋南北朝时期，以“格义”的方式开启与中国传统思想与文化的融合。“格义”即引用其他哲学中的理论与经典，解释佛教哲学中类似的概念，借此种诠释方式消除异地思想的隔阂，使人更容易接受佛教理论。此种方法在魏晋时期颇为普遍，魏晋时期的六家七宗多采用此方法，在理论建构上受玄学（道家）的影响。此时期，佛教的传播与思想内涵的转变虽不是学术思潮之主流，但亦有稳定的发展。

隋唐以来，结束了近四百年的分裂、政权快速转变的形势，逐渐趋向统一，在中国各自承继与发展的佛教思想亦逐渐汇流，加上官方的认可、寺院的兴建，排佛的主张与言论逐渐式微，佛教在此时期反而成为学术思潮的核心，甚至从与中国文化的比附、格义中，逐渐融会贯通，如张岂之所言，在佛性与心性问题上、出世与经世的矛盾上、偈语与语录的结合上有全面的融贯①。最后，于隋唐之际，形成具浓厚中国思想特性的佛教思想，从隋唐以来陆续有三论宗、天台宗、三阶教、唯识学、华严宗、禅宗等教派与理论兴起。而在中国历史上具有较大影响力的，主要则为天台、唯识、华严、禅宗四家，形上学的本体论、宇宙论，以及心性论与功夫论、境界论等，均各有其理论特色与贡献。

（五）宋明理学之发展

隋唐时期佛教成为学术重心与精神信仰的依托，此时原本为中国思想两大主轴的儒道两家并没有因此消失。本土化的中国佛教使得佛学体系发展达到巅峰，但也更向中国本土思想靠近，道教的发展在这个阶段一方面向佛教借鉴宗教形式，一方面亦向儒家与现实生活靠拢，儒释道三家的交流与互通频繁。然

① 张岂之：《中国思想史》（上）（下），水牛出版社，1992，第509-512页。

而，释道二家的发展至此到了一个极限状态，如何重新检视三家，以及儒学对自身主体地位弱化的危机感，成为当时知识分子共同的思考。唐中叶始，已显现出回归儒家的立场，韩愈提出“道统”观与佛教法统抗衡；李翱主复性之说，强调儒家对人性论的正面建构。这些尝试逐渐延伸，形成了宋明理学的共同问题意识，即对佛老的批判与排斥，对汉儒的摆脱，以及对先秦儒学的归返[①]，形成了中国哲学思想光辉灿烂的一页。

循此，知识分子在先秦儒家典籍中选择了《易经》《大学》《中庸》等具有形上学的本体论与工夫论内涵的典籍，结合《论语》《孟子》，形成以“理”为核心的学术思潮。随时代推演，陆续产生早期以宇宙论为主轴的周敦颐、张载、邵雍等人的思想，进而发展出二程、朱熹等宇宙论与本体论并存的理论体系，提出“性即理”的主张。与朱熹同时，陆九渊提出“心即理”与程朱对立，形成理学与心学两脉络，明代王阳明再以知行合一与致良知之教将心学推展至高峰，成为明代思想的主轴。而后，王门后学之发展逐渐导致情识而肆与玄虚而荡的问题，刘蕺山作宋明理学之殿军，以解决王学流弊问题为基础，总体性地响应朱熹与阳明思想，在“即本体即工夫”的方法基础上发展出独特的慎独与诚意说。此后，理学之发展走向末路，学术思潮再度顺应时代的需求产生转变。

另外需要厘清的是，一般对宋明理学的分疏最扼要的是以理学与心学为二分，但就概念的关注上，又可区分为气学、理学、心学三条路径。此三条路径的区别或许以哲学最高概念范畴的斟量为依归，但无论属于哪一路径的理学家，都在形上学、人性论、工夫论面向共同关注如理与气、道与器、太极阴阳、体与用、心与性、性与命、天命之性与气质之性、已发未发、天理人欲、知与行、格物致知、涵养省察等范畴[②]。

（六）清代学术之发展

随着明清政权的转换，明末以来社会经济的动荡逐渐平缓，清王朝对汉族知识分子在思想发展上有一定限制。宋明理学发展至王学末流所造成的情识而肆与玄虚而荡经过刘蕺山等学者的努力，延伸至顾炎武、王夫之、颜元等学者，

① 劳思光：《新编中国哲学史》（三上），生活·读书·新知三联书店，2015，第36页。

② 冯达文、郭齐勇主编《新编中国哲学史》（下册），人民出版社，2004，第11页。

以及黄宗羲在王学背景下对政治体制的批判等，整体都走向了由理到气、由超越追求到现实关怀的学术转向[1]。此种学术转向一般以经世致用思潮称之，其一方面延伸宋明理学理论关怀的概念范畴与主旨，显现为理学内部理路的义理学转向，知识分子从对主体自身修养的关注转移至对群体（政治、社会）的关心；另一方面则借着通经与致用的思路，走向了“通经”而“考古”[2]的乾嘉考据之学，成为引领清代学术思潮之核心。考据之学的内容十分广泛，如梁启超之分析，清代思想以考据为中坚，包含训诂、音韵、校勘、地理、天算、名物制度等[3]，此股思潮在乾隆年间形成有系统的学术组织，分为吴派与皖派。吴派以惠栋为代表，弟子多为苏南人，故称吴派，学以博古为尚，谨守汉代以来经学的传统；皖派以戴震为代表，弟子多为安徽人，故称皖派，此学派较吴派晚出，在学术上两派其实相互影响交流，但皖派更具求实之精神。而因为乾嘉之学具有的学术风格，在当代学者的诠释上，亦会以朴学、汉学等概念定义之，然无论名称为何，其都代表清代学术思潮的核心。

基础篇　结语

在基础篇的这三讲中，我们设置了哲学是什么、哲学思辨的基本元素、中西哲学思潮简介三个板块，打造了一个概念框架。在这一揭幕中强调：反思批判与系统建构是哲学思维不可或缺的两大基石。如前所述，哲学是一种系统化、理论化的世界观，哲学建构的过程必然需要语言作为推理、论证与分析的框架，因此逻辑训练为攻读哲学不可或缺的先决条件。但同时也要意识到人类的认识领域中能用逻辑思维描述的仅为一部分，非逻辑的部分同样在已知与未知领域发挥作用。回到语言层面，又可见到不同的语言和文化背景，其世界观与思维方式往往也展现出差异。这不仅在中西哲学思潮的比较中得以体现，甚至在西方哲学内部，不同地域的独特风格也颇为显著。此亦是为何在基础篇中，要试图范围出自身（中国）本位，作为哲学学习与研究的设定。因此，除了一般哲

① 冯达文、郭齐勇主编《新编中国哲学史》（下册），第187–188页。

② 劳思光：《新编中国哲学史》（三下），生活·读书·新知三联书店，2015，第601页。

③ 梁启超：《清代学术概论》，第104–105页。

学概论类书籍会讨论到的关于哲学的字源、字义或哲学的定义问题，基础篇中还尝试对中国哲学的合法性问题进行了介绍，并且分别梳理了中西哲学思潮的分期与发展。接着往后理论篇的形上学、知识论、美学等章节，亦同时加入了中国哲学的内容，并且增添功夫论一章，处理中国哲学的独有论域。当然，我们并非站在一种僵化的中西比较哲学立场，特意去强调任何主题都需要有中国哲学的位置此种要求，而是尝试在本书中让读者有一个整体性且递进的学习路径。

基于教材的特征，在理论篇与延伸篇的每一章节后，都附带了精挑细选的推荐阅读书单。在基础篇的末尾，列出数本推荐阅读书，供读者参考。诚然，无论中西，哲学概论的著作种类繁多，如同星辰漫天，我们提出的书单不过是点缀在宽广天空下的几点微光。且在推荐阅读中并无涵盖国内许多重要思想家发挥个人深思卓见的哲学概论类著作，比如余敦康、张世英、杨国荣、邓晓芒、张祥龙等，主要是因为本书旨在搭建一套基础而全面的知识结构，因此不特意往一家一系之论发挥，而是通过“基础—理论—延伸”这样的架构，期望读者借此一步步穿行在哲学一幕幕的世界里，领略其独有的韵味与风景。

推荐阅读

欧文·M. 柯匹、卡尔·科恩：《逻辑学导论》（第13版），沈榆平、文学锋等译，北京：中国人民大学出版社，2014年10月。

Colin Allen，Michael Hand，*Logic Primer*（3rd）（Cambridge：MIT Press，2021）.

克里斯·霍奈尔、埃默里斯·韦斯柯特：《哲学是什么》，夏国军等译，北京：中国人民大学出版社，2013。

罗伯特·保罗·沃尔夫：《哲学概论》，郭实渝等译，桂林：广西师范大学出版社，2005。

罗伯特·所罗门等：《大问题：简明哲学导论》（第9版），张卜天译，桂林：广西师范大学出版社，2014。

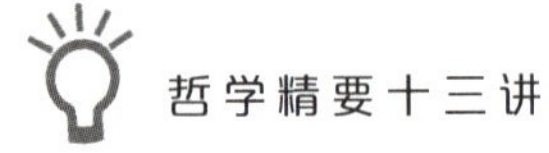

沈清松主编：《哲学概论》，贵阳：贵州人民出版社，2003。

孙正聿：《哲学通论》，北京：北京师范大学出版社，2020。

曾春海、叶海烟、尤煌杰、李贤中：《中国哲学概论》，长春：吉林出版集团有限责任公司，2009。

张天飞、童世骏主编：《哲学概论》，上海：华东师范大学出版社，1997。

张岱年：《中国哲学大纲》，北京：商务印书馆，2015。

张学智：《中国哲学概论》，北京：高等教育出版社，2022。

第二篇 理论篇

第四讲　形上学

一、概论

形上学作为哲学的核心范畴，在当代的发展却面临着双重维度的挑战。从古今维度视之，当代哲学从近代的认识论转向走向实践以及语言学转向后，将哲学从概念王国解放，形上学的地位一落千丈，甚至被逐出当代哲学论域。然而，在这种倾斜下，当代不少哲学家对形上学的关注，又让形上学未曾真正退出哲学舞台。此种情况，又可加入中西维度视之，比如冯友兰的“新理学”是接着宋明理学讲的，在《新原道》中，他指出中国哲学的精神在两汉与清代都是对道学不高明的修正，均不喜进行抽象思考，而汉朝之后的魏晋玄学、宋明理学以及现在，则又进入正路，此处便展现出冯氏以形上思辨为哲学核心的一种判教；他又接着说，近代西方哲学逻辑学的进步却推翻了形上学，然此种推翻实际上只能是对旧形上学的推翻，形上学本身是无法彻底被推翻的，冯氏个人“新理学”的建构则正是以西方逻辑学为方法，构建一现代的形上学体系①。相较于形上学在西方的没落，从中国哲学的角度来说，似未曾显著地出现此种反动，但中西形上学的构成进路与理论内涵的种种差异，却也成为中国哲学合法性问题的论争之地。然而，借冯友兰之论可知，无论中西，形上学或曾一度

① 冯友兰：《新原道》，载《三松堂全集》（第5卷），河南人民出版社，2000，第126页。

没落但从未被完全颠覆，近二十年来甚至有不少形上学复兴之论，显示出对新形上学理论的需求。只是，在所谓的新形上学论述各自呈现前，对传统形上学的基本理解，仍是奠定哲学基础不可或缺的部分。

形上学一词英文为“metaphysics”，字源来自希腊文“meta”+“physis”的组合，此词汇的出现是公元前1世纪时安德罗尼柯编辑亚里士多德全集时，将其中一部分没有名称、排列于物理学之后的书稿定名为“Meta ta Physika”，亚里士多德自己称这一部分的书稿是关于“第一哲学”（或“神学”）的论述。此编排就亚里士多德本来的意思，旨在教学与学习上的顺序应该是先理解物理学，再学习抽象等级更高的第一哲学，循此，“meta”即“在……之后”，形上学是“在物理学之后学”的意思；然而“meta”还有“在……之上，超越”的意思，如此形上学便有“超越物理学”的意味，指出在研究对象上，形上学是超越物理、超越经验的一门学问。

形上学一词的中文翻译，则源自《易经·系辞上》：“形而上者谓之道，形而下者谓之器。”唐代孔颖达正义：“道是无体之名，形是有质之称。”“自形外已上者谓之道也，自形内而下者谓之器也。”亦可看出道与器（形）之间的超验、超越与经验之别，此翻译可把握中西形上学的共同理论旨趣，但我们不可因此忽视中西哲学根性上的差异所显现的形上学理论之殊别。

从西方哲学的起源来看，古希腊哲学始于宇宙论（自然哲学），前苏格拉底时期的哲学家们脱离了神话象征性的解释，展开对具有先在性的永恒不变的宇宙本源或基质的探讨，此为哲学的诞生，亦为形上学的开端，然形成完整的形上学系统则以柏拉图与亚里士多德为始。在亚里士多德《形而上学》中有一段话可视为解释传统形上学定义的基准，其言：

> 存在着一种考察作为存在的存在，以及就自身而言依存于它们的东西的科学。它不同于任何一种各部类的科学，因为没有任何别的科学普遍地研究作为存在的存在，而是从存在中切取某一部分，研究这一部分的偶性，例如数学科学。既然我们寻求的是本原和最高的原因，很明显它们必然就自身而言地为某种本性所有。[①]

① 亚里士多德：《形而上学》，苗力田译，中国人民大学出版社，2003，第58页。

笛卡尔在《哲学原理》的引言中有过著名的哲学树比喻，提到哲学就其整体来说，好像一棵树，树根为形而上学，树干为物理学，由树干长出的枝杈则是衍生出来的一切科学。扼要地说，形上学就是人类纯粹的求知欲在认识存在界（包括自我）的过程中，对于根源性与基础性的探寻，而诞生的一切学问的根基，即研究“有（存有）”本身的学问。借当代学者沈清松之论，可将形上学定义为：

> 对于终极真实及其主要开显领域如宇宙和人生方面的原理与动力所做的全体性、统一性、基础性的探讨。

此定义可融合中西形上学的双重内涵，从“终极真实及其主要开显领域”来说形上学的研究对象，西方哲学可透过亚里士多德奠定的基础理解为“存有者的存有以及各主要存有者领域”，中国哲学则可理解为“道本身以及天道、人道等方面”，而“全体性、统一性、基础性”则为共通的研究方法[①]。在此定义下，一般将形上学区分为本体论（ontology），或译为存有学，以及宇宙论（cosmology）、人性论（anthropology）、自然神学（natural theology）等几个主要领域，本体论是关于终极真实本身的理论，其他三类则分别关于自然、人、神（上帝、天主、阿拉……）等主要存在领域和阶层的存在与本性等原理的研究。从基本分类而言，本体论属于一般形上学，其他三类则可被归类为特殊形上学。许多当代学者认为特殊形上学的论域早已独立形成其他领域，因此形上学的研究实则以本体论为主，此种说法可供参考。本讲以下的介绍，仍以传统形上学为主要进路，分别从西方哲学与中国哲学介绍形上学在几个主要论域的核心问题与观点。

---

① 沈清松：《形上学：存有、人性与终极真实之探究》，台湾大学出版中心，2019，第5-6页。

二、西方形上学的主要论域与基本观点

（一）西方形上学的核心概念：实体

西方哲学的起源是以形上学的思考为开端的，早期古希腊哲学家从对世界的观察与思索中，寻找作为万物存在与生灭变化的基质，逐渐导向对万物间共同性的理解，以至于对“存有”本身的思考，从而将形上学的兴趣由宇宙论转向本体论，而为西方形上学之主流。试图在变动不居的经验世界中，向上/向后寻找某种不变的永恒的具有根源性意味的本质性存在，几乎是人类思维模式的一种先天倾向与惯性。此种思维随着人类智性的提升，从过去的神话经过理性抽象提炼而成为哲学式的。

此种形上思维到了柏拉图的理念论，始形成有体系的哲学理论。柏拉图将这种本质性的存在（真实的存在）称为理念（亦有译为理型、形式、观念等），理念实则即“共相”。我们生活的经验世界则“分有”了理念界中的理念，如《斐多》篇言：“一个东西之所以能够存在，只是由于‘分有’它所‘分有’的那个实体（理念），别无其他办法；因此你认为的两个之所以存在，并没有什么个别的原因，只是由于分有了‘二’，事物要成为两个，就必须分有‘二’，要成为一个，就必须分有‘一’。”[①]比如人在经验世界中看到了“二匹马”，此“二”与“马”的概念，是分受了理念界中“二”与“马”的理念，且柏拉图认为理念的“二”与“马”才是真实存有，即最根本的“实体”。柏拉图将苏格拉底关注的“概念”转换成了理念，将其放置在理念界中，配合灵魂与回忆说等主张，形成了形上学、知识论、伦理学三者兼备的系统性哲学，但却将真实的存有提升到了与现象界有别的理念界。到了亚里士多德，则将柏拉图的理念拉回我们所生存的世界，认为形上学要研究的不是另一个世界，而是关于“有”本身的，而最根本的“有”，就是“实体”（希腊文：ousia；英文：substance），

① 北京大学哲学系外国哲学史教研室编译《西方哲学原著选读》（上卷），商务印书馆，1981，第75页。

意指一种真正的实在、真正基础性的存在，而为亚里士多德形上学的核心[①]，亦为整个西方哲学形上学的核心。

综合亚里士多德对于"实体"的讨论，"实体"的主要含义有二：其一，实体是不再作为任何事物的谓词的最后的基质（指个体、主体或质料），从判断来说，也就是只能充当主词而不能充当宾词的东西；其二，实体是使一物之所以为此物，亦因此而可以分离的形式（形式或本质），也就是对于事物"是其所是"的规定。在《形而上学》中，亚里士多德讨论了自然的以及不运动的两类实体，不运动的实体是指不动的动者（神），是一切运动变化的第一因，即其理论中的终极真实。到了中世纪，基督教的上帝便成为唯一的终极真实，而论证上帝存在也成为中世纪哲学家最重要的任务。除了不运动的实体，亚里士多德亦讨论了自然的实体，也就是经验世界中作为一切存有者的存有。实体有十个范畴，一是作为基质的实体自身（自立体），另外九个范畴则是依附于实体自身的形式（依附体、偶性）。然以此为基础，我们要如何理解万物的存在与变化？亚里士多德继续用四因说（形质论）以及潜能与实现进行说明。关于四因说的讨论是自然哲学的范畴，亚里士多德在《物理学》中将自然界生灭变化之原因分为四种，"质料因"指"构成了一个对象而本身继续存在着的东西"，如雕像的铜、银碗的银，以及包括铜与银等"属"的"种"，如金属，质料因是形成一个东西的个体化原理。"形式因"即"形式或原理"，即陈述本质的定义，以及它的"种"，形式因是形成一个东西的本质的原理。"动力因"是"变化或停止的来源"，如"制造者是制造品的原因，引起变化者是改变了的东西的原因"。"目的因"即"做一件事的'缘故'"。这四种原因的"形式、推动者、所追求的东西"常常合而为一，另外不动的推动者不在此一类的"推动者"的讨论中，不属于自然哲学的论域[②]。如此，四因说又可归纳为形式与质料两大因素，因而亦被称为形质论。至于一切存在事物的运动变化，就是潜能之为潜能的实现过程，亚里士多德认为运动变化必须有运动者、推动者、运动所趋向的目的此三要素，潜在事物要变为现实必须有推动者，在经验世界中的推动者是动力因

① 张志伟主编《形而上学历史的演变》，中国人民大学出版社，2010，第66-67页。

② 北京大学哲学系外国哲学史教研室编译《西方哲学原著选读》（上卷），第140-145页。

(形式),而最终有一永恒的不动的推动者,也就是一切运动变化的第一因以及内在目的。

亚里士多德之后,实体概念成为西方哲学家形上学讨论的重心。中世纪,不论教父或经院哲学,对柏拉图与亚里士多德以来所关注的实体、终极真实(神/上帝)、共相、灵魂等理论都有所发展,只是其是以不可辩驳的信仰的真理为前提。到了近代哲学,虽走出了中世纪哲学的樊离,且被称为哲学上的认识论转向,但不论理性主义或经验主义,就整体之发展而言,实则都是关乎哲学与近代科学间、理性的建构原则的能力与怀疑批判的精神间的张力,理性与经验的纠葛,形而上学与认识论的复杂关系等共同问题的呈现[①]。而回到形上学本身的课题中,近代哲学的论述仍不离"实体"概念。

笛卡尔透过方法的怀疑确定思维者的存在,找到"绝对明证的根源事实"[②],此思维者的存在作为实体的一种即为"心灵"。笛卡尔将实体分为上帝(神)、心灵、物质三类,心灵的主要属性是思想,物质的主要属性是广延,心灵与物质由上帝创造,上帝是心灵中的观念以及物质实体存在的保障。斯宾诺莎认为宇宙中仅有一个绝对无限的(不被限制、具有永恒性的)实体,即神,亦即自然,实体的本质便包括了存在,笛卡尔区分的心灵与物质实体只是这唯一的实体的属性。在《伦理学》第一部分命题Ⅳ中,斯宾诺莎说:"两个或多数不同的事物,区别的所在不是由于实体的属性不同,就是由于实体的特殊状态各异。"[③]因此,我们都只是唯一一个宇宙实体的一部分。到了莱布尼兹,继续修正前面的各种说法,以实体(单子)为其"形而上学的点",透过"预定和谐说"以及"充足理由律",莱布尼兹认为上帝创造了单子,单子是组成所有复合物的单纯实体,是没有广延但实际存在、精神性的东西,上帝创造世界时是根据充足理由律预先规划好了一切单子间、事物间的关系。理性主义的形上学理论以实体概念为核心,解释了心灵与物质的关系、经验世界运动变化的理由,且均透过上帝(神)此终极真实保证其可能性,并对上帝的存在进行论证。如罗素所析论,到了莱布尼兹,可说将从柏拉图、亚里士多德以来,到中世纪哲

① 张志伟主编《形而上学历史的演变》,第129页。

② 傅伟勋:《西洋哲学史》,三民书局,2005,第230页。

③ 北京大学哲学系外国哲学史教研室编译《西方哲学原著选读》(上卷),第465页。

学家们对于上帝存在的各种形上学论证发展到了终极，过去的各种论证形式，譬如本体论论证、宇宙论论证、各种永恒真理的论证、预定和谐说（设计说）论证等，都发挥得淋漓尽致[①]。另外，经验主义者同样没有完全拒绝形上理论，例如贝克莱以“存在就是被感知”为其哲学的绝对预设，将世界划分为被感知的与感知的物质世界与精神世界，认为“除了‘精神’或感知者以外，再也没有任何别的‘实体’”[②]。因此，贝克莱认为物体不过是观念的复合体，取消了物质实体的概念，“人”为有限的精神主体，而一切观念的根源则立基于无限的永恒的精神主体，即上帝（神）。上帝永恒地感知着存在的事物，保证了经验世界的存在且亦保证了人的知觉的合理性。

实体概念伴随着西方形上学的发展，以及关于终极真实的存在论证，为西方形上学在本体论与宇宙论部分的核心内容。随着德国古典哲学的发展，康德对上帝的存在论证进行了批驳，且透过知识论限定人类知识之界线，因此，形上学不能成为一门科学（并非否定形上学），真实的存有是超越我们的认知，有待主体在道德实践中去参与以及展开的[③]。黑格尔又超越了康德对有限的主体性与物自身的对立，以辩证为方法，贯穿主体的经验、历史的发展、系统的完成三大部分，综合了古希腊与近代哲学，形成一以贯之的大体系[④]。黑格尔透过实体理论的建构将古希腊哲学的客观性与近代哲学的主观性原则结合，强调实体本身的能动性，以“实体即主体”“绝对即精神”“存在即思维”的辩证唯心主义的方式解决近代哲学的问题[⑤]。然而黑格尔之后，形上学体系与古典哲学走向崩解，西方哲学的发展走向了形上学的没落。

（二）终极真实与上帝的存在论证

终极真实是形上学的基本问题，前面讲形上学之定义时借沈清松之论将形

---

① 勃特兰·罗素：《西方哲学史》（下），解志伟、侯坤杰译，应急管理出版社，2019，第86-87页。

② 北京大学哲学系外国哲学史教研室编译《人类知识原理》，载《西方哲学原著选读》（上卷），第565页。

③ 沈清松：《物理之后：形上学的发展》，牛顿出版股份有限公司，1991，第216页。

④ 沈清松：《物理之后：形上学的发展》，第273-274页。

⑤ 张志伟主编《形而上学历史的演变》，第206-210页。

上学研究的对象定义为“终极真实及其主要开显领域”，所谓的“终极真实”就西方哲学而言即“存有者的存有”，就中国哲学而言即“道本身”。另外提到终极真实，多数人很容易与宗教中的终极存在联结，当然，世界各地宗教体系均有终极真实，例如基督教的上帝，印度教的梵我，大乘佛教的一切法空，唯识宗的第八识。然在中西哲学体系中，多半亦有终极真实之设定，比如柏拉图的理念，亚里士多德以来的实体，或是道家的道，儒家的天、理、太极、诚等。借傅伟勋之定义：“终极真实乃是高度精神性或宗教性形成的原本根据（本体实在或真理真谛），具有永恒、绝对等性质。”[①]因此，其可能是一真实存在的形而上的终极实在（实体），亦可能是一精神性的真理或终极价值。在前一小节已提到，从西方哲学而论，终极真实的设定，对于存在的根源性与存在界的创生与运动变化等问题的思考，基本不离上帝（神）的概念。当然，此概念随着不同时期的发展变化，不纯然是我们简单以为的基督教的上帝。然无论上帝本身有什么样的含义，宗教的抑或哲学的，如何证明其存在的论证，是哲学家们共同的理论关怀。因此本小节扼要地以中世纪哲学为例，说明上帝的存在论证的几个重点。

西方哲学对上帝的存在论证就类型而言，分为本体论（存在论）论证、宇宙论论证、设计论（目的论）论证三种形态，中世纪的哲学家会使用这些论证，譬如18世纪，威廉·佩利从机械钟表的譬喻来论述宇宙秩序是高度的有组织且合理的，必定是一个具有高度智慧、有目的之创造者的产物[②]。

安瑟伦是中世纪试图系统地论证上帝存在的第一位哲学家，其论证形式为本体论证。此论证类型是从纯粹逻辑问题出发，也就是从上帝的观念中证明上帝的必然存在，比如《宣讲》中言：“所以说，圣主啊，你是不可设想出比你更伟大的存在者，你是可能设想的最伟大的存在者。因为：人既然能设想有那样一种存在者，你如果不就是这个存在者，那么在你之外必然还可设想另有一更伟大的存在者。但是，这是不可能的。”因此，“某一个不可设想的无与伦比的

① 傅伟勋：《死亡的尊严与生命的尊严》，北京大学出版社，2006，第62页。

② 罗伯特·保罗·沃尔夫：《哲学是什么》（第11版），李婷婷、聂一鸣译，商务印书馆，2021，第409-415页。

伟大的东西，是既存在于心中，也存在于现实中”①。之后理性主义者笛卡尔、斯宾诺莎、莱布尼兹等都有类似论证。托马斯·阿奎那则不认同本体论证，他认为我们很难有一个对上帝的完美的观念，康德基于阿奎那的批判，亦对本体论证提出疑问，指出存在不是一个谓词或属性，所以要确认存在的标准必须经由感性经验去确认，缺少感性经验，那么只能说可能存在，因此，概念的以及认知上的存在不能等于实际的存在②。阿奎那与安瑟伦不同，采取的是宇宙论与设计论论证，他对上帝的存在论证被称为“五路论证”，其中前四者通常被归属于宇宙论论证，最后一个则为设计论论证，其主轴分别为③：

第一，从事物的运动或变化方面论证：从物体运动推出原动者（Prime Mover）（第一推动者）。

第二，从动力因的性质来讨论上帝的存在：从因果律推出第一因（First Cause）（第一动力因）。

第三，从可能性和必然性来论证上帝的存在：从偶然的存有物推出必然的存有（自身具有必然性且使其他事物得到必然性）。

第四，从事物中发现的真实性的等级论证上帝的存在：从价值的层次推出绝对价值。

第五，从世界的秩序（或目的因）来论证上帝的存在：从自然中的目的性推出神圣的设计者（Divine Designer）。

其中，宇宙论论证是立基于经验的后天论证，建立在因果关系上，但也就存在着无限后退的问题，以及第一推动者与第一因不一定就得是上帝的问题。设计论论证则基于人类对宇宙的观察，认为宇宙是有秩序的，而秩序必须来自某种设计，因此宇宙中应该有设计者，而设计者是根据某个目的来设计宇宙的。当然在论证上仍可追问，此宇宙秩序的内在目的是否能推导出一个具位格的上帝为设计者这样的问题④。另外，当终极真实涉及终极价值时，所有与此有关的

① 北京大学哲学系外国哲学史教研室编译《西方哲学原著选读》（上卷），第264-268页。

② 沈清松：《形上学：存有、人性与终极真实之探究》，第239-240页。

③ 北京大学哲学系外国哲学史教研室编译《神学大全》（第1集，第1部，第2题，第3条从五个方面证明上帝存在），载《西方哲学原著选读》（上卷），第290-293页。

④ 沈清松：《形上学：存有、人性与终极真实之探究》，第243-247页。

哲学体系，都因此必须处理恶如何可能的问题，在中世纪哲学中，恶的问题与苦难的存在，便是哲学家们不可回避的讨论。以教父哲学时期的奥古斯丁为例，他不采取论证的方式证明上帝存在，上帝就等于存在，上帝所造的一切都是好的。所谓的恶，奥古斯丁根据新柏拉图主义的观点，认为只能是“善的缺乏”，就像身体上的疾病跟伤害是缺乏健康一样，当身体经过医疗而被治愈，先前的恶（疾病跟伤害）便都不复存在，心灵中的罪恶亦如是，当其被治愈不是说它转移去了别的地方，而是不存在了。至于在人的身上，为何会有这种缺乏出现？奥古斯丁以“自由意志”回答之，这便涉及与人存有相关的形上学问题了，上帝给予人自由意志并非让人犯罪，而是给予人能行善的真正条件。除了奥古斯丁，在基督宗教哲学中，与此相关的论证均从捍卫上帝是正义的准则出发，在哲学史上被称为“神正论”（theodicy）[①]。

从现代的角度检视，对上帝存在以及对恶之可能性问题的种种论证，总是有可质疑的论证困难，那么，我们一方面可以反思我们是否仍须讨论具有宗教意味的神性的终极真实，另一方面亦可探讨终极真实作为形上学概念在现代的理论意义。从宗教的面向来看，此便从形上学转往宗教哲学范畴探究，回到形上学本身，终极真实涉及了人存有者的终极关怀，关乎终极价值，那么在理论结构上便与人存有相关的形上学问题产生关联，此可引导我们进入本论后续的论述。最后，从哲学理论不离实践的视角来说，人对于某一终极真实的相信，必然需透过持续地探索与追求与其相遇。

（三）人存有的形上学课题

对于人存有的全体性、统一性、基础性的探讨，在中西哲学领域同是重要范畴，一般从比较哲学的视域出发，会区分西方属于知性形态的超物理的形上学，中国属于德性的超伦理的形上学[②]。知性形上学的奠定，以亚里士多德为关键。古希腊自然哲学时期，人与自然并非主客二分，人是被安置在宇宙之中的，进入人事论时期，哲人将眼光由自然转移到实践生活，特别是政治生活的需求

① 克里斯·霍奈尔、埃默里斯·韦斯科特：《哲学是什么》，中国人民大学出版社，2013，第404-410页。

② 邬昆如主编《哲学概论》，中国人民大学出版社，2005，第157页。

上，人的思维与意志活动成为智者学派的突出表现，人之主体性意义被彰显[①]。沈清松言此种转变是将人的定义从“人是小宇宙”发展为“人是会说话的生命体”，“说话”意谓揭露事理的理性能力，往后甚至强化形成了逻辑理性[②]，最终，人成为“有理性的动物”，奠定了西方哲学的人观。当然，近代哲学对以传统理性为主的主体性地位独占鳌头的人观已有许多批判反思，然碍于篇幅，这里不再论述。

总之，以理性与主体性为根基的人之存有，在论述上开展出的主要概念围绕着灵魂、心灵、意志等范畴，在论题上则以身心关系、自我同一、自由意志与决定论等为核心。然如身心关系与自我同一的问题，在现代哲学的发展走向心灵哲学，心灵哲学的讨论涵括了形上学与知识论，已为现代哲学的重要分支，本书另有专章介绍，在形上学这里，则扼要介绍灵魂与心灵、自由意志与决定论等西方哲学传统的基本内涵。

1.灵魂、心灵与自我

从自我的概念来说，可以显现为三个基本问题：有我或无我？大我或小我？自我是原因还是结果[③]？这些问题，西方哲学家均有所涉及，从理性与主体性之挺立来看，则显现出哲人们对个体自我的强调，以“有我”与自我作为原因的立场为主流观点。

柏拉图在《斐多》篇中透过苏格拉底对话，确立灵魂的不朽以及其作为人的认知之可能性的基础，在《国家》篇则区分人类灵魂有理智、激情、欲望三个部分，在《斐多》篇中灵魂只是理智的部分，激情与欲望则来自肉体且必须受到理智灵魂的控制，在《国家》篇中则将三者都归类为灵魂的一部分，但以理智为核心，激情与欲望必须受制于理智，则是不变的[④]。亚里士多德以形质论区分灵魂是“形式”，肉体为“质料”，人是灵魂与肉体的合一，又将灵魂分为生长（营养、繁殖、运动）、知觉（生理机能与心理现象）、思想（人的理性认

① 文德尔班：《哲学史教程》（上卷），商务印书馆，1997，第96–97页。

② 沈清松：《形上学：存有、人性与终极真实之探究》，第111–115页。

③ 沈清松：《形上学：存有、人性与终极真实之探究》，第139页。

④ 汪子嵩、范明生、陈村富、姚厚介：《希腊哲学史》（第二卷）（修订本），人民出版社，2014，第656页。

识）三种作用，在《论灵魂》中更指出灵魂中所谓的心灵，就是“指灵魂用来进行思维和判断的部分”，心灵“在没有思维时就没有现实的存在。因此认为它和躯体混合在一起是不合理的”[①]。虽然人的心灵（理性的灵魂）因为受到肉体与对象的限制而为“被动心灵”，但是其作用仍让人进行哲学的沉思与推动实践理性[②]。由此可见，古希腊哲学对于人之本质的讨论，透过灵魂与心灵等概念的建构，确定了西方哲学以理性与人之主体性为根基的立场。到了近代哲学，前述已提到笛卡尔区分了心灵与物质为受造的实体，以心灵为思想之物，身体为广延之物，因此心灵与肉体是有别的，且人是物质实体与精神实体的结合。此思路与亚里士多德一致，且形成了西方哲学在身心关系上的二元论立场。至于身心如何相互作用的问题，笛卡尔以“松果腺”解释之。而对于自我的确定，最重要的便是透过心灵实体的作用，即对“我是一个在思维的东西”的确定。在《第一哲学沉思集》的第六沉思中，笛卡尔说：“所以我确实有把握断言我的本质就在于我是一个在思维的东西，或者就在于我是一个实体，这个实体的全部本质或本性就是思维。”主体自身有一清晰明了的概念即“我只是一个在思维的东西而没有广延”，但我对肉体有一个明了的观念即“它只是一个有广延的东西而不能思维”[③]，因此我的灵魂与肉体是有区别的。而自我的意识是确认自我存在与自我同一性的重要基础，这种对于自我的确定，主要来自意识（或说心灵、灵魂），而非身体。

此类身心的二元论是西方哲学在自我同一与身心关系上的主要观点，但并非绝对观点，比如经验主义的贝克莱便认为真正存在的只有心灵，身体则是心灵的外在表现，又如霍布斯主张宇宙中所有东西都是物质的，所谓心灵亦为物质的组合。这些观点采取的是将心灵与身体（物质）两个概念互相化约的模式，从观点上来说可以是唯心的或唯物的，从整体上言则都表现出一元论的立场。随着当代科学的发展，尤其是脑神经科学的研究，大脑与意识的范畴加入了相

① 苗力田主编《亚里士多德全集》（第三卷），中国人民大学出版社，1992，第75-76页。

② 汪子嵩、范明生、陈村富、姚厚介：《希腊哲学史》（第三卷）（修订本），人民出版社，2014，第515-517页。

③ 笛卡尔：《第一哲学沉思集》，庞景仁译，商务印书馆，1986，第82页。

关论域，与此相关的讨论，则在心灵哲学的章节中继续呈现。

2. 自由意志与决定论

命运是一个吸引人的话题，从哲学视角观看命运，牵涉到的则是自我与整体存在界的关系问题，从形上学范畴出发，亦即为自由意志与决定论间的关系问题，更与主体道德抉择及责任等伦理学范畴关联。西方哲学家如亚里士多德、奥古斯丁、阿奎那、笛卡尔、莱布尼兹、洛克、休谟、康德、萨特等，莫不关注此问题。

从自我，亦即个体而论，首先，自由意志关乎“意志”，即个体的自我意识，然对自我意识抑或说心灵状态，哲人们的观点各自不同，就传统哲学的理解，扼要地说意识即我们心灵活动的场所，也是人知识活动的基本默认，如笛卡尔便以心灵实体为自我的本质。其次，则关乎“自由”的概念，此概念在人文学科各领域都有广泛的讨论，沈清松将自由分成“身体的、心理的、自律的、形上的（不断超越的）”逐层进展的几个意义，且提出身体和心理与相对自律的自由，均为使主体在不断的超越之中迈向至善的过程[①]。此说法用意在于让自由意志的论述能摆脱决定论的困难，走出自由意志与决定论的讨论中的某种凝滞的定论，即唯有摆脱决定论才能有形而上的自由此种论调。

因而，自由意志的论述在西方哲学史的发展进程中，往往便与自然哲学以及当代科学发展中带来的决定论有关。从自然哲学上来看，整体存在界的运动变化不离因果原则与充足理由律的预设，现代科学的发展在此两预设下更显现为机械式的宇宙观，决定论之基本立场由此奠定：世界中的一切都是被决定的，任何事情的发生都是由其先在的原因所决定的。在此之下的自由意志，则被理解为人类是不完全受到不可避免的决定论控制的，因此在有限范围内能自主决定而有一定的自由，且此自由往往与伦理上的责任有关。自由意志与决定论间的关系，在此基本定义上有强决定论与弱决定论（相容论）间的游移，如霍布斯、洛克、休谟等均从各自的观点主张自由意志与决定论的兼容性。此外，特别值得一提的是，透过近代物理学机械式的宇宙观所带来的强决定论，将宇宙视为一个物理系统，又或脑神经科学的研究将人类意识解释为纯粹的脑神经细胞活动等理论，坚决捍卫了决定论立场。但若从测不准原理与混沌理论等发现

① 沈清松：《形上学：存有、人性与终极真实之探究》，第148-156页。

来说，似乎又证明了宇宙中并非每一件事都是可以预测的，科学发现反而又动摇了决定论。

在自由意志与决定论的争辩之中，如何为人存有的主体自由找到合理解释，则是最重要的议题，此亦显示出自由意志问题的重要性最终与人的道德责任有关。从萨特主张的绝对自由，到沈清松采取“不断超越”的进路而离开决定论的方式，都是不同的可行之路。另外，还有如当代学者罗伯特·卡恩标举出的在责任意义下的自由意志①，以此为一种“最终责任”，卡恩提出主体或许并非在每一次行动中都具有完全的自由而有所谓的自由意志，但意志的自由显示出来的是，我们在具体的抉择与行动中会有阻碍与困难，而从当代科学对决定论的动摇，以及对人类心理与意识的不确定性的状态来说，在此过程中引发我们犹豫于不同抉择时，总会有各种不同的选项与可能性，因此，最终的结果是无法控制的，主体的选择是具有自由意志的，且我们必须为此抉择负责。总之，如徐向东所言，通常我们会同意只有当主体的抉择与行动在某个意义上是自由的，才能被认为要对其行为负责。当一个事件的发生与道德有关时，此事件的发生仍可区分出因果责任与道德责任。譬如你家里的猫咪跳上桌打翻了你的水瓶，与带有恶意的访客故意打翻你的水瓶，你或许会责怪或对猫咪生气，但你不会将道德责任置于猫咪身上，但你会认为带有恶意的访客有道德责任，此便意味着人与经验世界的其他东西的不同。虽然有些当代学者已试图将自由意志与道德责任二者的必然关系割裂，但这些论述都还在不断地被讨论中。此外，自由意志更与人的尊严与自我概念相关联，当人缺乏自我导向的可能性时，该如何看待自我的价值与意义②？由此可知，自由意志的论题为何被西方哲学家普遍重视，及其在当代社会与伦理议题上所拥有的重要意义。

---

① 克里斯·霍奈尔、埃默里斯·韦斯科特：《哲学是什么》，第21–24页。

② 徐向东：《理解自由意志》，北京大学出版社，2008，第11–16页。

三、中国形上学的主要论域与基本观点

（一）中西形上学之同异与中国形上学之特征

与前述西方形上学的几个核心课题如“实体、终极真实、上帝、灵魂、心灵、自由意志与决定论”对应，中国形上学常被列举的核心课题，如“天、理、太极、道、气、仁、性、心、空”等，概念范畴本身有着显著的差异，然概念范畴的对比实际上显示不出思想体系之殊别性或其背后实际的共同性。再就讨论的课题而论，中西形上学又可见得许多的一致性，如关于整体存在界的根源性问题与秩序性问题、存在物（什么东西存在）的问题、人存有的问题等。事实上，要深究中西形上学的差异是非常困难的，甚至，是否需要从一种比较哲学的视角去探讨差异的问题，都是可以被讨论的。从本书的角度而言，对此问题的基本说明仍有必要。曾春海主编的《中国哲学概论》对此问题有翔实梳理：

> 相较于西方哲学以客观化的知识理性为主轴，借严密的逻辑思辨与精巧的论证架构，进行解析性的本体论与宇宙论之思辨和系统化的建构，成就了学术研究的风气，形成了传统。中国哲学形上探讨则以自我生命的感受、理解和安顿为主轴，安身立命的智能系来自形上洞悟的智慧。……儒家契悟天道性命相贯通之至理，在下学上达的生命境界提升过程中不断修身养性以期超凡入圣。同样的，道家以形上的智慧来凝成人生的智慧以转俗成真，佛家则证悟缘起性空的无上智慧，在八正道的修持中转识成智。对中国哲学而言，本体、工夫、境界有三合一的不可分割性，即本体即工夫，体用不二地开拓出层层自我提升的人生境界来。①

从形上学的课题分类来看，中西形上学仍可一致地区分为本体论、宇宙论、人存有的人性论三个主范畴。当代中国哲学对名称的使用与分类模式或有不同

① 曾春海主编《中国哲学概论》，吉林出版集团有限责任公司，2009，第11页。

意见，比如本体论或为天道论，张学智更区分出形上学的“本体论”与天道意蕴论两类，宇宙论又常被冠以宇宙生成论、宇宙发生论，又如张学智区分出物质构成论与宇宙演化论两类[①]，人性论或称自性论，又或脱离形上学范畴而独自立论，或被放置于伦理学范畴。甚至，对于中国形上学的问题本身应该为何，当代学者都有不同见地。陈少明指出讨论形上学问题不仅是中西的殊异，就中国内部而言实际上也有不同的看法，中国传统的形上学本身就有“道器”“有无”“理气”三种形态[②]。此外，当我们习惯于笛卡尔哲学树式的系统哲学训练时，以形上学为理论的金字塔地基，此实是从概念的逻辑结构而言的。“在中国思想传统中，有一堆重要的观念，如天人、阴阳、道德、有无、体用、本末、心物、性命、仁义、精神、理气等，这些结对的概念从各自的角度解释世界，很多视角是交叠的。有时候，也可以是道器、精气、心性、心身、物我这样的组合。你很难建立起一个清晰说明其逻辑关系的概念系统。古人在使用这些概念时，也大都可以互相解释。没有严格的层级，更非线性可以说明的。我们不妨把它们看作观念之网上的不同节点。随便拎出其中任何一个，都可以从中追溯与其它观念的联系。”[③]因此，对于中国形上学的理解，或对中国哲学的理解，除了整体性与系统性作为一种训练基础，更需要保持其开放性。

最后，除了对中西形上学异同的探讨，回到中国形上学本身，尚需提到中国形上学的核心论题，即对“天人关系”的思索。张岱年于《中国哲学大纲》中提到中国哲学的六项特点，其中一项为“一天人”，即从天人关系中主张“天人合一”。总体而论，多数中国哲学家均以终极真实（天）为宇宙的根源，为当然的律则，同时也是人的根本以及理想，人生的最高理想是自觉地达到天人合一的境界，而天与人的联系主要在于人之“性”[④]。循此，形上学中的本体论、宇宙论、人性论各个相关概念范畴，以天人关系为轴心，在思想家的体系中各

① 张学智：《中国哲学概论》，高等教育出版社，2022。

② 李猛、张志强、陈少明等：《新中国的形而上学》（2021年“心性与道体”研讨会中陈少明教授之发言），《开放时代》2021年第5期，第36页。

③ 陈少明：《把哲学当作动词——敬答“做中国哲学”工作坊上的朋友们》，《现代哲学》2022年第3期，第136页。

④ 张岱年：《中国哲学大纲》，商务印书馆，2015，第27-28页。

自形成串联模式。就中国哲学的义理架构而论，亦形成了本体论、宇宙论、功夫论、境界论的主要解释架构，彼此相互涵摄。因此，中国哲学的形上学论述，整体性地呈现出对天人关系问题的各种响应，此理论关怀亦连带彰显出张岱年所言的中国哲学的另一重要特质——“合知行”，亦即中国哲学的实践性格[①]，如曾春海言中国哲学中“安身立命的智能系来自形上洞悟的智慧”，方东美以“超越形上学”为中国形上学的立论特点，言其一方面根基于现实世界，另一方面又“腾冲超拔，趋入崇高理想的胜境而点化现实”，因此中国形上学的主流是机体主义的，彰显出统摄万有、包举万象、一以贯之的样貌[②]。在其中，既强调个体同时又将个体安置于宇宙中，终极实在始终具备既超越又内在的特质，人之主体往往透过逆觉体证的方式体证本体与转化自我[③]，亦如此，中国哲学的认识问题往往在此结构中表现出对经验知识之有限性以及对如何体贴天理的体证之知的功夫操作的论述。

（二）本体论与终极真实

本体论是关于终极真实的理论，中国哲学本体论的核心关注在于对存在的根源与规律、终极意义与价值的研究。当代学者对中国哲学本体论又有称为天道论的，如张学智区分出形上学的“本体论”与天道意蕴论两类。杜保瑞以“本体、宇宙、工夫、境界”四方架构作为中国哲学史研究的方法论架构时，定义本体论是对终极意义与价值的论述，着重抽象意义面的讨论，另外有别于本体论与宇宙论，他指出中国形上学还有关乎“概念思辨的存有论”，意指对各学派的四方架构论述所建立的各种概念范畴的讨论。另外，关于“各种存有类项的概念范畴”以及“种种抽象功能的概念范畴”，前者如“天、道、理、气、性、心、情、才、鬼、神、形、物”等，后者如“有、无、动、静、体、用、本、末、虚、实”等，这两类概念的使用几乎是儒释道三家共有的[④]。当代学者种种分类在此我们无法深入辨析，种种类型分判与解释架构的设定，实际上显

① 张岱年：《中国哲学大纲》，第25-27页。

② 方东美：《生生之德：哲学论文集》，中华书局，2013，第236-237页。

③ 曾春海主编《中国哲学概论》，第12页。

④ 杜保瑞：《中国哲学方法论》，台湾商务印书馆股份有限公司，2013，第364-366页。

现的是我们对于哲学解释上的系统性的惯性，但因为历代中国哲学家本身的概念范畴的使用，其解释虽能有共同准心，向外扩张则有很大的开放性，哲学家们对同样概念有不同诠释，对各种概念有各自的使用选择，当使用一群概念形成一组解释网络时，概念间关系与重心亦会各有不同。因此，本小节我们仅针对几个重要的本体论概念进行基础介绍。

回到本体论是对终极真实的理论研究此基本定义，中国哲学的终极真实，可以是抽象的终极价值，例如仁、诚、逍遥、苦、空，亦可以是终极的形而上的实体，蕴含着根源义与规律义，如天、道、理、太极。另外从机体论的层面来看，中国哲学的本体论问题是包含着宇宙论的，呈现出的是一种动态的宇宙观。从“本体”词汇本身来看，此为中国哲学家本来便会使用的字词，张岱年提到本体范畴时，以“体用、本体、实体”三组概念并而论之，主要关注的是“体用”范畴，以体为本而又可称为“本用”关系，“本”作为本体与本根，亦称为“实体”[①]。据考证，“本体”一词最早的使用可在西汉京房的象数易学中找到，在魏晋时已逐渐深化与发展，且出现了本与体的拆分使用与组合而有“本末、体用”等概念。由本体概念所形成的本体论在隋唐佛学中得到大力发展，善无畏等译《大日经》云：“字门转成佛，亦利诸众生。犹如大日尊，瑜伽者观察。一身与二身，乃至无量身。同入于本体，流出亦如是。”(《大正新修大藏经》第18册）以“字”(如“阿”)为门而入，了悟诸法之理，这里本体与无量身的关系即为真如自体与法界众生的关系，本体落实于人存有上也就是其本具而不灭的真性[②]，本体论的形构也就不仅是纯粹的理论思辨，而且是关于人之主体如何证悟引导本性的开显而与终极真实冥合，由此而成为中国形上学的重要特征。

除了“本体”，历代中国哲学理论中可作为本体使用的概念不胜枚举。从概念发展史而言，可追溯到《诗经》《书经》等早期文献中出现的由“帝/天”并用，从部落的祖先神（人格天）逐渐转化为纯粹的理序观念，到周代后

① 张岱年：《中国古典哲学概念范畴要论》，载《张岱年全集》(增订版)，中华书局，2017，第71-72页。

② 向世陵：《中国哲学的“本体”概念与“本体论”》，《哲学研究》2010年第9期，第47-56页。

“天”取代了“帝”成为更常被使用的终极真实，如《诗经·大雅》“天生烝民，有物有则。民之秉彝，好是懿德”中的“天”便具有形上实体的根源与律则的含义，且对天人的关系进行联结，“民之秉彝”显现出此形上律则下贯于人存有的同在性。此后，“天”概念基本是儒释道论本体与终极真实的共同资源，如冯友兰区分有五种含义：物质之天（与地相对之天）、主宰之天（人格天/帝）、运命之天、自然之天（自然之运行）、义理之天（宇宙之最高原理）[①]。

与“天”有相同层级的终极真实概念，有如儒家之“太极”与“理”，道家之“道”，佛教之“空”等。“太极”出自《易传》，《易传》中可见“天、道、太极”等，均蕴含存在界之终极根源含义的概念，如：“形而上者谓之道，形而下者谓之器。”“一阴一阳之谓道。”“易有太极，是生两仪，两仪生四象，四象生八卦，八卦定吉凶，吉凶生大业。”“易与天地准，故能弥纶天地之道。”“天地之大德曰生。”不论道或太极或天（天地），作为终极真实都显现出几层含义：一是根源性的最高原理。二是整体存在界生成变化之创生动力，《系辞传》“生生之谓易”所标举出的“生生”的动能，即中国哲学具备的机体的动态宇宙观的重要理论资源，围绕“生生”的论述甚至成为近十年来中国哲学的热门话题，其“既能体现与‘存在’问题的联系从而在沟通西方哲学方面发挥作用，又能表现出中国哲学的特质从而可能凸显中西哲学之间的差异”[②]。三是创生后所显现出的作为万事万物之运动变化的规律义，透过阴、阳二气之交感变化而来。道家对“道”的使用亦属于同样脉络，《老子》：“道可道，非常道。名可名，非常名。无名天地之始，有名万物之母。”“有物混成，先天地生，寂兮寥兮，独立不改，周行而不殆，可以为天下母。吾不知其名，字之曰道……人法地，地法天，天法道，道法自然。”“反者道之动，弱者道之用。天下万物生于有，有生于无。”从这几段引文便可看到《老子》对道此终极真实的各种描述，包含其不可言述性、超越性、永恒性，

① 冯友兰：《中国哲学史》（上），载《三松堂全集》（第2卷），河南人民出版社，2001，第281页。

② 苟东锋：《“生生”与“名名”——论中国哲学的“底本”》，《哲学分析》2022年第13卷第6期，第149页。

且从有无并观中，透过“无”言其先在性，透过“有”言其创生与作用。另外，“反”则为对运动变化的律则的说明，一方面有对立、相反之义，另一方而又有返回（归根、观复）之义。从儒道两家的视角而论，观“变”而思“常”是一个重要特征，这个“常道”并非西方哲学中的不动的推动者或第一因，或是基督教中的上帝，其永远蕴含着有机体的动态结构，是“生生”的也是“终始”（而非“始终”）的。再从佛教来看，其终极真实的核心概念以“空”为代表，张学智言：“佛教特别是在中国占统治地位的大乘佛教对天地万物的看法，一言以蔽之，曰‘空’。佛教各派理论，主要在论证‘空’，但取径不同。”[①]但从中国佛教的发生历程来说，其本体论的立说一方面接受印度佛教的“空”义，另一方面也受到中国哲学本身的本体论影响甚深[②]，因此“空”在印度佛教意旨上论“缘起性空”所意旨的事物的无自性、无实体、无主宰的含义，汇入形成中国佛教本体论述时，便起到了中国本体论特征中“由实转虚”的作用，而成为万事万物存在的终极性实相。

另外，“有无”这一组概念到了魏晋时，王弼在《周易》与《老子》诠释的基础上，借着对本末有无关系问题之辨析，确立“崇本息末”的方法论原则，将形上学中对终极真实的抽象特质的描绘与人存有的体道功夫合一，从“万物宗主”言形而上的抽象特质、“崇本息末”言体道工夫[③]，从《老子》“有无并观”的进路将“无”的概念相对地提升转换成以无为本、以无为用，透过另一种天人关系论述的建构解释魏晋在名教与自然间的冲突，以王弼为代表的“有无”的形上学以及其所使用的许多概念范畴，如“有无、体用、本末、一多、动静、言意”等，亦透过王弼激发跃升为中国形上学的重要概念范畴[④]。

再从“理气”形态的形上学而论，“理”可视为整个宋明理学发展史的哲学最高概念范畴，如朱熹《朱子语类》言：“太极只是一个理字。”《文集》言：“天地之间，有理有气。理也者，形而上之道也，生物之本也。气也者，形而下之气也，生物之具也。是以人物之生，必禀此理，然后有性，必禀此气，然后

① 张学智：《中国哲学概论》，第153页。

② 方立天：《中国佛教哲学要义》（下），中国人民大学出版社，2002，第746–748页。

③ 杜保瑞：《基本哲学问题》，华文出版社，2000，第211–212页。

④ 林丽真：《王弼》，东大图书公司，1988，第174–175页。

有形。”以理为最终的形上实体、终极根源，亦为存在界的运动变化律则，以“理先气后、理气不离不杂”解释理气关系，以“理一分殊”解释理与物、理与事的关系，理不但是形上学的整体存在界的共理，还是人文世界价值的根源。虽然当代学者有理本、气本、心本的理学形态区别，但不论理本论“性即理”或心本论“心即理”等主张，甚至如气本论之代表张载“太和四句”中的“天、道、性、心”四个概念序列标示出实际上“天”或“太虚”才是张载所谓的终极真实，其归结都可显现出以“理”为终极真实概念的代表性意义。气因此仍是中国形上学系统中作为本体论联结的宇宙生成论的基本概念，是构成“道”与“性”的元素或条件[①]，而性与心亦分别从人存有的形上学概念与理相联系而形成宋明理学各个形上学理论的内涵。

最后，需要再提到终极真实具有终极价值的含义，比如儒家仁、义、诚、善，道家无为、逍遥，佛教苦、空、无我，作为终极真实，一方面可独立存在而为终极价值与意义，另一方面也会成为其他终极真实譬如天、道、理等的内涵。以“仁”为例，自孔子以来儒家确立了以“仁者，人也”为终极价值的核心，仁的本体论到了宋明时期有极大的发展。程明道在天人关系的论述上言“天人本无二，不必言合”（《二程集·河南程氏遗书》卷第六）而有“天人无间”的主张，甚至扬弃了天人之间需要“合”的说法，但天人如何无间？其根据便在于“仁”。明道言：“学者须先识仁。仁者，浑然与物同体。义、礼、知、信皆仁也。识得此理，以诚敬存之而已，不须防检，不须穷索。”（《二程集·河南程氏遗书》卷第二上），“仁”作为形上学的终极实体与价值根源的核心，在主体上要透过“识仁”的功夫操作与其“共同/共通”，且在功夫实践脉络上，是透过“诚敬存之”而非每一个行为操作细节、意识念头上之防检、穷索。朱熹在《论语集注》中解释仁为“仁者，爱之理，心之德也”，在《朱子语类》中言：“向者先生教思量天地有心无心。近思之，窃谓天地无心，仁便是天地之心。”如朱汉民所言，宋明儒者透过对四书的诠释，透过“以理释仁”的进路开展出仁体形上学的丰富意涵，以朱熹为例，其以理释仁的种种立说“使仁爱情感理性化、仁义原则普遍化、仁道观念形上化”，最终推动了仁的本体论建构，“从价值体系来说，仁、仁义并没有发生重要变化，但是宋儒已经将这一套价值

① 林乐昌：《论张载的理学纲领与气论定位》，《孔学堂》2020年第1期，第34页。

体系奠定在坚实的形而上学的基础之上”[①]。当代学者陈来所建构的仁学本体论[②]，更是对宋明理学与当代儒家学者的承继，以重塑儒家的价值基础而成为建构当代中国哲学本体论的代表。

（二）以“气”贯穿的宇宙论思维

宇宙论是“研究时空统合场中，天地如何架构出来，存在于天地之间的万物所以生成的原质，以及生成变化的动态动能、发展历程、规律、方向等问题”[③]的一门学问。从“宇宙”此词汇的使用来看，《尸子》：“天地四方曰宇，往古来今曰宙。”《淮南子・齐俗训》：“往古来今谓之宙，四方上下谓之宇，道在其间，而莫知其所。”可见“宇”为空间范畴，“宙”为时间范畴，铺陈出一个存在界中所有事物运行变化的统合场，中国哲学家们所关注的，即在此过程中，尚未开展前的根源性的终极真实，以及开展的过程与情状。从哲学史的发生来说，汉代哲学是宇宙论哲学的巅峰，此时期儒道两家如《吕氏春秋》《淮南子》《春秋繁露》《白虎通义》《老子指归》等，都有系统完整的宇宙论哲学，即使从批判天人感应阴阳五行的灾异之说而力求“疾虚妄”“求实诚”的王充，仍是采取自然气化的宇宙观涤清汉代的天人感应之说[④]。由此可区分两种宇宙论路径：一为具有完整宇宙发生论系统的宇宙论哲学体系，另一为具有宇宙论思维但对整个宇宙发生历程与情状并不一定有详尽论述的理论。并且，无论何种论述，都可以在其中找到一个最核心的中国哲学宇宙论概念范畴，即“气”。

“气”作为中国哲学的核心概念，几乎是所有宇宙论思维的基准点。张岱年指出：“就今所知，在中国哲学中，注重物质，以物的范畴解说一切之本根论，乃是气论。中国哲学中所谓气，是最细微、最流动的物质为一切之根本，以气解说宇宙，即以最细微最流动的物质为一切之根本。”[⑤]这里所定义的气已经是

① 朱汉民：《朱熹以理释仁的路径和意义》，《中国文化》2020年第1期，第116页。

② 陈来：《仁学本体论》，生活・读书・新知三联书店，2014。

③ 曾春海主编《中国哲学概论》，第25页。

④ 曾春海：《两汉魏晋哲学史》，五南图书股份有限公司，2001，第101页。

⑤ 张岱年：《中国哲学大纲》，第65页。

哲理意涵的气，若要从中西哲学比较的角度来说，很容易被理解为原子或质料因。然所谓的“物的范畴”实际上并非将“气”框限于“质料”，而是透过过往哲学家于经验世界中的物象的气的变化中（物理的气）提炼出来形成的形上学概念。李存山辨析“气”有物理、生理、心理、伦理、哲理几个层次的含义，一般言哲理意义的“气”指作为世界万物之本原或元素的“气”，亦即张岱年所定义的“气”，它可化生万物，本身与物理意义的“气”相通，而生理、心理、伦理乃至文论美学等意义的“气”都是由此衍生而来的[①]。哲学意义上的气是从经验世界中的烟气、蒸气、云气、雾气、风气、寒暖之气、人的气息等实际物象义理化升华而成的，阴阳二气概念的形成与季风和寒暖之气有密切关系，人之精神性的精气概念亦与人的气息有密切关系[②]。以物理与生理之气为基础，在人存有上的生理之气会影响到其心理之气，如《论语·季氏》中的“血气未定、血气方刚、血气既衰”的生理之气与“色、斗、得”的心理状态的联结，心理之气又会与伦理之气联结，如《孟子》的“持其志，勿暴其气”“浩然之气”，此处便显示出儒家哲学“气外言性”与“以气言性”（气质之性）[③]两种人性论思路。回到宇宙论的脉络上，则通常会出现从阴阳论气、从五行论气、从精气论气三种类型，其中前两者又合并为阴阳五行的气论系统，通常是从气之交感变化将整体存在界的万事万物划入体系结构形成一宇宙图式，从精气论气则通常以“精”所内含的力量为万物寻找其可变与能变的根由，且尝试以此从气的物质意涵往上跃升出精神层面的合理性解释[④]。

以经典的代表性而论，《易经》（尤其是《易传》）提供的相关概念与理论关联，可说为整个中国哲学史演变过程中儒道两家宇宙论思维建构的核心。东汉经学家郑玄在《六艺论》中言：“易，一名而含三义：易简，一也；变易，二也；不易，三也。”从“不易”可理解此终极的形上实体的恒定与根源义；从“变易”可展现出唐代孔颖达《周易正义》说的“新新不停，生生相续”的动态

① 李存山：《“气”概念的几个层次意义的分殊》，《哲学研究》2006年第9期，第34页。

② 李存山：《中国气论探源与发微》，中国社会科学出版社，1990，第21–30页。

③ 李存山：《“气”概念的几个层次意义的分殊》，第40页。

④ 陈德兴：《气论释物的身体哲学——阴阳、五行、精气理论的身体形构》，五南图书出版股份有限公司，2009，第27页。

宇宙观，以“变化”为一种具内在目的性的动力；“简易”则一方面从“体”的角度言易道发用的自然如此，另一方面从“用”的角度，就人之向度论主体对易理之掌握与阐发方式。易之生生的动能透过阴阳二气氤氲交感，由太极至六十四卦层层推扩的系统，以太极为终极真实、形而上的实体，两仪象征阴阳二气，八卦的基本取象与《说卦传》中的各种取象，象征自然与人文世界的各类基础要素，六十四卦为世界中主要的事项与物象，“道、太极、变易、阴阳二气”等贯连成为机体宇宙观的概念网络。在此网络中，如“物极必反”“居中与时中之道”“当位与不当位”等，除了是卦爻安排与解释的原则，呈现出经验世界生灭变化的律则与历程，且同时也是人生之律则与历程。

阴阳二气和八卦接续与五行结合，则成为汉代之后宇宙论体系的基石。比如，董仲舒的《春秋繁露》以类归的“同类相感”思维形构了一套天人感应理论，以“元”为万物之本，并透过“气”的运行使得存在界万事万物得以发生发展。气可概括为阴气、阳气两种作用形态，再扩展为四时、五行系统，董仲舒就着阴阳二气，融入了方位、四时（四季）、五行等范畴，对经验世界运行的基本样貌展开说明。而在整个存在界的结构中，人是与天相类的万事万物中联结最紧密者，董仲舒在《春秋繁露》中以“物旁折之/取天地少”与“人正当之/取天地多”区别了人与其他万物，赋予人参天的能力与责任，透过“同类相动”将宇宙生成论的感应系统与人链接。再以道家为例，西汉初期由淮南王刘安集结宾客合著的《淮南子》承继老庄哲学的“道”为其核心，一方面对道之特征、性质、样态等做更精微的描述，另一方面在道体的实际作用上，甚至形构了三套（俶真训、天文训、精神训）宇宙发生论。道家哲学的宇宙论思维发展，基本理论根基来自《老子》“道生一，一生二，二生三，三生万物”“道生之，德畜之”等说，一般若将《老子》这些论述归为宇宙论思维，“道”比较像是一种创生的原动力，至于创生的历程问题，“道、德、一、二、三”等均为抽象的概念，还没有明确的宇宙发生历程展现。宇宙论的“创生”问题被提出后，从战国时期始出现各种说法，到战国中期阴阳之说盛行，出现以“气”建构创生历程的理论体系①，《淮南子》便可视为此类理论的代表，以最具代表性的《天文训》一段为例。“天坠未形，冯冯翼

① 徐复观：《两汉思想史》（二），九州出版社，2014，第201-202页。

翼，洞洞灟灟，故曰太昭。道始于虚霩，虚霩生宇宙，宇宙生气，气有涯垠，清阳者薄靡而为天，重浊者凝滞而为地。清妙之合专易，重浊之凝竭难。故天先成而地后定。天地之袭精为阴阳，阴阳之专精为四时，四时之散精为万物。积阳之热气生火，火气之精者为日；积阴之寒气为水，水气之精者为月。日月之淫为精者为星辰。天受日月星辰，地受水潦尘埃。"从"太昭（道）到虚霩"，都是对道体这个终极真实在未分化之前的状态描述，"虚霩→宇宙→气"则是透过道体的动能开展出时空的统合场，在此之中产生"气"而为存在界提供万物生发的质料。但实则至此，整个宇宙开展仍是一种混沌状态，其所描述的都是道在太昭状态中自我运化的历程，也是一种逻辑性的运化过程[①]。从"气"之后，则均为以"气"的质料特质为出发点形构的具体生化历程，《淮南子》在其他地方亦提出气与五行之结合（如此处水火之说）为一结构体系，由《淮南子》对于气的使用，也可见到"气"本身在哲学意义上作为含有内在动力与生命力之可能性的原质，显示出其具有"能鼓动万物以成变的动态势能"[②]，其本身虽有"涯垠"（界域），但能化生出同质的不同性征（清阳与重浊之气），再各据其性征形成万物。

中国哲学的宇宙论因为现代科学的发展，以及相比之下当代学者对本体论思维的更多兴趣，许多前辈学者甚至以宇宙论为哲学发展的衰退。然在汉代除儒道两家，道教的理论更有丰富的宇宙论系统与思维。魏晋之后儒释道三家虽多以本体论为主，但中国佛教义理中仍有对宇宙结构和现象的说明，只是相对而言更重视对本体的寻求。如方立天所言，佛教典籍中的"世界"一词与中国古代文本中的"宇宙"含义相同，另外佛教典籍中还有与世界一词同义的"世间"概念，且一般分为"有情世间（人类社会）"与"器世间（山河大地）"，在此之中，"缘起"作为基本观点而主张存在界的所有事物的生灭运动均受到缘起法则的支配，其显示出事物之间的因果关联，因此一切事物都是因缘和合。大乘佛教以缘起之论为基础和方法说明了宇宙万物的生灭运动，并落实于人生

① 黄玉麟：《〈淮南子〉"道"思想之研究》，辅仁大学哲学研究所博士论文，2006，第69、73页。

② 曾春海：《两汉魏晋哲学史》，第35-36页。

的意义和解脱问题上[①]，此天人关系的模式看似与儒道一致，其差异则在于儒道以经验世界为“有”，佛学则视现实世界为“空”。如劳思光对儒释之辨的“肯定世界”与“否定世界”之分判，因此有“化成”与“舍离”的不同态度，在儒道之辨上则强调德性我与情意我的主体特质，而对世界分别采取“化成”与“观赏”的态度[②]，由此可见，中国哲学中从形上学世界观到主体价值观的天人间的紧密关联。至于到了宋明理学之后，气论作为宇宙论思维与就气质论性的人性论观点从未消失，只是具代表性的宇宙论系统逐渐减少，其中可以周敦颐的《太极图说》为代表。

（四）人存有的心性论论题

中国哲学关于人存有之论域的核心课题在人性或心性问题上，也是儒释道三家哲学共同关注的重点。至于在各哲学家理论架构中对性或心之定义为何，以及心性间的关系，心性与天道的关系，在此关系中如何展开功夫操作等等，哲学家们均有基于自身问题意识与理论建构方法的推展。蒙培元指出，中国心性论“既是本体论，又是价值论，同时还包括许多认识论和心理学问题。它以探究人的本质、本性、使命、价值、理想和人生的终极意义为根本内容，以揭示主体精神、主体意识为特征的存在认知、本体认知为基本方法。一句话，它所讨论的是关于人的存在和价值的问题”[③]。由此可见，中国哲学在谈论人存有的特征。

“性”一般指人或物具有的本质、本能，“人性”因此指的是人所具有而异于其他动物的本质、本能，西方哲学常以人为理性的动物，既显现出人的共性，也显现出与其他物类的差异性。儒家论人性，特别强调性的善恶问题，以及由此解释恶如何可能的问题，常见的有孟荀间的性善或性恶、汉唐时的性善恶混或性三品、宋明理学的性之二分或一元等各种主张，其理论脉络又关联着本体

① 方立天：《中国佛教哲学要义》（下），中国人民大学出版社，2002，第610–616页。

② 劳思光：《新编中国哲学史》（三上），生活·读书·新知三联书店，2015，第60–61页。

③ 蒙培元：《中国心性论》，载《蒙培元全集》（第四卷），四川人民出版社，2021，第1页。

论或宇宙论相关的天道与气之流行的设定。《说文解字》："人之阳气性善者也。"段玉裁《说文解字注》："人之昜气性，善者也。论语曰，性相近也。孟子曰，人性之善也。犹水之就下也。董仲舒曰，性者，生之质也，质朴之谓性。"许慎《说文解字》是东汉时期编著的工具书，这里可见对"人性"之定义是从"气性"而论，清代段玉裁的注释则分别列举了性之相近、性善、性之质朴等不同说法。

儒家从孟荀开始常见对人禽之辨的讨论，《孟子·离娄下》："人之所以异于禽兽者几希，庶民去之，君子存之。舜明于庶物，察于人伦；由仁义行，非行仁义也。"《荀子·非相》："人之所以为人者何已也？曰：以其有辨也。……夫禽兽有父子而无父子之亲，有牝牡而无男女之别。故人道莫不有辨。"孟荀均关注人性与人禽之辨，孟子是从人之主体先天具有道德自觉定义人性，由此言性善，荀子则是从"有辨"（具有分别分辨能力）别人禽之异，不过荀子并不以此能力为人的本性，他对人性的定义是从"生而好利、疾恶、耳目之欲"等自然情性层面，由此言性恶，而此种理性的思维分辨能力则来自"心"。荀子以心为主体的认知思维能力，《荀子》言："性之好恶喜怒哀乐谓之情。情然而心为之择谓之虑。""心者，形之君也，而神明之主也，出令而无所受令。"心能够认知且辨别外界事物，因此人的功夫也就是要透过锻炼达到"虚壹而静"的"大清明"之心，荀子强调的功夫修养主要是理性思辨能力的训练，由此而能"化性起伪"。那么，孟子又是如何论心？《孟子》中直接谈性善的只有两处，一般说孟子是"即心言性"，即透过心来臻定性的作用，孟子所谓心就是我们很熟悉的"四端心"。但孟子也说过"心之官则思"，因此孟子言心实际上包含了思维认知能力、天生具备的道德情感、道德自觉能力，是既超越又内在的，四端心虽天生本有，但不代表在日常生活中主体就能发用此四端心。如此，孟子多以"端点"的方式进行比喻，强调功夫上的锻炼与扩充，因此而能"尽心、知性、知天；存心、养性、事天"。由此可见，孟荀对心性的定义各自有别，但共同之处在于，都强调人禽之辨，且也都从道德主体的面向论人的心性问题，此为儒家哲学心性论的一贯发展。又如董仲舒在宇宙论结构下，在《春秋繁露》中，定义人性是"如其生之自然之资谓之性。性者质也"。而人性之根源在天，天有阴阳二气，因此人有仁贪之性。此外，“天有阴阳禁”，因此“身有情欲栣”，此“栣众恶于内，弗使得发于外者”的能力，则是“心”的作用，心有使理性节制情欲的作用，性具有善质能待教而为善。再如宋明理学家若从气性的视角出发，亦常见有气性以及与天理结合的理性，如张载以来的天地之性与气质之性的分别，从心概念上说又可显现为道心与人心的分别，不过这里基本的原则都是要克制与减少气质之性的影响而恢复天地之性，宋明儒者的功夫因此很强调“复性”。心与性配合，通常便有思维认知的理性能力以及主体的理性或感性能力两层含义。蔡仁厚以二行（三行）说区别“心”之概念层次：一是“以仁识心”，也就是心的德性层，此心通常是既超越又内在的，具有普遍性，是“即性即理即道”的；二是“以智识心”，即心的知性层，此知性层的心又可区分出“习心”（血气之心），即感性层的心[①]。由此，心与性间的关系便有常见的心性的统合或是心性的二分，比如宋明理学中朱熹“性即理”之说而有的“心统性情”主张，与陆王的“心即理”“良知即天理”主张的区别。

以上讨论以儒家心性论为主，释道两家对于心性论题各有关注。

就佛教而论，佛教以佛性为性，佛性是人能成佛的原因与根据，也意指清境的本心、诸法的本质，其在中国佛教的演变中发展出人人皆有佛性的一阐题皆可成佛的主张。综而言之，佛性有以下几种内涵：其一，悟解万物亦空亦不空的智慧；其二，指事物的本性、本质；其三，指人的本性、本心；其四，指宇宙万物的本体、本原[②]。至于论心，佛教则以心为万有的本体或根据，“万法唯识”“一切唯心”基本为中国佛教各派论心的共识[③]。然佛教的心性论在各派别中均有非常复杂的发挥，此外，佛教心性论理论的完备，更是唐宋以来儒者之所以欲恢复儒家道统，相应地积极建构形上学（包括心性论）理论，以期能对峙/治佛教的兴盛，因而为影响宋明理学诞生的重要因素。

就道家而论，张岱年言道家论人性可称为超善恶论[④]，实即不以伦理道德论人之本质，那么为何《老子》一书又称为《道德经》呢？若“道”为整体存在

① 蔡仁厚：《儒家心性之学论要》，文津出版社，1990，第2-6页。

② 张立文：《性》（中国哲学范畴精粹丛书），七略出版社，1997，第6页。

③ 张立文：《心》（中国哲学范畴精粹丛书），七略出版社，1996，第3页。

④ 张岱年：《中国哲学大纲》，第192页。

界的终极真实而为万有之根源与律则，那么借《管子·心术》言“德者，道之舍，物得以生生，知得以职道之精。故德者，得也。得也者，谓其所得以然也”即可知“德”是人与万物秉承道而有的“个体化情性及潜在的具自发性的活动能力”[①]。道为根源而道、德有别，德是万事万物之上所呈现的“道”性，为“道”下降为物的形态，由此而可说道、德是“无间”的[②]。从道家来说，此得之于道的“德”说的便不只是人性，而是所有存在界的物性，人与万物均各有其德，至于人之性即天道在人身上的具体显现。至于“心”，则是后天的、实然的，即人的主观精神，或说精神的主宰，由道而德而性而心是先天向后天，逐渐主观化与个性化的过程[③]。比如《庄子》言“若一志，无听之以耳而听之以心，无听之以心而听之以气”“游心于淡，合气于漠，顺物自然而无容私”等，均是基于从道性落实于人性都是自然的，因此人之精神主宰应该保持此种自然的情状，不以那种认知形态的知识心限制自我，维持心的虚静，主体便能开显其本真之性（德），向着道复归，此便成为道家功夫修炼的重心。

（五）小结

从以上对中国哲学形上学几个主要面向的扼要介绍可知，在概念范畴的使用上，儒释道三家有着大量的共同概念。这些概念的基本含义虽基本一致，但若细致区分，则会发现一个个接续的思潮，甚至同一思潮中接续着的哲学家，其使用概念范畴所构筑的义理间架，各自有着核心的游移与定义的差别，因此其复杂程度非本文精简的篇幅得以厘清，回到个别思想家，则还是要从方法上解析其不同概念与主张的理论间架，理解其基源问题与论述进路。

① 曾春海主编《中国哲学概论》，第83页。

② 陈丽桂：《战国时期的黄老思想》，联经出版事业股份有限公司，1991，第142页。

③ 罗安宪：《虚静与逍遥——道家心性论研究》，人民出版社，2005，第20-24页。

结　语

形上学是传统哲学的理论根基。从定义而言，形上学是“对于终极真实及其中再开展领域如宇宙和人生方面的原理与动力所做的全体性、统一性、基础性的探讨”，主要可区分为本体论的一般形上学，以及讨论自然、人、神等范畴的宇宙论、人性论、神学的特殊形上学。中西哲学家们对这些问题的问题意识与理论建构模式有许多差异，比如西方哲学的形上学探讨不离“实体”的概念，对终极真实的讨论又可以基督宗教哲学“上帝”概念以及对上帝存在的论证为代表，在人存有的探讨中则着重灵魂、心灵、自我等概念，以及自由意志与决定论的问题；中国哲学的本体论与终极真实放诸儒释道三家，其概念的呈现则更是多样，比如天、道、理、空、仁、诚等，另外中国哲学在宇宙论的建构上亦有独特的发展，“气”在此之中更具重要性，在人的存有上，则彻底发展了心性论范畴。

无论中西，现代哲学发展对于形上学的必要性问题有过许多质疑，西方哲学的质疑来自知识论与语言哲学的转向，中国哲学的情况更为复杂，与哲学学科的传入、中国哲学的合法性问题、哲学本身的形态转向等问题均有关联。然迄今为止，形上学论述对于当代哲学而言具有什么样的意味与应该朝向什么样的形态发展，仍为许多哲学家感兴趣的课题。因此，回到基础哲学训练而论，对形上学的认识仍是很必要的。

推荐阅读

亚里士多德：《形而上学》，苗力田译，北京：中国人民大学出版社，2003。

笛卡尔：《第一哲学沉思集》，庞景仁译，北京：商务印书馆，1986。

沈清松：《形上学：存有、人性与终极真实之探究》，台北：台湾大学出版中心，2019。

沈清松：《物理之后：形上学的发展》，台北：五南图书出版股份有限公司，

2023。

张志伟主编：《形而上学历史的演变》，北京：中国人民大学出版社，2010。

李存山：《中国气论探源与发微》，北京：中国社会科学出版社。

蒙培元：《中国心性论》，载《蒙培元全集》（第四卷），成都：四川人民出版社，2021。

冯友兰：《新理学》，载《冯友兰作品精选》，北京：生活·读书·新知三联书店，2007。

第五讲　知识论

一、概论

亚里士多德在《形而上学》开头第一句便说道："求知是所有人的本性。"[①]这一思想最好地概括了西方哲学关于人的看法。一方面，求知是人与动物之间的本质差异。这种面对世界的人类好奇本性表现了人所独具的自我意识，体现了人的自由本质。"说哲学源于好奇也就是说它始于自由的觉醒。只有自由的存在者才能感到好奇。"[②]另一方面，这也是人类同世界打交道的一种独特方式，实质上体现着人类在宇宙中安身立命的一种能力。我们知道，动物从一生下来就具有各种各样的生存技能，而人类必须从出生起慢慢学习掌握生存的各种能力。同时，相比于动物，人类在身体官能方面并不占优势，但是，人类的这种缺陷却被人类的另外一种能力，也就是求知能力弥补了。面对世界和万事万物，我们不是仅仅凭借意志和本能适应自然而生存，而是对我们所处的世界以及我们本身的存在问个"为什么"。正是凭借理智上的能力，人类获得了关于世界及关于我们自身的各种知识，从而更好地适应自然并根据自己的需要改造自然，以求得生存和发展。

① 亚里士多德：《形而上学》，苗力田译，中国人民大学出版社，2003，第1页。

② 拉格兰、海特编《哲学是什么》，韩东晖译，人民出版社，2014，第67页。

说到知识，我们通常声称我们拥有知识，各种学科也声称为我们提供了各种各样的知识。但是，在哲学反思层面上我们要问一个问题：什么是知识？当然，正如苏格拉底所说，这个问题“要问的不是人可以有关于什么的知识，也不是有多少个知识的门类。我问这个问题不包含清点这些知识门类的意思；我们想要知道知识本身是什么”[①]。可以说，“知识论就是对知识本质的哲学探究”[②]。所以，知识论可能看起来令人生畏，但实际上我们每天都面对知识论问题。通常，我们认为知识就是人们对事物或者事件的认识，就是某人知道（know）某事或者某物。那么，当我们说“知道”的时候，我们的意思是什么呢？比如，我们每天在电视或报纸上看到一些消息并相信我们所看到的东西，那么我们是否可以说“知道”它们呢？我们经常说“眼见为实，耳听为虚”，真的如此吗？我们是否有理由相信老师告诉我们的东西以及我们对过去事件的记忆，还是只相信“亲眼所见”的东西？我们看到的那些事物是真实存在的吗？或者说我们只是在幻觉当中，甚至是在梦中看到了那些事物？我们能否区分真实与幻觉或者梦境？我们所看到的红的花、绿的草就是花和草本来的样子吗？目前被人们接受的科学理论是“真的”吗，即使它在未来可能会被修改或否定？如果我们不能依靠科学来了解真相，我们怎么知道我们到底知道什么呢？我们如何获得真理？我们如何确证我们拥有真理？进一步的问题是：什么是真理？这些都是知识论关注的问题。

二、什么是“知识论”？

在英文中，“知识论”这个术语有两种表达：知识论（epistemology）或者知识理论（the theory of knowledge）。从词源学上来看，“epistemology”一词源自两个希腊语词“epistéme”和“logos”。前一个词的意思是“知识”或者“认识”，后一个词的意思是逻辑、理性或者理论。因此，从字面上讲，“知识论”是指一门以“知识”作为研究对象的理论或者学问。在英语中，这个词的对应

① 柏拉图：《柏拉图全集》（7）（增订版），王晓朝译，人民出版社，2017，第9页。

② Linda Martín Alcoff（eds.），*Epistemology：The Big Questions*（Oxford：Blackwell Publishers Ltd，1998），p.viii.

词组就是“知识理论”(the theory of knowledge)。

国内哲学界以往通常将“epistemology”翻译为“认识论”。对于“认识论”和“知识论”这两个术语之间的区别，陈嘉明在《知识与确证——当代知识论引论》当中有过专门讨论。他指出，在西方哲学中，古代特别是近代经验主义和理性主义哲学家们对知识或认识问题的研究都是从人的认识能力的角度进行考察，研究有关认识的起源、范围及客观有效性。因此，“这种形态的认识理论主要是发生学意义上的，它们从研究认识的起源（感性和理性）开始，到探讨认识的有效性（普遍必然性、客观有效性等），并断定认识的范围（是否只是在可见的现象、经验范围之内）。也正是由于这种认识理论的发生学性质，所以国内哲学界以往一般将epistemology称为‘认识论’”，而“之所以将epistemology称为‘知识论’，主要是由于在当代知识理论中，它的研究内容有了较大的变化，从有关认识的发生学的研究，转变为有关知识本身之所以为真的条件的研究，特别是有关知识的确证（justification）问题的研究”[①]。洪汉鼎等人也有类似的观点：“一般来说，epistemology一词应当区分为两种理论：一是知识论(theory of knowledge)，它的重点在于知识推理逻辑（the reasoning logic of knowledge）；二是认识论（theory of cognition），它的重点在于认知心理学（cognitive psychology），或认知过程（cognitive process），这两个方面尽管相互联系，但各有重点。”[②]近代经验主义和理性主义哲学家关于认识或者知识问题的研究主要侧重于前者，而当代知识论由英美哲学主导，则侧重于后者，重视对知识的诸条件特别是知识的确证问题的研究。

一般来说，作为对人类知识进行研究的哲学分支，知识论既要关注认识的起源、有效性及认识的范围等方面的问题，也要探讨知识的本性和知识的确证问题。因此，一门知识论课程或一本知识论教材应该包括上述两个方面的内容。

① 陈嘉明：《知识与确证——当代知识论引论》，上海人民出版社，2003，第1-2页。

② 洪汉鼎、陈治国编《知识论读本·编选说明》，中国人民大学出版社，2010，第1页。

三、知识论的起源

在西方哲学中，知识论通常被认为是从柏拉图开始的，特别是其《泰阿泰德》篇就围绕着“什么是知识”这一问题而展开。这一问题后来也被称作是“泰阿泰德问题”。同时，一般认为柏拉图在这篇对话中首次给出了知识的定义，即知识就是被确证的真信念。

实际上，知识论的问题在哲学起源之时就已经出现了。哲学被称为“爱智慧之学”，这种智慧本身就是一种特定的知识，即“关于某些本源和原因的科学”[①]。在亚里士多德看来，哲学源于对自然万物的好奇。当人类开始好奇于万事万物的本源时，就展开了对世界本原的追问，这就进入了哲学的思维。“在传统哲学的基本架构中，作为旨在探讨万事万物的最后本原与依据的形而上学虽然在亚里士多德那里就被确认为‘第一哲学’，但是在如何把握此一本原乃至如何确认这种把握是正当而充分的等诸如此类的问题中，最重要者显然就归属于知识论的问题。”[②]在这个意义上，“公认的知识论主张和问题实际上与哲学本身同时出现”[③]，尽管关于“前苏格拉底时期”自然哲学思想的证据是零散的，但是我们会发现知识论与古希腊人所理解的哲学这种活动本身就是密不可分的。

哲学源于古希腊，自然哲学家们追问万事万物的本原这一“形而上学问题”始于如下简单的假设：自然（phusis）代表着一种秩序或结构。如果自然界存在着一种秩序或是有结构的，那么，这个秩序就是可理解的，它受理性或者逻各斯的支配。这种秩序的概念与宇宙或世界的概念密切相关。人们将自然界叫作宇宙，实际上也就是认为自然界当中存在着一定的秩序。在这个意义上，古代的宇宙论从一开始就带有科学还原论的特征，也就是说，对某个现象的解释并不是与对其他现象的解释无关的，纷繁复杂的现象背后必定存在着不变的本质或者规律，它为解释现象提供基础。因此，我们只有通过把握不变的“一”才

① 亚里士多德：《形而上学》，第4页。

② 洪汉鼎、陈治国编《知识论读本·编选说明》，第1页。

③ Lloyd P. Gerson，*Ancient Epistemology*（New York：Cambridge University Press，2009），p.14.

能解释“多”。

当然，这并不是说在哲学出现之前，人们就没有思考过自然的秩序，只是这种秩序通常被归结为神的作用，而神的意志是人类无法把握的。自然是有秩序的这种假设意味着自然具有一种必然性，而这种必然性是我们能够把握的。但是，这种秩序并不是直接显现给我们的。因此，自然存在有一定秩序这一假设就非常清楚地提出了如何认识这一秩序的问题。如赫拉克利特所说：“自然惯于隐藏自己。”如果自然界有一种隐藏的秩序，但看起来却没有，那么我们就必须从感官表象或感觉经验来推断这个秩序。当试图从可能的感官表象来确定自然之秩序的任务被认识到时，下述知识论问题似乎不可避免地就出现了：通过人们对世界的感官表象能否达到对自然的秩序或本质的认识？这样，“什么是万事万物的本原”这一“形而上学”问题就不可避免地会引出“如何认识这一本原”这个“知识论”问题。

我们知道，大部分前苏格拉底时期的自然哲学家承认我们感觉经验的真实性，想通过感觉经验寻找某种基质来说明世界万物。他将“水”“气”“火”等某种感性存在物规定为世界的本原，将一般存在归结为这些个别存在物。但是，由于他们的本原（“一”）仅仅是某种感性存在物，他们把它当作了一般存在（“一”）来说明个别的具体存在（“多”），但这种“一”作为实质的“多”不可能真正说明其他的“多”。因为，没有任何一种以某种感性存在物作为世界本原的假设能够排除其他假设。若要用感觉经验中的某种感性存在物作为“一”来说明世界万物的“多”，最终便在世界的本原这一问题的答案上取消了客观的标准，走向“怎么都行”的相对主义。因此，这种理论不可避免地会受到怀疑论者的挑战。

巴门尼德首先对他之前的自然哲学家们上述寻求万物本原的做法提出了批评。在他看来，从米利都学派到赫拉克利特，他们关于万物的本原是什么以及万物是如何生成和变动的观点只是“意见”，只属于他们所说的“意见之路”。他要超越这些变动的意见，寻求唯一不变的永恒真理。“巴门尼德第一个从认识的角度，将以前哲学家的种种观点统统贬为凡人的意见，认为哲学的任务是要寻求更高一级的真理，认为唯一真实的乃是不变的‘存在’。”[①]因此，巴门尼德在感觉与认识之间做了明确的区分，认为基于感官所形成的感觉只是一种“意见”，而对感觉表象背后的“实在”的认识才是“真理”，并且这种真理性认识对人类来说是可能的。他“将对‘存在’本身的认识（思想）叫做真理。‘真理’已经不是‘存在’自己有能力显露出来，而是要靠我们的思想去思考它，用语言去表达它，它才能显露出来。就是说，要靠人的认识去揭示真理。可见，巴门尼德已经将真理和认识联在一起了，episteme（知识、认识）从此成为同‘真理’紧密关联的哲学范畴。本来，episteme是指‘理解’、‘专门技艺’；到巴门尼德这里，episteme开始成为借助于‘思想’而得到的真理性的知识。但也仅仅是开始，后来到柏拉图和亚里士多德那里，episteme才具有‘普遍知识’、‘科学知识’的含义，由此引申出epistemology即哲学中的知识论、认识论的意义”[②]。

在柏拉图的对话集中，借他的老师苏格拉底之口，他广泛地参与了他之前的哲学家们关于形而上学和知识论问题的那些思考。苏格拉底出生在雅典“礼坏乐崩”的时代。当时，人们的思想极为混乱，人们普遍认为一切都是不确定的，没有普遍的是非标准，因为真理是不存在的。在这种氛围下，智者学派及其思想十分流行。可以说，智者学派的兴起即源于这样一种时代氛围，同时它又极大地推动了这种思想的蔓延。面对这样一种局面，苏格拉底自喻为雅典城的一只“牛虻”，以图恢复古老的秩序。他认识到造成当时思想混乱局面的根本原因就在于缺乏关于正义、善、美等的判断标准，因此要扭转这种局面，必须确定关于普遍真理的观念，并将其提升到道德规范的程度，从而从根本上摧毁智者派的怀疑论和诡辩论。

苏格拉底的方法就是与人辩论。他把自己的方法比作母亲从事的“助产术”，即“精神助产术”，这种方法也被他称为“辩证法”。从柏拉图留下来的有关苏格拉底的对话来看，他辩论的对象包括智者，也包括普通的雅典公民。苏格拉底总是追问“什么是××”这种形式的问题，比如什么是美德，什么是正

---

① 汪子嵩、范明生、陈村富、姚厚介：《希腊哲学史》（第一卷）（修订本），人民出版社，2014，第498-499页。

② 汪子嵩、范明生、陈村富、姚厚介：《希腊哲学史》（第一卷）（修订本），第542页。

义，什么是知识。这种寻求普遍性定义的方法具有重大的意义，正如亚里士多德评价的那样：“两件事可以公正地归于苏格拉底，即归纳的论证和普遍的定义，这二者都是知识的出发点。”[①]可以说，这种方法奠定了西方知识论传统的基础。

在《泰阿泰德》篇中，苏格拉底与泰阿泰德之间对话的主题是“什么是知识”。在他看来，之前的哲学家除了巴门尼德之外，包括普罗泰戈拉、赫拉克利特、恩培多克勒等人都没有正确地区分现象与存在、真理和意见、知识与感觉，由此导致他们错误地把感觉当作知识了。这集中表现在普罗泰戈拉的“人是万物的尺度”这一命题上。尽管这一命题直接否定了早期自然哲学家们立足于感觉经验从个别对象中寻找万物本原的哲学探究方式，但是却没有像巴门尼德那样另辟蹊径，放弃感觉经验，运用我们的思想、理性去揭示真理，而是以一种消极的方式取消了感觉和知识之间的区别，认为我们需要忠实于我们的感官，不要试图在现象之外去寻找万事万物的本原。即使存在这个本原，人们对它也不可能形成任何知识。按照塞克斯都·恩披里柯的说法，普罗泰戈拉的上述命题实际上消除了真理的标准，认为不存在绝对真理，所谓真理只是相对于相信它的人或者对事物的感觉主体来说的。所谓真理就是一种主体和客体之间的关系，因此是主观的。

苏格拉底将知识和感觉区别开来，驳斥了普罗泰戈拉等人“知识就是感觉”的说法。在他看来，对事物的感觉和对事物的认识是有根本区别的。进一步，苏格拉底驳斥了泰阿泰德“知识就是真信念”和“知识就是真信念加上逻各斯”这两种对于“什么是知识”这一问题的答案。尽管关于什么是知识的问题，泰阿泰德提出的三种答案都被苏格拉底否定了，但是，一般认为柏拉图实际上是同意第三种定义的。“柏拉图很可能支持某个版本的‘定义Ⅲ’，即认为知识是带有说理的真信念。”[②]也就是说，知识必须包含三个条件：信念、信念为真，以及信念得到解释或者确证。这也被看作哲学史上最早的对于知识的定义，被称为知识的“三要素定义”或者“三元定义”。

---

① 汪子嵩、范明生、陈村富、姚厚介：《希腊哲学史》（第二卷）（修订本），人民出版社，2014，第292页。

② 詹文杰：《柏拉图知识论研究》，北京大学出版社，2020，第330页。

四、知识论的发展历程

尽管柏拉图《泰阿泰德》篇中“什么是知识”这一问题为西方哲学中的知识论奠定了基础，但是，真正把知识问题当作哲学关注的核心，使知识论成为一个自觉的哲学探究领域通常被追溯到笛卡尔的《沉思录》。一般认为，在笛卡尔那里，哲学实现了从古代“本体论”向“认识论”的转向，知识论问题成为哲学关注的核心，他因此被视为近代认识论哲学的创始人。那么，究竟如何理解哲学的这一“认识论”转向呢？

按照黑格尔对哲学的理解：“思维与存在的对立是哲学的起点，这个起点构成了哲学的全部意义。”[①]从知识论的意义上讲，哲学本身就是作为思维主体的人类所获得的关于世界及我们自身的各种知识。如前所述，古代“本体论”哲学一般来说并未自觉到思维与存在是对立的，因此作为思维主体的人也被当作是与万事万物一样的感性存在物或者个别存在物，这样，人与世界之间的认识论关系也被还原为感性存在与一般存在之间的本体论问题。比如，自然哲学家们将一般存在归结为“水”“气”“火”“土”等可感物，而巴门尼德、柏拉图等哲学家则将感性存在归结为“存在”“理念”等不可感的理性存在物。人并未被看作是主体性或者特殊性的存在，与世界中的其他存在物一样，都属于可感世界的一种感性存在物，他要么顺从自然而生活，要么顺从理念而生活。近代哲学自觉认识到，不论是感性的现象世界还是超感性的本体世界，都是与作为思维主体的人相对的认识对象。我们追问万事万物的本原的一个前提是，这种追问首先是人的一种认识活动。因此，要解决万事万物的本原这一本体论问题，就必须先对人的认识进行反思。“正是这一点，使得近代哲学把哲学的反思层面推进了一种古代哲学不可能达到的高度，在哲学史第一次昭示了这一崭新的立场：离开‘认识论’的‘本体论’是无效的。”[②]这就是说，近代哲学把古代哲学中的现象与本体之间的存在关系转化为认识主体与认识对象之间的认识关系，

① 黑格尔：《哲学史讲演录》（第三卷），贺麟、王太庆等译，上海人民出版社，2013，第289页。

② 贺来：《“认识论转向”的本体论意蕴》，《社会科学战线》2005年第3期，第2页。

企图通过探究人与世界的认识关系来解决古代本体论哲学的问题，把形而上学奠基于认识论之上。

总之，近代哲学达到了自我意识的自觉，认识到作为思维主体的人本质上是自由的，而作为认识对象的自然则是一种受必然性支配的存在。那么，作为自由的认识主体我们能否认识到自然的这种必然性呢？哲学的任务就是要把握思维与存在的对立，并克服这种对立而实现思维与存在的统一，也就是说解决知识的客观性问题。因此，笛卡尔、洛克、斯宾诺莎、休谟、莱布尼兹等近代哲学家们有关知识论的研究主要是从人的认识能力的角度，试图去解决知识的来源、范围和客观有效性等问题，并产生了经验主义与理性主义的两种不同的理论进路："一种是实在论的哲学论证，另一种是唯心论的哲学论证；也就是说，一派认为思想的客观性和内容产生于感觉，另一派则从思维的独立性出发寻求真理。"① 以笛卡尔、斯宾诺莎、莱布尼兹为代表的理性主义以数学作为知识的典范，把理性看作知识的来源。而以洛克、休谟等人为代表的经验主义则以物理学作为知识的典范，认为我们的一切知识都是来源于经验的。但是，不论是理性主义还是经验主义，都没有办法解决知识的客观性问题，这导致康德自觉地把知识论问题当作哲学的核心。在此基础上，他试图为数学、自然科学和形而上学寻找可靠的基础。这一转变意义重大，他使得传统上作为"第一哲学"的形而上学建立在知识论的基础上，而后者反过来构成了哲学的基础。

20世纪哲学发生了所谓的"语言学转向"，将传统的哲学问题转化为语言的问题，对知识论和其他领域产生了重大影响。但是，现代哲学的各个流派，无论是逻辑实证主义、分析哲学还是现象学，知识论问题依然是哲学关注的重点。哲学家们试图通过语言分析来解决传统的知识论问题，他们考察问题的方式和重点发生了变化，认为知识论问题根本上是一个关于如何正确使用动词"to know"（知道）的问题，而通过对语言实践的分析就可以回答大多数甚至所有的知识论问题。语言哲学主要在英美哲学当中占据主导地位，这导致英美哲学和欧洲大陆哲学在哲学方法上产生了巨大差别，也使得他们在知识论方面产生了巨大的理论分歧。比如在伽达默尔对知识问题的讨论中，历史对知识来说

① 黑格尔：《哲学史讲演录》（第四卷），贺麟、王太庆等译，上海人民出版社，2013，第9-10页。

非常重要。他从人本性的历史性出发，认为认识活动本身就是历史性的。

当代西方知识论主要是由英美哲学主导的，其中一个重要的转折点是爱德蒙·盖梯尔在1963年发表在《分析》杂志上的文章《得到确证的真信念是知识吗?》[1]。在这之前，知识作为确证的真信念这一传统观念一直没有受到质疑。“在1963年前，知识概念或者无分析地被放置一边，或者多少定义为真的，有证成的信念。柏拉图是第一位提出知识三要素分析的人。”[2]在这篇仅有两页篇幅的论文中，盖梯尔列举了柏拉图、罗德里克·齐硕姆和A. J. 艾耶尔三种类似的具有代表性的“知识”的传统定义。在此基础上，他构造了两个反例，从逻辑上对传统知识的三元定义发起挑战，并证明得到确证的信念并不一定是知识。

例 I

假设Smith和Jones两人同时申请某一项工作。并且假定Smith对下列的合取命题的真值具有充分的证据：

（d）Jones将会得到这份工作，并且Jones口袋里有10枚硬币。

Smith关于（d）的证据可能是公司经理曾向他私下示意Jones将有可能最终得到这份工作，并且就在十分钟前Smith还亲自数了数Jones口袋里的10枚硬币。命题（d）推出：

（e）将得到这份工作的人有10枚硬币在他的口袋里。

我们进一步假定，Smith看到了从（d）到（e）的推出关系，并且根据他具有充分证据的命题（d）接受（e），在这个例子中，Smith相信命题（e）为真确实是得到明白无误的证实的。

但是我们进一步假定，Smith本人并不知道，是他自己而不是Jones最终将得到这份工作。而且Smith也不知道，他自己的口袋里也有10枚硬币。这样，命题（e）是真的，可是Smith从其推出命题（e）的命题（d）却是假的。在我们的例子当中，下面所有命题都是真的：（ⅰ）（e）是真的，

---

① Edmund L. Gettier, “Is Justified True Belief Knowledge?” *Analysis* 23, no.6 (Jun. 1963): 121-123.

② 路易斯·P.波伊曼：《知识论导论——我们能知道什么?》（第2版），洪汉鼎译，中国人民大学出版社，2008，第90页。

（ⅱ）Smith相信命题（e）是真的，并且（ⅲ）Smith相信（e）是真的是得到证实的。但同样清楚的是，Smith并不知道（e）是真的。因为，（e）的真是根据Smith本人口袋里的硬币数量得到证实的，而Smith本人并不清楚自己口袋里到底有多少硬币。他相信（e）的真是依据Jones口袋里的硬币的数量，他错误地认为Jones将是得到那份工作的人。

例Ⅱ

让我们假设Smith有充分的证据使他相信下列命题：

（f）Jones有一辆福特汽车。

Smith的证据可能来自如下事实，即根据Smith的记忆，Jones在过去很长一段时间内确实有一辆车，而且是一辆福特车，而且在不久前Jones还让Smith载着他开福特车兜风。现在让我们再假定，Smith还有一位朋友Brown。但是他并不清楚Brown现在究竟在何处。Smith于是随意挑选了三个地名，构成了下述三个命题：

（g）或者Jones有一辆福特车，或者Brown在波士顿；

（h）或者Jones有一辆福特车，或者Brown在巴塞罗那；

（i）或者Jones有一辆福特车，或者Brown在布列斯特-立托夫斯克。

上述任何一个命题都是从（f）推出来的。我们假定Smith知道他根据（f）构造的这些命题每一个的推出关系，而且根据（f）接受（g）（h）和（i）。Smith从自己有充分根据的命题（f）正确地推出了（g）（h）和（i）。因此，Smith也就完全相信这三个命题中的任何一个都是完全被证实的。当然，Smith根本不知道Brown到底在哪里。

但是，现在让我们进一步假定另外两个条件。第一，Jones并不拥有一辆福特车，他现在驾驶的是一辆租来的车；第二，由于完全的巧合，并且Smith本人完全不知道，命题（h）中提到的地方正是Brown现在所在的地方。如果这两个条件成立，那么Smith并不知道（h）是真的，尽管：（ⅰ）（h）是真的；（ⅱ）Smith本人相信（h）是真的，并且（ⅲ）Smith相信（h）是真的是得到证实的。①

① Edmund L. Gettier，"Is Justified True Belief Knowledge?" *Analysis* 23，no.6（Jun. 1963）：121-123.

盖梯尔的文章发表以后，在知识论领域内引发了一场旷日持久的争论，他的这篇简短论文“可能是许多年里被讨论得最广泛且经常被引用的知识论文章”[①]。在某种程度上可以说，盖梯尔的这篇文章改变了知识论研究的方向和进程，使其转向了知识的条件与信念的确证问题。从20世纪60年代开始，英美哲学界许多知识论领域的哲学家都投入了这场争论中。“我们甚至可以说，在盖特尔（即盖梯尔——引注）的文章之后来研究知识论而不企图来讨论盖特尔所提出的问题，他也就不配或没有资格来讨论和研究在知识论的研究领域中所出现的种种理论问题。”[②]盖梯尔文章当中对传统关于“知识”定义的质疑被称为“盖梯尔难题”。面对这一难题，一些哲学家对盖梯尔案例持反对意见，认为这些案例并非真正的反例。他们认为盖梯尔难题“毫无成效、无聊至极，根本没有意义，几乎是反哲学”[③]，这是分析哲学的“定义—反例”方法失控的典型表现，仅仅是要小聪明而没有考虑更宏大的知识论图景。因此，这些知识论学者在著作中有意淡化盖梯尔难题，不着重讨论它。但是，大部分哲学家认为盖梯尔难题是有道理的，他们继续构造类似的反例，这些被称为“盖梯尔式案例”（Gettier-style cases）。他们认为盖梯尔难题表明传统关于知识的“三要素”定义是不完善的，因此，需要在三要素之外加上第四个条件才能构成一个完整知识定义的充分必要条件，即所谓的“四合一解决”[④]。由于对第四个条件的理解不同，这种解决方式又可以分为确证主义（justificationalist）和非确证主义（non-justificationalist）两种不同方案[⑤]。确证主义理论认为在盖梯尔案例中，主体对信念的确证存在缺陷，试图寻求加强认识主体对信念的确证，以排除错误的信念或假设，比如可挫败性解释（the defeasibility account）、无错误假设解释（no-false-assumption account）。非确证主义理论则认为盖梯尔案例的问题并不在于

① 理查德·费尔德曼：《知识论》，文学平、盈俐译，中国人民大学出版社，2019，第29页。

② 胡军：《知识论》，北京大学出版社，2006，第72页。

③ 威廉·G.莱肯：《论盖梯尔难题的难题》，载斯蒂芬·海瑟林顿编《知识论的未来》，方环非译，中国人民大学出版社，2022，第186页。

④ 路易斯·P.波伊曼：《知识论导论——我们能知道什么？》（第2版），第91页。

⑤ 陈嘉明：《知识与确证——当代知识论引论》，第59-81页；阿尔文·戈德曼、马修·麦克格雷斯：《当代知识论导论》，方环非译，中国人民大学出版社，2022，第74-94页。

主体对信念确证存在谬误，而是主体的信念和与之相关的事实之间缺乏客观联系，因此我们需要将形成和维持信念的过程纳入确证范围，比如阿尔文·戈德曼的因果理论（the causal theory）和罗伯特·诺齐克的跟踪理论（tracking theories）。除此之外，蒂莫西·威廉森等人认为我们需要跳出上述各种“四合一解决”模式来界定知识。我们应该把知识看作一个基础概念，并用它去解释其他概念。这就是“知识优先理论”（knowledge-first）。[①]

除了对知识条件进行研究之外，盖梯尔难题也引发了当代知识论对信念确证问题的研究，并形成了“内在主义”（internalism）与“外在主义”（externalism）、“基础主义”（foundationalism）和“一致主义”（coherentism）等不同流派之间的争论。此外，当代知识论领域的确证理论的最新思潮还包括德性知识论（virtue epistemology）和语境主义（contextualism）等流派。

五、知识论的主要问题

在《布莱克维尔知识论指南》中，约翰·格雷戈指出：“知识论是由两个主要问题驱动的：‘什么是知识？’和‘我们能知道什么？’如果像几乎每个人都认为的那样，我们认为我们可以知道一些东西，那么第三个主要问题就出现了：‘我们如何知道我们所知道的？’”[②]这就是说，知识论主要关注的是知识的性质、知识的来源以及知识的范围等问题。具体来说，传统上知识论的主要问题可以概括为以下几个方面。

（一）知识概念的分析

知识论的第一个问题是“分析问题”[③]，即“什么是知识”或者“我们所说的‘知识’这个词究竟指什么”？它与“信念”或者“意见”的区别是什么？我

① 马赛厄斯·施托伊普、约翰·图里、欧内斯特·索萨编《知识论：当代争论》（第2版），上海译文出版社，2020，第2–48页。

② John Greco，Ernest Sosa（ed.），*The Blackwell Guide to Epistemology*（Oxford：Blackwell Publishers Ltd，1999），p.1.

③ Michael Williams，*Problem of Knowledge：A Critical Introduction to Epistemlolgy*（New York：Oxford University Press，2001），p.1.

们应该如何进行区分？也就是说，对“知识”这个概念进行精确的解释或者分析。对知识概念的分析是当代知识论中非常重要的一个问题。如前所述，从柏拉图开始直到20世纪60年代，被广泛接受的标准知识定义是：知识是被确证的真信念。当代哲学的“语言学转向”，特别是盖梯尔对传统知识定义的挑战，使得对“知识”概念的分析成为20世纪60年代以后知识论研究的一个焦点。知识论领域的哲学家们认为，我们首先必须分析和考察“知识”这个概念，才能去解决知识论的其他问题。

对“知识”概念的分析通常包括两个问题：

1.对“知道”（know）一词的分析

知识就是人们对事物或者事件的认识，即某人知道（know）某事或者某物。但是，在日常生活中，我们会在各种有区别的句子中使用“知道”这个词。比如：

a.我知道我的朋友小明。

b.我知道如何讲英语。

c.我知道中国的首都是北京。

在上述三个句子中，知道的意思并不一样，它们代表了三种不同的知识类型：熟悉或熟识的知识；能力知识或程序性知识以及命题知识[①]。知识论主要关注的是第三类知识，即命题知识。

2.对命题知识的分析

知识论关注的是命题知识，那么什么是命题知识？命题首先表达的是主体的一个信念，这个信念关涉一个特定的事实。因此，这个问题通常也就是如何制定一个标准，以使一个真实的信念能够算作知识。知识一定是一种信念，信念是知识的第一个条件。也就是说，当我们说我们拥有关于什么的知识的时候，这些知识必须是我们所把握或者相信的。但是并非所有的信念都是知识，因为信念有真实和虚假之分。只有真的信念才能成为知识，而虚假的信念绝对不会转化为知识。在信念和信念为真之外，知识还有第三个条件，即确证。如果某一信念为真，那么信念的拥有者必须有充分的理由和根据，来说明信念为什么

① 路易斯·P.波伊曼：《知识论导论——我们能知道什么？》（第2版），第3页；理查德·费尔德曼：《知识论》，第13页。

是真的。真的信念必须得到完全的确证才能构成知识。这个问题其实也是对传统的知识定义的分析。

（二）知识的范围

知识论的第二个主要问题是我们能够知道多少的问题。我们能够认识任何事物吗？或者说我们注定对最重要的东西一无所知？人类知识的限度在哪里？首先，人们普遍认为，我们拥有各种普通的经验知识、数学和逻辑学这类分析性的知识以及一些先验的知识。但我们是否也拥有关于伦理和道德问题的知识（如“说谎是错误的”）或宗教方面的知识（如“上帝存在”）？知识和信仰之间有没有本质区别？如果有，我们如何对此进行界定？其次，我们是否能够获得对于外部世界的知识？我们对世界的表象的认识就是对其本质的认识吗？如前所述，在古希腊那里，就有现象与本质、知识与意见的划分。柏拉图认为，存在着两个完全不同的世界，一个是我们生活于其中的经验世界，另一个则是作为我们经验世界根据的理念世界。柏拉图的理论给传统的知识论留下了一个极其困难的问题，即现象和实在之间的关系问题。这个问题就是：我们能够认识的仅仅是外在世界的现象，或是我们有能力认识外在世界本身？关于外在世界的现象与外在世界本身之间又具有什么性质的关系？也就是说，我们关于外部世界究竟知道什么呢？这涉及知识论领域一个重要的问题，即知觉理论。传统上，对这个问题有三种不同的看法。第一种是直接实在论（direct realism），也即朴素实在论，这种理论主张世界是不依赖认知者而独立存在的客观实在，我们所知觉到的直接的对象就是不依赖我们而存在的物理对象。世界本来的样子就是感官向我们呈现出来的那样。第二种是表象实在论（representative realism）或间接实在论，代表就是洛克的观点。这种观点认为知觉的直接对象是感觉印象，客观世界独立于我们的知觉而存在，并且是我们知觉能够产生的原因，但是我们不能认识它，我们只有关于印象的知识。第三种是现象论（phenomentalism），它认为物理对象只是我们感觉材料构造出来的，它们并不独立于我们的感觉而存在。后两种理论都承认，我们的经验只能被限制在经验的范围内。只是表象论主张确实有独立于我们的经验的世界存在，只是我们不能认识它。而现象论则主张世界就是感官呈现给我们的样子，除此之外，别无他物。在哲学史上，洛克、康德以及逻辑经验主义都对知识的“划界问题”有过专门的讨论。

（三）知识的来源问题

知识论关注的第三个问题主要涉及知识的来源是什么的问题，即我们是如何获得知识的。一般认为，我们的知识主要是通过诸如感知、推理、证明和记忆等能力获得的，但是在关于这些来源到底是什么的问题上还是存在着很多争论。一般认为，感知、推理和证明是产生知识的来源，而记忆并不产生知识，只是回忆知识。近代哲学主要是围绕着知识的来源问题展开的。经验主义和理性主义表达了在知识来源问题上的两种相互对立的观点，前者认为我们所有的知识是通过感官经验获得的，而后者则认为知识是通过理性或直观直接获得的。

（四）怀疑论问题

知识论关注的第四个问题是怀疑论与知识辩护问题。怀疑主义（skepticism）起源于拉丁文“skepticus”（探究、沉思、怀疑），这个拉丁文来自希腊文“skepsis”（探究、犹豫、怀疑）。“‘怀疑者’（skeptikos）原指‘探究者’或‘研究者’，是和‘哲学家’在同等意义上被使用的。该词专门用来指称某种哲学运动，在希腊哲学史上还是比较晚的事情。生活于公元前后的斐洛仍然把该词作为‘哲学家’的同义词，并没有特指某种哲学思想。直到公元2世纪中后叶，《阿提卡之夜》的作者奥留斯·盖里乌斯才第一次把‘怀疑者’当作专有名称，是指皮浪主义者和以阿尔克西劳、卡儿内亚德为领袖的第二期、第三期柏拉图学院派。”①可以说，哲学与怀疑论本身就是一种“一体两面”的关系。哲学就源于这种好奇和怀疑，当事物以我们习惯的方式发展时，我们通常不会对此感到困惑，并停下来问问题。但是，当事物有任何不寻常的情况出现时，我们就想弄清楚原因，并寻求解释，并试图给出各种合理的解释，这就是哲学家们追求的知识。怀疑论也源于对人们司空见惯的各种现象或者观念的怀疑，但是否认我们能对此形成任何知识，实际上也就否定了哲学这种探究活动的合理性。怀疑主义者塞克斯都·恩披里柯就认为，对知识可能性的攻击实际上就是

① 鲁成波：《西方怀疑论》，山东大学出版社，2003，第26-27页。

对哲学本身的攻击。哲学家们认为他们的目标是智慧，而智慧是一种知识，如果知识是不可能的，那么传统观念中哲学对智慧的追求就是徒劳的。

知识论的发展与怀疑主义有着密切的关系。艾耶尔认为，对知识论的关注在很大程度上就是认真对待怀疑主义的问题。哲学上的怀疑主义基于对我们的知识标准的怀疑，怀疑我们对于知识确证的权利。“试图解决这个问题的不同方式标志着不同的哲学流派，或者说处理哲学问题的不同方法。”①可以说，这个评价是十分客观的。“因为怀疑论不仅提出了与认知辩护密切相关的一系列问题，而且对怀疑论挑战的回答也是我们理解认识论的逻辑发展的一个关键。”②正如我们前面所讲，如果没有以普罗泰戈拉和高尔吉亚为代表的智者的怀疑论的盛行，柏拉图也许不会考虑“什么是知识”的问题。正是智者派在希腊哲学中的出现使自觉的知识论研究成为可能，最终促使了知识论的开端。近代科学的巨大成功使得知识超越了不决和怀疑，也鼓舞笛卡尔寻找清楚明白、不可怀疑的知识以反驳怀疑论对知识可能性的质疑。但是，在这样做的时候他使用的是一种完全的怀疑主义方法。从根本上讲，笛卡尔不是一个怀疑主义者，怀疑论在他的哲学中只是方法。“笛卡尔的主要关注是回应怀疑论，而不是为之辩护。”③他之所以要以怀疑为方法，是因为他企图通过这样的方法达到坚实可靠、确定无疑的知识，要为知识构造一个绝对确实可靠的基础。但是，笛卡尔通过怀疑主义的方法试图为知识提供坚实基础的做法却最终导致了近代哲学的“认识论转向”，使之成为那个时代哲学研究的重点领域。之后，不论是经验主义还是理性主义都试图从人的认识能力出发为知识的客观性进行辩护，但是却都陷入了深刻的矛盾。休谟将经验主义认识论推向极致，最终走向了怀疑主义。他从彻底的经验主义认识论出发，将经验知识的基础归结为认识主体的习惯和信念。他认为自然科学知识只是人们依据“习惯”形成的或然性判断，并不具有必然性和客观性。这样，休谟就动摇了科学知识的客观基础。同时，他也从同样的立场出发否认了形而上学在知识论上的合法性。休谟的怀疑论终结了近代

① A. J. Ayer，*The Problem of Knowledge*（London：Macmillan，1956），p.85.

② 徐向东：《怀疑论、知识与辩护》，北京大学出版社，2006，第26页。

③ 保罗·库尔茨：《新怀疑论：探究与可靠知识》，郑念译，上海交通大学出版社，2021，第50页。

经验主义和理性主义为知识寻求普遍性和客观性的梦想，也帮助康德打破了“独断论迷梦”，使得他自觉地把知识看作哲学的核心，并试图通过对人的理性的“批判”重建知识的客观性，为数学、自然科学和形而上学找到可靠的基础。在现代哲学中，怀疑论和哲学之间的这种纠缠仍然存在。逻辑经验主义通过对语言意义的分析将知识分为“分析命题”和“综合命题”，并以此“拒斥形而上学”，将其看作没有意义的命题而必须从哲学中清理出去。面对这种对形而上学知识合法性的质疑，奎因站在相同的经验主义立场上，用自然主义的科学方法研究语言的意义，并提出“自然化的认识论”恢复了形而上学在知识论当中的地位。另外，正是盖梯尔对传统知识定义的怀疑，导致了之后的知识论研究转向对知识的辩护的研究。

（五）真理问题

知识论的主要任务除了提供知识确证的标准之外，还必须要说明，接受根据这种确证的标准能够使我们获得真的信念，达到真理。也就是说，知识论的最终目标是引导我们发现真理。对于“真理”问题的探究本身就是知识论的一部分。西方哲学中所讲的真理概念一般认为源于希腊文的“aletheia”。按照海德格尔、伽达默尔等人的考证和阐述，这个词在希腊文中的基本意思是去掉遮蔽、显出真相。所谓真理即“去蔽”，基本意思是事物或现象向人显现，或者说就是人认识把握到事物的特点、本质，因此，本身就是在认识论意义上说的。

如果说真理是人们认识追求的目的，那么这里的问题就是：我们如何获得真理？我们如何确证我们拥有真理呢？进一步的问题是：什么是真理？早在公元前4世纪，亚里士多德就提出了关于真理的影响深远的定义，即真理符合论。在近代哲学的认识论传统中，哲学家关注的一个核心问题是“知识的本质：什么是真理？最可靠的发现和检验真理的方法是什么？”[①]。真理问题也是现代哲学的一个核心问题。英美分析哲学和语言哲学对真理问题进行了广泛的讨论。像拉姆塞和塔尔斯基等逻辑学家也以现代逻辑为工具，对真理问题进行深入的逻辑分析，提出了“真理冗余论”“语义学真理观”等当代有影响力的真理理论。

---

①保罗·库尔茨：《新怀疑论：探究与可靠知识》，第47页。

英国现代逻辑学家、知识论学者苏珊·哈克（Susan Haack）在其《逻辑哲学》一书中，从哲学认识论的角度把历史上的真理理论分为5种：融贯论、实用论、符合论、语义论和冗余论。这几种理论及其代表人物的关系如图2-1所示①：

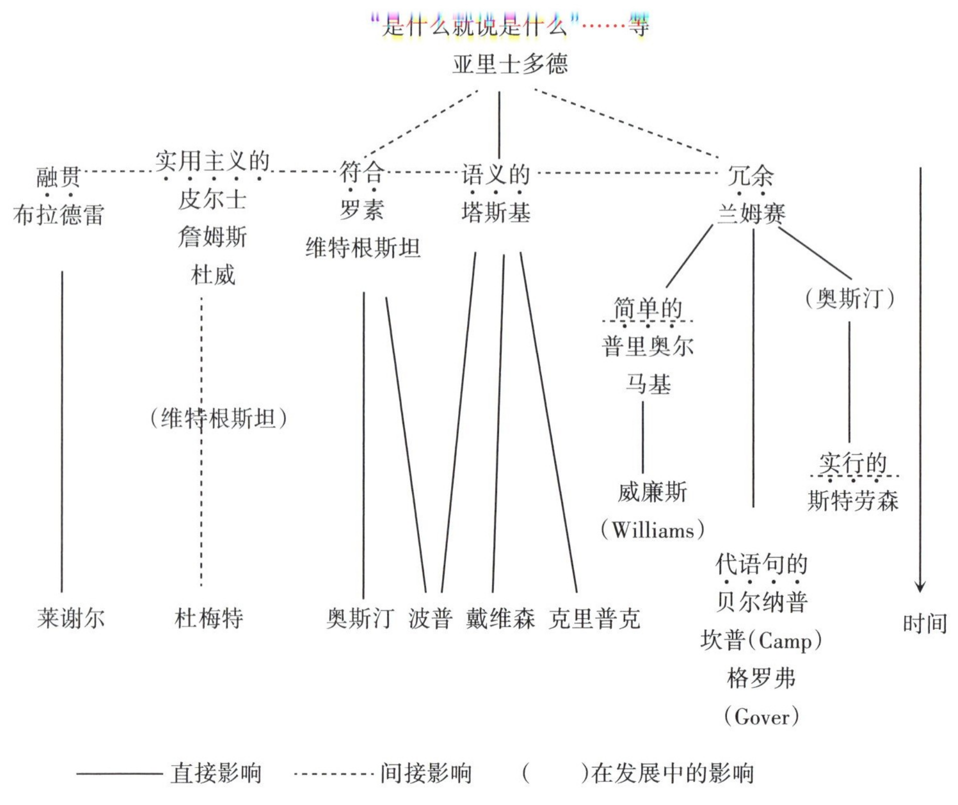

图2-1　真理理论及其代表人物的关系

在图2-1中，哈克全面地总结了目前哲学中几种主要的真理理论以及它们之间的相互联系。

① 苏珊·哈克：《逻辑哲学》，罗毅译，商务印书馆，2003，第108页。

六、中国哲学视角对知识论的思考

（一）中国哲学对认识的思考

知识论作为西方哲学的重要范畴，从中国哲学的角度而论，少有与西方知识论类似的理论成为中国哲学的核心关怀。诚然，此亦成为早期当代中国哲学争论中国哲学的合法性问题的焦点，如同本书第一讲便举出张岱年于《中国哲学大纲》中提到中国哲学的特点之一在于“重人生而不重知”，并以此分别中西哲学的重要差异：西方以分别我与非我为“我之自觉”，中国以融合我与非我为“我之自觉”，西方哲学分别我与非我（物），因此知识论发达[①]。牟宗三在《中国哲学的特质》中也说过，中国学术思想与西方少有相合，因此不能用西方哲学的标准来取舍，如果我们用西方哲学逻辑与知识论的观点看中国哲学，当然中国根本没有这些，但因此说中国没有哲学，就是自己太狭隘了[②]。然若回到“认识”范畴本身，中国哲学对于“认识/知识”的思考关心什么样的问题，而有什么样的理论呈现，仍是需要理解的。

实际上，此课题与西方哲学知识论很难完全割裂。原因一方面在于，谈到“知识”，无论何人，初步的思考不离我要认识什么？知识的范围为何？我如何认识？如何确认我的认识为真？这类普遍问题，因此不论中西，对知识问题进行根源性的探究，都是哲学发展历程上合理的进程。另一方面，西方哲学如张岱年所言，以主客二元（分别我与非我）为立基，更着重对主体与客体间的关联、主体之认识过程、客观世界是否能真的被主体认识等问题的探讨，近代哲学之后甚至形成以知识论形态与语言学形态为主轴的发展。循此思路进而从哲学“进入”中国的发展历程言，在思考中国哲学之时，首先试图解析中国哲学是否有如同西方知识论那样的理论内涵，即成为初始的论述模式。由此模式检视，可说中国哲学没有如西方哲学那样强调知识论，但中国哲学并非没有对认

① 张岱年：《中国哲学大纲》，商务印书馆，2015，第28–29页。

② 牟宗三：《中国哲学的特质》，载《牟宗三先生全集》(28)，联经出版事业股份有限公司，2003，第3–4页。

识/知识问题进行思考。

中国哲学知识论的论述早期可以张岱年《中国哲学大纲》的《致知论》为代表，他将《致知论》分为“知论”与“方法论”两部分。在“知论”部分对应西方知识论，提出中国关于知论的问题可分为“知之性质与起源”“知之可能与限度”“真知标准与谬误”三类，并认为现代知识论的各种观点过去中国哲学多已有提及，只是没有详尽发挥；在“方法论”部分则讨论“探求真知的方法”以及“表述真知论证真知的方法”（形式逻辑，名与辨）[①]。这些论述中，先秦名家惠施与公孙龙、儒家荀子、墨家《墨辩》，是最常出现的哲学家与文献。另外，论及知识的性质与起源、知识的限度等问题，先秦与宋明儒学与庄子亦常被提及。近年则以张学智《中国哲学概论》中《知识论与逻辑学》一章为代表，该章区分了“认知能力与认识过程”“名言与意谓”“六经的知识分类”“《墨经》的逻辑学”“名家对逻辑的发展”“名、墨以后的逻辑学与知识论”六个部分，且详尽举出中国哲学在此层面的特点在于：第一，较少对认识过程进行探讨，对事物注重其整体现象而不注重知识的具体要素。第二，注重知识的效能，不注重其发生机制。第三，注重具体经验积累，不注重一般性原理总结。第四，注重经典中的援例，不重实验归纳。第五，注重知识的有用性，不重视对其进行逻辑检验。因此，是以“知识结果”而非以“认识活动”为重心，中国哲学对于“认识”的关心，应该包含了“认识论”与“知识论”[②]。

“以西释中”的论述模式意义在于给予我们不同方法重新审视中国哲学，然从现今来看，终将回到“认识/知识”问题的基本层面，探究认知的对象、主体和更复杂的交互影响。那么，中国哲学家如何思考我要认识什么、我如何认识、如何确认我的认识为真等种种问题？总体来说，中国哲学处理此类问题的关键在于“实用性”。哲学不论中西都是包含实践的，中国哲学论知与行的关系问题，向来更是儒释道三家的共同焦点，知行关系一方面涉及世界观的形上学思考，更往下贯联系功夫理论的主体锻炼与操作实践。而儒释道三家所关切的实践，相较于西方哲学，更是具有“实用性”的。因此，“知识”在中国哲学中有

① 张岱年：《中国哲学大纲》，第761–763页、第843–844页。

② 张学智：《中国哲学概论》，高等教育出版社，2022，第304页。

什么意涵，会因其理论朝向之目的（理想/境界）不同，产生不同性质的知识[①]。知识的内涵因其所朝向的真理不同而有别，认知的主体是朝向真理的，随着真理之别，主体认识（达到）真理的进路（方法）亦不同；实则，多数中国哲学家所谈的知识，多半是从功夫论在天人合一的根本质性上说明如何获得真知的体道之路。功夫论的部分，本书有专章详述，本小节则专注于对认识的来源与知识的可能性问题进行辨析。

（二）名实与真知

认识的最基本要素包含认识的主体、客体，以及认识活动三者。从先秦始，名家惠施与公孙龙、墨家、儒家荀子等，均有相关讨论。《墨子·经上》“知，材也”“虑，求也”“知，接也”几则，透过《经说上》的解释，可知其分别说明了主体天生具有的认识能力，此认识能力为一种主动累进的求知欲，以及认识必须有对象（与物接）。名家公孙龙《指物论》中分别了“指”与“物”，“物”是认识的对象即客体，“指”则包含认识主体的“能指”，指涉对象的“所指”，指涉作用的“物指”三者[②]，认识活动便是“能指”指向“所指”而构成“物指”形成认识内容（概念）的过程。《荀子·正名》言：“心有征知。征知则缘耳而知声可也，缘目而知形可也，然而征知必将待天官之当簿其类然后可也。……此所缘而以同异也。”同样指出人天生具有认识能力，外感官各有能力与物作用而验知外物，且还具有理性思辨能力进行辨别。

主体与客体间透过认识活动形成的联系即名与实间的关联，《荀子·正名》言：“故万物虽众，有时而欲遍举之，故谓之物。物也者，大共名也。推而共之，共则有共，至于无共然后止。有时而欲遍举之，故谓之鸟兽。鸟兽也者，大别名也。推而别之，别则有别，至于无别然后止。名无固宜，约之以命。约定俗成谓之宜，异于约则谓之不宜。名无固实，约之以命实，约定俗成谓之实名。”认识会形成概念，一物的名（概念）之意义是由约定而来的，约定义确立前本无所谓宜或不宜，但经过约定后此“名”便有固定的指谓，不可乱用，因此，“名”与“实”（实际事物）的关系是由约定而来的。就“名”的大小（概

① 曾春海主编《中国哲学概论》，吉林出版集团有限责任公司，2009，第117页。

② 李贤中：《先秦名家“名实”思想探析》，文史哲出版社，1992，第65页。

念外延的广狭）言，则有“共”与“别”的分别，“共”是普遍的意思，“别”是特殊的意思，“大”是外延之广，因此，“大共名”即最普遍的概念，“大别名”即别名中范围较大者。此讨论涉及了概念以及概念之内涵与外延等问题，名家公孙龙的“白马非马”之论，亦是从不同概念内涵与外延之区别进行的名实辨析，公孙龙的观点可透过《离坚白》一文更深刻地凸显，“离”显示出两含义：一是不同性质间的相互分离，二是性质自身与物分离[①]。概念是透过认知活动形成的，因此与物不是完全对应的，不同认知通道形成的不同概念也有不同含义，亦不能被混淆[②]。与公孙龙相比，同样为名家的惠施则强调“合”（合同异），我们现在能看到的惠施的主张是透过《庄子·天下》中的记载。他从认识主体的面向指出了具体事物因观察角度不同而会有不同指谓，认识永远充满空间位置、时间、事物之间同异的种种相对性。循此，所谓的“合”最终是要能“泛爱万物，天地一体”，万事万物都是流变不息的，没有永恒固定的状态，因此对任何事物的认识都是相对的，没有绝对的区别[③]。

从名实关系而论，名家与《墨经》确实与西方知识论、逻辑学有共同之处，且当时两家的争辩亦为一时之学风。但若跃出“以西释中”的对照，回到先秦学术话语本身，对名实问题的关心，实不离“实用性”的需求，此可回溯到孔子的“正名”主张。当新旧时代交替之际的名实对应产生混乱，新事物的诞生需要相应的名以对照规范，如何透过名实关系的确立调整与规范社会秩序，成为一种普遍的问题意识，也引导了知识分子在名实问题上的发挥。儒家的正名与法家的循名责实等主张，均与此密切相关；公孙龙的离坚白之论，亦可理解为其应对名实问题而提出正名理论的一项运用[④]。荀子承继儒家观点，在政治上强调名定而实辨、正名而使民，且在学术争辩的场域中，力驳名家与墨家。因这种实用性需求，中国哲学的发展并没有因此一时的逻辑名辩之学的兴盛而走向知识论与逻辑学的流行，如葛荣晋所言：“在中国人看来，‘能胜人之口，不

① 陈声柏：《特性、共性与自性——试论〈公孙龙子·坚白论〉的“性质”三义》，《社会科学战线》2022年第10期，第49页。

② 冯达文、郭齐勇主编《新编中国哲学史》（上册），人民出版社，2004，第156页。

③ 陈鼓应：《庄子今注今译》，中华书局，2020，第853页。

④ 陈声柏：《特性、共性与自性——试论〈公孙龙子·坚白论〉的“性质”三义》，第46页。

能服人之心’的辩论并不具备真实的意义，在这里‘道’就变成了‘术’，思想就成了技巧，上上下下的兴趣也就渐渐淡化，于是，各种思想流派如孔子一系、墨子一系、庄子一系的后人，都来矫正这种日渐成为口舌之辩的语言观念。”[①] 所以，回到名实问题上，真正重要的是名实关联的确定性，并且透过主体的认知，如实地获得真实的知识，甚至是事物背后的根本道理，即“得道”。

《庄子·大宗师》言“且有真人而后有真知”，客体作为认知的对象，其最终朝向的不仅是客观世界的存在物，而且是根源的恒定的道体，主体的认识活动最终是要获得“真知”（道/天理/圣人之道）的。因此，多数中国哲学家都同意认知是可能的，朱熹《大学章句》释格物致知说到致知在“即物穷理”，且需经历“用力之久，而一旦豁然贯通焉，则众物之表里精粗无不到，而吾心之全体大用无不明矣”一段过程，认知主体从经验世界种种具体事物开始，从逐渐积累到自然而然的贯通，从对具体事物跃升到对普遍规律、原则的理解[②]。当然，朱熹所谓的种种“物理”实则并非无限的，而主要是对“尊德性”的关注，知识范畴是与主体的人格及道德养成有关的知识。

总之，不论儒释道三家，多数中国思想家都认为知识没有绝对的界线，因此力求真知，各家的真知即各家真理观的展现，而对于真知的求取，从认知主体来说就是功夫实践的过程，主体目标的实现亦即境界的展现，而回应于真知（道体）。

（三）知识的验证与限度

认知的模式可分为主客二元或合一两种类型，从体道的进路而论，大多数中国哲学家偏向主客合一的感通（感悟了知）模式[③]。若紧扣认识范畴，如何正确认识事物，知识如何获得验证，认知有什么样的限度等问题，则可再加以探讨。

从朝向真知的体道进路而论，感通的认知模式并不排除对经验事物的认识，而认识的过程，亦非毫无困难，如庄子言“真人”才能有真知，认识过程需要

① 葛荣晋：《中国思想史》（第一卷），复旦大学出版社，2013，第182–183页。

② 陈来：《朱子哲学研究》，华东师范大学出版社，2000，第306–307页。

③ 曾春海主编《中国哲学概论》，第152–153页。

不断验证，此验证包含着对经验世界知识的验证，以及对达致真知的天人合一状态的验证。以经验世界的知识而论，譬如墨子在《非命》中提出的“三表法（本之者、原之者、用之者）”以及《非攻》中提出的“察类明故”，关注经验上的检验证明，也重视理性的分析推论，均在探究认识如何得以准确的问题。荀子的“虚壹而静”辨析主体认识过程中会有的“藏（臧）/两/动”认知状态，形成认知的蔽障，认知主体（心）需透过“虚/壹/静”三个层次的实践，最终达致“大清明”境界，能“知道”。中国佛教面对经验事物与语言文字亦是如此，佛教的最高境界是达到涅槃，涅槃是离开言说与文字的，但要达致涅槃境界，又不可能离开言说与文字等修行法门①。所以，在体道的过程中，主体多半会经历某种跃升，进而与道冥合。

主体的跃升在知识的验证上要如何推进？可以王弼于“言意之辨”中提出的“得意忘象”方法为代表。扼要地说，“得意忘象”模式是一种类比与象征性思维，代表着中国哲学的典型思维，使有限与无限之间得以建立沟通桥梁②。“言意之辨”以《周易·系辞上》“书不尽言，言不尽意”一段为主体，说明文字与语言、语言与思想间的距离，因此圣人之意（或整体存在界的真貌）虽有不易见的困难，但从人的认识角度而言，仍必须透过文字与符号的描绘而彰显。王弼在此基础上引入《庄子》“筌蹄之喻”中“忘”的概念，《周易略例·明象》中言：“夫象者，出意者也。言者，明象者也。尽意莫若象，尽象莫若言。……故言者所以明象，得象而忘言；象者，所以存意，得意而忘象。……存言者，非得象者也；存象者，非得意者也。”其将意/象/言的论述范域从卦意、卦象、爻辞扩展开来，“意”所指的可以是存在界万事万物所包含之意，也可以是向上抽象的形上本真之意；“象”指整体存在界一切可见之象；“言”则为描绘此现象与存有本真的语言文字。“忘”的引入所凸显的是，经验世界的实存而有本身，以及认知主体透过语言文字对这些实存而有及其背后之本体（本真）的描述，都是有局限性的，但不能因此否定主体认识存有之真貌的可能性与必要性。“存”是有其必要的，但主体不能以经验世界中有限的认识能力自满，局限于“存言”与“存象”而无法“得象”与“得意”，所“存”者必须层层超越往更

① 张学智：《中国哲学概论》，第323页。

② 张学智：《中国哲学概论》，第321页。

深层的存有之真相跃升，是故，“存”的需求要透过“忘”的操作，主体必须往存有之本真的理解进行探寻。以“忘”为方法，透过“存—忘—得”的进程，王弼在认识与思辨的方法上，提出了明确的操作策略，展现出了一种由本至末与从末返本的程序[①]。

最后关于认识的限度问题，由前面的讨论可知，中国哲学多数同意真知的可能性以及体道的必要性，但在过程中，亦有不少哲学家提醒了关于认识的限度以及自我设限于经验认知的困境。从惠施的“合同异”到王弼的“得意忘象”，都显示出此种迹象，而惠施的好友庄子，更是着力于此的重要代表。《齐物论》中说：“故为是举莛与楹，厉与西施，恢恑憰怪，道通为一。……唯达者知通为一，为是不用而寓诸庸……因是已。已而不知其然，谓之道。”整体存在界的真实情状是“道通为一”的，但主体于经验世界而有的种种认识都基于其主观的意识，如何在此过程中不让意识形态的坚持成为阻碍，保持自由与开放的心态，此即为“庸”，庸是“平常、庸常、淡淡的，没有光芒”[②]，亦即“用”，用是灵活的，是在道之妙用中用物而不为物所用[③]，因而能通能得。《庄子》书中所论的“莫若以明、心斋、坐忘、吾丧我”等功夫，均在消除认知主体对知识与形体的种种执着，突破语言与是非的限制，使心灵不陷溺于此而达到真正的逍遥与自适。

结　语

知识论作为哲学的一个重要分支，与形上学、伦理学、逻辑学等一起构成哲学研究的主干。可以说，知识论与哲学一样古老。它诞生于古希腊，并在此后几千年的发展历程中逐渐成为哲学研究的中心。知识论处理知识和理性问题，哲学家们感兴趣的主要问题是知识的本质和信念的证成等问题。在今天的哲学界，哲学家们围绕富有创见同时也是相互竞争的观点，共同推动着知识论不断取得新的进步。从中国哲学视角来看，除却中西哲学的对比与差异之大哉问外，

① 曾春海：《两汉魏晋哲学史》，五南图书出版股份有限公司，2001，第175页。

② 王博：《庄子哲学》，北京大学出版社，2004，第83页。

③ 杜保瑞：《庄周梦蝶》，书泉出版社，1995，第69页。

当今学界亦有摆脱西方知识论框架探讨中国哲学知识问题的推进。再从中国哲学本身的知识问题来看，其更关切的是一种面向“实用性”的需求，“知识”的意涵因此与理论朝向之目的（理想/境界）不同而不同。

推荐阅读

路易斯·P.波伊曼：《知识论导论——我们能知道什么?》（第2版），洪汉鼎译，北京：中国人民大学出版社，2008。

理查德·费尔德曼：《知识论》，文学平、盈俐译，北京：中国人民大学出版社，2019。

阿尔文·戈德曼、马修·麦克格雷斯：《当代知识论导论》，方环非译，北京：中国人民大学出版社，2022。

马赛厄斯·施托伊普、约翰·图里、欧内斯特·索萨编：《知识论：当代争论》（第2版），上海：上海译文出版社，2020。

陈嘉明：《知识与确证——当代知识论引论》，上海：上海人民出版社，2003。

胡军：《知识论》，北京：北京大学出版社，2006。

洪汉鼎、陈治国编：《知识论读本》，北京：中国人民大学出版社，2010。

A. J. Ayer., *The Problem of Knowledge*（London: Macmillan, 1956）.

John Greco, Ernest Sosa（ed.）, *The Blackwell Guide to Epistemology*（Oxford: Blackwell Publishers Ltd, 1999）.

Michael Williams, *Problem of Knowledge: A Critical Introduction to Epistemlology*（New York: Oxford University Press, 2001）.

第六讲　心灵哲学

一、概论

想象你正在教室上课。此时你的身体在经历着某些物理变化，你的血液在流动，你的心脏在怦怦地跳动，你的胃液在消化几个小时前摄入的食物。同时，你也在经历着某些心理变化。你喜欢任课老师，相信她讲得非常好，因此你希望下个学期继续选她的课。或者你可能不喜欢课堂讲授的内容，感觉无聊，因此你想象下午的足球比赛会如何进行。突然你感觉有点口渴，你记得包里有一瓶饮料，于是打开书包。这些心灵变化可以看作不同心灵状态之间的相互影响和转换。那么，什么是心灵状态？它们与物理状态有什么不同？为什么它们与物理状态是不同的？回答这些问题是心灵哲学的任务。

心灵哲学（philosophy of mind）是哲学的重要分支，主要处理各种各样的心理现象，诸如心灵属性，心理过程，心理事件，心灵的功能，以及心灵和身体与外部世界的关系带来的问题。如同其他的哲学领域，心灵哲学也可以分为“形上学”和“知识论”两大问题。形而上学主要讨论实在本身的性质和结构问题：某一对象x是否存在？x具有什么样的特征？什么是成为x的充分必要条件？知识论主要讨论我们对于实在的认识和把握。诸如，我们怎样知觉x？我们关于x的信念是不是证成的？以此类推，心灵哲学的形上学主要处理心灵状态本身的问题，心灵哲学的知识论主要处理主体对心灵状态的认识所带来的问题。

心灵哲学的研究对象也可以分两类不同的范畴：以全体的、普遍的心灵状态作为研究对象和以个别的心灵状态作为研究对象。心灵哲学可以讨论一般性的心灵状态本身，此时的研究对象是作为整体的所有心灵状态；心灵哲学也可以单独讨论某一个别的心灵状态，诸如信念或欲望。

由于篇幅的限制，本章主要讨论全体的、普遍的心灵状态的形而上学问题：心灵状态的本质是什么？它和大脑以及身体的关系是什么？这类问题也被称为心身问题。进而介绍回答心身问题的两种相互竞争的理论——二元论和物理主义。最后借助前面提出的理论，讨论与人工智能有关的问题：一台机器是否可以拥有心灵？以及介绍最近提出的，改变了我们对于心灵基本认识的理论——具身认知和延展认知。

二、各种各样的心灵状态

（一）命题态度

假设天气预报预测明天是晴天，于是你形成了这样的判断：明天天气很好！该判断可以和我们的各种各样的心灵状态相结合：我们相信明天天气很好，希望明天天气很好，想象明天天气很好等。信念、欲望、想象，这些心灵状态被哲学家称作命题态度（propositional attitude），它们是我们对于某个命题内容的态度。

命题态度经常被看作是表征的：它们总是关于某物的。例如，你相信鲸鱼是哺乳动物；希望皇家马德里队赢得今年的联赛冠军。你的信念和欲望都是命题态度，并且它们都是关于某物的：你的信念关于鲸鱼，你的欲望指向足球队。这种“表征性”或者“关于性”在哲学中被命名为“意向性”（intentionality）；表征的对象，例如鲸鱼，被称为意向对象。意向性是一个重要的哲学概念，始于奥地利哲学家弗兰兹·布伦塔诺，在20世纪的现象学、心灵哲学和语言哲学中扮演了重要的角色，同时该概念也引起了大量相关争论。

很多哲学家把意向性视为心灵的标志：是否拥有意向性区分了心灵状态与

非心灵状态。考虑你的信念“北京烤鸭非常美味”，然后再试着想象你吃完烤鸭后胃部蠕动的状态。前者被视为心灵状态，因为它指向“北京烤鸭”这一对象；后者并不是心灵状态，因为它并不指向任何对象，只是身体的自然状态。此外，命题态度的意向对象并不总是客观的实在，意向对象经常是一些抽象对象、虚构对象，或者其他不存在的对象。例如，我们相信红色是美丽的颜色，相信卡列尼娜是悲剧性的角色，相信圆的方不存在。此时信念的意向对象并不是客观实在。

信念、欲望和想象在哲学中经常被讨论。信念通常被视为对实在敏感（reality-sensitive）的态度：信念会随着实在的改变而改变，它具有追踪真理的特性。假设你从前相信地球是宇宙的中心，但是当你学习了天文学知识，了解了太阳系的构成后，你将不再相信地球是宇宙的中心。因此，信念依赖于证据。在这种意义上，信念被视为具有“心灵到世界”的适合方向，它使心灵状态的内容符合世界。与信念不同，想象并不是对实在敏感的态度。你所想象的内容并不总是随着实在的改变而改变的。即使你知道地球不是宇宙的中心，你仍然能够想象它是宇宙的中心。尽管想象在这点上与信念不同，但是不少哲学家认为，想象和信念具有类似的适合方向。想象仍旧具有“心灵到世界”的适合方向，但这里的“世界”并不是真实的外部世界，而是虚构的世界。此外，欲望也被看作重要的命题态度，不同于信念和想象，欲望具有“世界到心灵”的适合方向；欲望试图改变世界，使得世界符合你自身的心理状态。

（二）情绪

情绪也是哲学中经常被提及的心灵状态。不同于命题态度，情绪经常被视为一种情感状态。后者可以进一步被区分为情绪（emotion）和心情（mood）。情绪被看作一种短期的、具有意向对象的情感状态，心情被视为一种长期的、不明显具有意向对象的情感状态。例如，愤怒是一种情绪，因为它是短期的（似乎一个人很难连续几天都处于愤怒的状态），并且明确地指向某人或某物；病理性的抑郁可能是一种心情，它是长期的，并且没有明确的意向对象。然而，这种区分经常是模糊的，很多情感状态很难被明确划分为心情还是情绪，例如怀旧（nostalgia）。

不同于信念，拥有某种情绪要求主体拥有相关的质性感觉（qualitative feeling）。例如，当你生气、焦虑、快乐或者恶心时，你必然具有某种独特的主观感受——你必然拥有生气、焦虑、快乐或恶心的感觉。这种质性的感觉被哲学家叫作感受性质（qualia）。感受性质可以说是20世纪心灵哲学中最重要的概念，很多哲学家认为感受性质是心灵状态独有的特征，区分了心灵状态与物理状态。

在哲学和心理学中存在两类相互竞争的理论来分析情绪的构成。一类被称为情绪的判断理论，坚持判断理论的哲学家和心理学家认为一种特殊的命题态度，例如评价信念，构成或者引起了情绪经验。当你看到一条蛇，感觉到恐惧时，你的信念“蛇是危险的”，作为一种评价性的、涉及价值判断的信念，构成或者引起了你的恐惧。另一类被称为情绪的感觉理论，经典的感觉理论来自美国心理学家和哲学家威廉·詹姆士，他认为情绪是关于身体状态的感觉。比如当你悲伤时，你的悲伤就是对你自身的身体状态的感觉——你的哭泣构成了你的悲伤，并不是你的悲伤引起你的哭泣。

（三）知觉

人类拥有五种感觉：视觉、嗅觉、味觉、听觉、触觉。最近，心理学的研究揭示，人也拥有第六种感觉——身体感（proprioception）：我们总是拥有对于自己身体某一部位的位置和移动的感觉；想象你处在半睡半醒间，无论你的意识多么模糊，你总是能够感觉到你的胳膊和你的腿在哪里。身体感觉经常被视为一种类似于五感的知觉经验。这六种感觉给我们提供了关于世界的不同形式的知觉经验。

像信念一样，人类的知觉也是对实在敏感的；知觉经验的内容随实在的改变而改变。当你看到白色时，你知觉到了白色的视觉经验；假设在未来，雪不再是白色，而变成红色，此时，你的视觉经验的内容将会改变——你将知觉到红色的视觉经验。进一步，类似于信念，你的知觉经验也具有意向对象。你对白雪的视觉经验指向雪的颜色，你对榴梿的味觉指向榴梿的味道，你对《命运交响曲》的听觉经验指向乐器产生的声音。

然而，与信念不同的是，你的知觉经验包括感受性质。当你看到红苹果时，你感觉到了看到红苹果是什么样子的；当你吃到榴梿时，你主观感觉到吃到榴梿是什么味道；你听到一段乐曲时，你拥有了听到音乐的主观经验。

（四）心灵哲学与心理学

心灵哲学不同于心理学。心理学是一门经验科学，它使用实验和数据去证实或者证伪某一假设或某一理论。假设心理学家想探究环境因素是否影响一个人所做出的决策。心理学家会设计实验，随机选择被试，然后把被试分成实验组和控制组，两组人分别被要求去完成某一任务。实验组和控制组的不同在于前者具有人为操作的环境因素，例如让被试在肮脏的屋里完成任务。然后分别考虑两组人做出决策的差异。如果差异具有统计学上的显著意义，那么可以证实环境因素确实影响一个人做出的决策。

不同于心理学，心灵哲学更多使用思想实验（而非真实的实验）和人的先天直观去证实或者证伪某一假设或理论。例如著名的黑白玛丽思想实验（参看本讲第四部分）。在该思想实验中，决定玛丽是否真的了解所有物理知识的是我们的先天直观，我们通过直观去判断走出屋子的玛丽获得了一些新知识，因此屋中的玛丽并没有了解所有的事实，故而物理主义是错的。此外，哲学更多关注概念分析，以上面的心理学假设“环境因素影响决策”为例，心理学通过具体的实验去证实或者证伪这一假设，但是哲学通过分析“环境因素”和“决策”这两个概念的含义和用法来讨论这一假设。哲学家会问，什么是外部环境？实验中的外部环境是否真的外在于主体？“决策”指的是过程还是结果？

三、二元论

心灵状态的本质是什么？它和大脑以及身体的关系是什么？这类问题被称为心身问题。在20世纪，心身问题几乎成了所有解释心灵的理论必须回答的问题。

心身二元论在很长一段时期都是一个被广为接受的理论。根据二元论，我们的世界由两种不同的事物构成：一类是物质，另一类是非物质的心灵。树木、桌子、空气、江河湖海，以及我们的身体，都是物质对象，而我们的思想、情绪、知觉经验，或者其他的心灵状态是非物质对象。二元论的思想可以上溯到古希腊哲学家柏拉图和中世纪哲学家阿奎那，但是最成熟的论证来自17世纪法国哲学家笛卡尔。

《第一哲学沉思集》是笛卡尔最重要的著作。该书由六个沉思构成，这六个沉思分别处理了不同的哲学问题，诸如知识的基础，外部世界的存在，上帝存在的证明等。第二沉思和第六沉思涉及心灵和身体的关系，并具体捍卫了身心二元论。这两组沉思中对二元论的论证也被后世哲学家进一步划分为三组论证：来自怀疑的论证，来自可设想性的论证和可区分性论证①。

（一）来自怀疑的论证

来自怀疑的论证体现在笛卡尔的第二沉思中。在《第一哲学沉思集》中，笛卡尔试图给我们的知识提供一个不可怀疑的坚实的基础。他发现我们的大部分知识，诸如逻辑和数学命题都是可以怀疑的，因为我们可以想象一个恶魔欺骗了我们，让我们错误地相信了一些不正确的命题。但是进一步，笛卡尔发现，即使我们可以怀疑一切，也不能怀疑我们的怀疑；否则，怀疑将失去意义。怀疑是一种思想状态，因此，笛卡尔认为主体的“我思”是不可被怀疑的，即思想着的我是不可怀疑的。然而，身体是可以被怀疑的：我们很容易怀疑自身身体是否存在。这样，笛卡尔的观点表明，心灵是不可被怀疑的，但是身体是可以被怀疑的。可怀疑性区分了身体和心灵。该观点可以表述如下：

a.我不能怀疑我的心灵的存在；

b.我可以怀疑我的身体的存在；

c.如果两类事物，一类具有可怀疑性，另一类不具有可怀疑性，那么这两类事物是不同的；

d.因此，心灵和身体是不同的事物。

然而，该论证具有明显的缺陷，考虑前提c，看起来它是不可靠的。例如，《蝙蝠侠》中的小丑，他不会怀疑蝙蝠侠的存在，但会怀疑布鲁斯·韦恩的存在。因此，蝙蝠侠具有不可怀疑性，但是韦恩具有可怀疑性。于是我们判定蝙

① Kind A., *Philosophy of Mind : The Basics*（Abingdon, Oxon; New York: Routledge, 2020）, pp.24-33.

蝠侠和韦恩不是同一个人。这是明显的错误结论！也许可怀疑性并不是事物自身的属性。

（二）来自可设想性的论证

《第一哲学沉思集》中的第六个沉思包括对二元论更完备的论证：可设想性论证。笛卡尔认为，对于两类事物，如果我们可以清晰地设想它们是相区分的，那么这两类事物就是不同的。这样，如果心灵和身体可以被设想为两种不同的事物，那么它们是相互区分的。该论证可以表述如下：

a.可设想的事物是可能的；

b.心灵可以被设想为独立于身体而存在；

c.因此，心灵可能独立于身体而存在。

我们考虑前提a。可设想性是否真的暗示了可能性？笛卡尔同时期的法国哲学家和数学家安托万·阿尔诺提出了对可设想性的反驳：假设我们试着设想一个违背了勾股定理的直角三角形，这是否暗示一个违背了勾股定理的直角三角形是可能的？很明显，这样的直角三角形并不存在。因此，可设想性不能暗示可能性。

笛卡尔对阿尔诺的批评做了回应，他认为此时你并没有真的设想一个违背勾股定理的直角三角形，你只是构想了某些非常接近直角三角形的图形，或者其他似是而非的图形。你错误地把它当成了直角三角形。然而，笛卡尔的回应也反驳了他自己的前提b。以此类推，当我们想象独立于身体的心灵时，也许我们并没有真的设想一个没有身体的心灵，我们只是构想了某些似是而非的对象，但我们错认它是“无身体的心灵”。

（三）可区分性论证

笛卡尔的第六沉思包括第二个对二元论的论证。笛卡尔清晰地表明，心灵和身体存在一个明显的不同，身体是可分的，但是心灵是不可分的。“肉体永远是可分的，而精神完全是不可分的。因为事实上，当我考虑我的精神，也就是说，作为仅仅是一个在思维的东西的我自己的时候，我在精神里分不出什么部分来。”[①]该表述暗示了对二元论的另一个论证：

a.身体是可分的；

b.心灵是不可分的；

c.因此，身体具有可分性（divisibility），心灵具有不可分性；

d.如果心灵和身体拥有不同的属性，那么心灵和身体是不同的；

e.因此，心灵和身体是不同的。

考虑前提a和b，看起来我们的身体是可分的，你可以把你的身体分成不同的部分，例如胳膊、腿、躯干，它们共同构成了你的身体。然而，我们的心灵是不可分的。当我们思考某事、相信某事，或者知觉到某物时，它们总是整个心灵的思考。把你的胳膊从身体上摘除，你的胳膊仍旧是胳膊，但是如果把思想从你的心灵中摘除，那么思想将不再存在。

不去考虑我们的心灵是否真的是可分的，看起来该论证是循环的。当我们考虑心灵是不可分的，而身体是可分的，我们似乎已经内在假定了心灵和身体是不同的对象。该前提已经包含了结论。

（四）心灵与身体的相互作用和因果闭合原则

我们认为心灵可以影响身体，身体也可以影响心灵；你的胳膊被针扎了，你会感觉到疼痛，疼痛也会让你尖叫着跳起来。心灵和身体之间可以相互作用。然而，根据二元论，如果心灵是非物质对象，那么它如何和物质对象发生相互作用呢？这一问题最早在笛卡尔提出二元论时，就被注意到了。德国普法尔茨的伊丽莎白公主（Elisabeth von der Pfalz）曾经针对笛卡尔的二元论提出过批评，她质问，如果心灵是非物质对象，那它怎么能够影响物质对象呢？笛卡尔认为在大脑内部，存在着“松果腺”，心灵和身体之间通过松果腺相互作用。然而，在当代，我们已经很难接受这种没有任何解剖学证据的松果腺存在。

心身二元论也违背了物理世界的因果闭合原则。近代科学的发展揭示了一个因果闭合的世界：世界上的每一物理事件都可以完全使用物理概念来解释[②]；

① 笛卡尔：《第一哲学沉思集》，庞景仁译，商务印书馆，1986，第93页。

② 在这里，“物理”概念等同于与当代科学，特别是物理学相容的概念，诸如树木、桌子板凳、江河湖海、太阳月亮，或者一些理论对象，诸如原子、电子、中微子等。

非物理概念在解释物理事件时并不扮演任何角色。假设我们看到闪电，近代科学发现气象规律之前，我们会诉诸超自然的因素来解释闪电：闪电代表着神的愤怒。随着近代科学的发展，我们选择了一种排除超自然因素的解释理论。我们会说形成闪电的原因是对流层大气放电，是静电放电现象的一种。只使用物理概念和物理过程就可以完美地解释闪电的形成，物理世界的因果原则也同样适用于人类的行为。对于人类行为的解释，也不需要诉诸非物理概念。假设你渴了，然后喝了一杯水。你的行为完全可以使用神经状态来解释：你的口渴激发了你的神经状态，通过大脑对信息的处理，激活了你的行动系统。如果心灵，诸如意图、欲望和信念，是非物理的，那么它们看起来是多余的。如果我们对人类行动的因果解释完全可以使用物理概念，那么为何要引入一种独立于身体的心灵概念呢？如果心灵没有任何解释力，为什么我们还要引入它？因果闭合原则暗示心灵是多余的，并且应该被排除。

（五）心理学实验和二元论直觉

前面的讨论表明，笛卡尔的二元论并不可靠。支撑它的论证并不具有说服力，并且二元论和当前的科学世界观并不相容。然而，这并不意味着二元论是彻头彻尾荒谬的。在人类文明的多数阶段，二元论都占据着思想上的统治地位。即使在现代世界，我们不再相信二元论，但我们的某些行为仍旧或多或少暗示着二元论思想。例如，亲人去世，我们会为其选择合适的墓地，会在清明节扫墓祭拜，会在家中摆放照片，甚至会给他写信。

2013年，心理学家设计了一组实验来测试大部分人的二元论直觉，他们发现大多数人都或多或少持有一些二元论直觉①。由于篇幅所限，我们只看其中的第四个场景。该场景中包括四个要素：屏幕左边的五边形和面积稍小的三角形，屏幕右边有一个蛋糕状的图形，屏幕中间有一条从上到下的矩形把画面分隔开（见图2-2）。被试者被告知五边形的名字叫Penny，他/她/它试图移动到屏幕右边吃蛋糕。屏幕中间的矩形有一个孔洞，孔洞的大小只允许三角形通过，不允

① Chudek M., McNamara R., Burch S., Bloom P., & Henrich J. “Developmental and cross— cultural evidence for intuitive dualism,” 2013, https://www2.psych.ubc.ca/~henrich/pdfs/ChudekEtAl_InutiveDualism_WorkingPaper_June2014.pdf.

许 Penny 通过。动画展示，Penny 睁开眼睛，看向蛋糕，移动到中间的孔洞时，试了几次都无法通过。然后，Penny 回到原位，在它身旁的三角形突然睁开眼，通过了孔洞，吃到了蛋糕。心理学家发现，大部分人在此时都会倾向于认为五边形和三角形之间发生了灵魂转移，即 Penny 的灵魂转移到了三角形身上。尽管这个实验没有证明二元论的可靠性，但是证明了二元论是更加符合大多数人直观的一种理论。这也解释了为什么即使在当代，仍旧有许多人支持二元论。

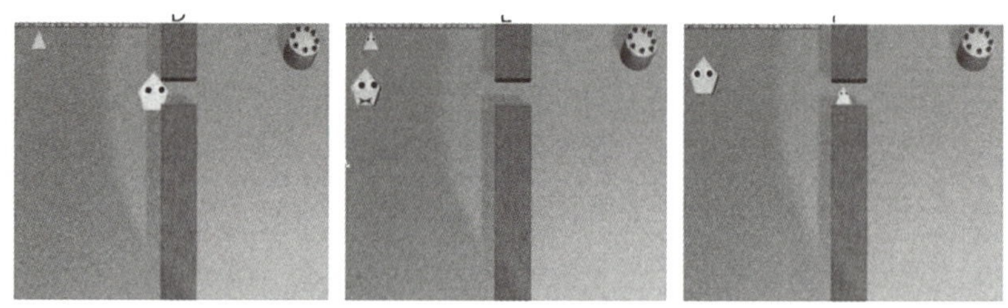

图2-2　实验参与者看到的图像

（六）当代二元论

事实上，并不是所有的哲学家都放弃了二元论。20世纪后半叶，一些哲学家转而去支持一种更为温和的二元论——属性二元论。

二元论可以分为属性二元论（property dualism）和实质二元论（substance dualism）。笛卡尔的二元论是一种实质二元论，实质二元论把心灵看作一种实体：世界上不只存在着物质实体，也存在着心灵实体。属性二元论并没有把心灵看作实体，而是把它看作一种属性。世界上存在两种不同的属性：一种是心灵属性，一种是物理属性。例如，大脑作为一种物质实体，可以同时拥有两种不同的属性：物理属性和心灵属性。

僵尸思想实验是关于属性二元论最著名的论证。哲学上的僵尸并不是恐怖电影中的那种鬼怪或者行尸走肉，而是一种想象中的生物，该生物在物理和行为上与人类不可区分；在物理属性层面，僵尸和人没有任何不同。然而，不像人类，僵尸完全没有任何感受性质。例如，僵尸被针扎了一下，它可能像我们一样尖叫、一样皱眉、一样报告它们感觉到了疼。尽管僵尸的行为和人类不可区分，但是僵尸经验不到任何疼痛的感觉。它无法拥有对于疼痛的感受性质。许多哲学家表明，僵尸暗示了一种身体和心灵相互区分的情景：僵尸和我们拥有一样的物理属性，但是不具有心灵属性。如果我们可以融贯地设想僵尸的存在，且如果可设想的事物是可能的，那么身体和心灵是可能独立存在的。因此，心身二元论是正确的。

僵尸的论证可以概括如下：

a.僵尸，一种在物理属性上完全等同于人类，但是缺少感受性质的生物，是可设想的；

b.如果某物是可设想的，那么它就是可能的；

c.根据a和b，僵尸是可能的；

d.如果僵尸是可能的，那么心灵是非物理属性；

e.因此，心灵是非物理属性。

你认为僵尸是可设想的吗？或者你是否认为可设想的事物就一定是可能的？在批评二元论的论证之前，有必要澄清一下可能性概念，存在形而上学可能性和经验可能性的区分。后者指的是不违背物理规律，前者指的是不违背逻辑和形上学规律。如果某事物是经验上可能的，那么它必然是形而上学可能的。但是形而上学可能的事物，并不必然是经验上可能的。也许你可以想象自己永生不死，你的想象是经验上不可能的，它违背了当前的科学定律。但是你的想象是形而上学可能的，你的永生并没有违背逻辑和形上学法则。哲学家说僵尸是可能的，指的更多的是形而上学可能，而非经验上可能。支持二元论的人可以承认僵尸的存在违背了物理学定律，它是经验上不可能的，僵尸并不存在于我们的宇宙。但是这并不能否认僵尸存在于一个和我们的物理法则截然不同的世界。只要僵尸是形而上学可能的，那么心灵就不必然是物理属性。

不支持二元论的哲学家提出了不同的反驳批评僵尸论证。一些哲学家质问僵尸是否真的是可设想的。他们论证当你设想僵尸时，你只是设想了一些其他的事物。另一些哲学家承认僵尸是可设想的，但是否认可设想表明可能性。其他一些哲学家承认僵尸是可能存在的生物，但是坚持认为设想僵尸并不能揭示意识的本质。由于篇幅的限制，也由于这些反驳背后复杂的形上学理论，本节不深入讨论这些反驳和回应。但是，值得一提的是，著名的心灵哲学家大卫·查尔默斯在《有意识的心灵》一书中系统论证了僵尸的存在，并捍卫了一种属性二元论的心身理论。在该书中，查尔默斯指出，对僵尸论证的举证责任，更多是在反对僵尸的那一方。也就是说，直觉上，我们更加应该接受僵尸的存在，而不是反对它。这样，反对者说僵尸在概念上是含混的并不够，他们必须解释这种含混的概念究竟是什么。

四、各种物理主义

不同于二元论，在心灵哲学中也存在一元论理论。一元论相信在世界上只存在一类实体。贝克莱的观念论就是一种典型的一元论，他认为世界上只存在心灵实体，就像他的名言“存在就是被感知”所展示的那样。哲学史上也存在另一种形式的一元论——唯物主义。心身关系的唯物主义认为世界上只存在物质实体。唯物主义的当代形式被称为物理主义，物理主义认为世界上每一种存在物都是物理的，并不存在超越物理的心灵。“物理的”一词在这里意味着符合科学的存在物，或者能够使用物理词汇描述和解释的存在物。例如，上帝和以太是非物理的存在物，因为它们并不能用科学解释。原子、空气和身体是物理的存在物，因为它们能够使用科学词汇解释。事实上，多数物理主义者并没有否认心灵的存在，他们只是坚持认为，心灵并不是一种独立于物理对象或者物理属性的存在物，而是可以被还原为物理属性，或者可以使用物理概念来解释的存在物。

为什么我们应该相信物理主义呢？一个很明显的理由是物理主义符合简单性原则。简单性是我们解释各种现象时应该遵循的一条普遍原则，它意味着如果两个理论具有相同的解释效力，应该选择更简单的理论。对其清晰的表述可以追溯至中世纪哲学家奥卡姆的那句名言“如无必要勿增实体”。对于什么是更简单的理论，有两种解释。一种关于理论背后的基础假设的数量，包含更少基础假设的理论更应该被选择；另一种关于理论本身包含的理论实体的数量，包含理论实体越少的理论越应该被选择。物理主义看起来符合的是后者。二元论引入了心灵和物理两种实体，而物理主义只提出了一种实体——物理实体。在这种意义上，物理主义包含更少的理论实体，所以物理主义是更简单的理论。

另一条接受物理主义的理由是科学自身成功解释了诸多现象：人类的进化，宇宙的创生，生命的形成。各种曾经必须引入超自然的力量才可以解释的现象，目前都可以在某种程度上由科学来解释。如果科学可以成功地解释各种各样的现象，那么它为什么不能解释人类的心灵呢？随着心理学和神经科学的发展，我们找到了一种使用物理概念来解释人类心灵的方式。

（一）物理主义的基本特征：附随性

有很多不同的物理主义理论，这些理论之间有时是相互冲突的，诸如心脑同一论、行为主义、取消主义、功能主义（我们将在下一节系统介绍这些不同的理论）。当前，所有的物理主义共同分享一个必要特征——附随性（supervenience）。附随性是形而上学中非常重要的观点，它不只用来解释心灵属性和物理属性之间的关系，也经常用来解释其他非自然属性和自然属性之间的关系，例如道德属性与自然属性，美学属性和自然属性。

当属性A附随于属性B时，意味着，如果属性B没有不同，那么属性A也不会有不同。即，两个个体a和b，如果它们拥有相同的属性B，那么并不可能出现“a具有A，b不具有A”或者“b具有A，a不具有A”的情况。例如，宫保鸡丁是一道大家非常熟悉的中国菜。如果我们认为宫保鸡丁的口味附随于菜的配料，那么如果配料没有任何不同，宫保鸡丁尝起来的口味也不会有不同。即，对同样两盘宫保鸡丁，如果它们的配料（油盐酱醋的比例等）完全相同，那么这两道菜尝起来不会有不同。相反，如果我们认为决定口味的并不是配料，而是每个人的主观经验，那么我们否认了宫保鸡丁的口味附随于配料，这意味着同样配料炒出来的宫保鸡丁，由两个不同的人尝，或者同一个人在不同时间尝，会呈现出不同的口味。

类似地，心身关系的附随性理论意味着心灵附随于物理属性：如果物理属性没有不同，那么心灵属性也不会有不同。你被针扎了一下，你会感觉到疼痛。假设你的朋友被针扎了一下，如果你和你的朋友具有相同的物理属性——同样的生理结构，那么他也会感觉到疼痛。上节提到的僵尸论证恰恰是附随性的否定。根据僵尸的定义，它是一种在物理层面和人类不可区分的生物；这意味着僵尸和人拥有同样的物理属性，然而，僵尸并不具有感受性质，这意味着僵尸和人拥有不同的心灵属性。因此，僵尸和人在物理属性上没有不同，但是在心灵属性上则不同；这是附随性的否定。心灵和身体的附随关系是区分物理主义和二元论的一条重要标准。

（二）不同的物理主义理论

有不同的物理主义理论，尽管这些理论都分享心身附随性的特征，但是在很多方面，它们也是迥然不同的。

1.行为主义

在第二次世界大战前后，心灵哲学界占据主流的物理主义解释是行为主义（behavioralism）和心脑同一论（mind-brain identity theory）。行为主义的重要代表是英国哲学家吉尔伯特·赖尔。赖尔在《心的概念》一书中系统地反驳了笛卡尔的二元论，提出了一种心身关系的行为主义观点。赖尔认为，心灵与身体分别属于不同的范畴，笛卡尔二元论犯了“范畴错误”。我们一开始就认定心灵是一种平行于大脑但又不同于大脑的实体，而当我们难于在物质世界中找到这种实体时，我们就认为它是非物质的。赖尔继续论证，心灵并不是实体，而是某些行为和行为的倾向。比如，“痛”就是扭曲的表情和躲避的体位；“快乐”就是愉悦的表情和手舞足蹈的姿态；某些更复杂的并不产生特定行为的心灵状态，可能只是某种倾向。行为主义与笛卡尔二元论相比，具有明显的优点。如果心灵只是某种行为或者行为倾向，那么心身间的相互作用很容易解释。但是，行为主义也面临重要的困难：心灵并不只是产生行为，一种心灵状态还可以产生另一种心灵状态。别人打了你一下，你感觉到疼，疼使你产生愤怒，使你相信这个人冒犯了你。行为主义很难解释不同心灵状态之间的相互作用。此外，一个人可以通过训练避免做出任何行为和倾向。假设一个人被针扎了，他感受到了疼痛，但是他可以控制自己不去做出相关的行为和倾向。根据行为主义，这个人事实上没有感受到疼痛。然而，这是反直觉的。

2.心脑同一论

另外一种物理主义理论是心脑同一论。该观点认为，心灵等同于大脑的神经状态；每一个心灵状态都存在一个与之对应的神经状态。了解了某种神经状态，也就了解了某种与之对应的心灵状态。

事实上，心灵和大脑的同一关系可以分为两种：一种为类型同一，一种为个例同一。类型（type）和个例（token）是哲学中非常重要的区分。一个例子可以很明确地揭示它们之间的不同。看下面几个字母：

a k t j a k g

回答出现了几个拉丁字母。如果你回答出现了7个字母，那么你的回答关注的是字母的“个例”：一共有7个字母。如果你回答出现了5个字母，那么你的回答关注的是字母的“类型”：一共出现了5种类型的字母，a和k分别出现了2次。进一步，类型由个例构成。在这一串字母中，a类型由第一个字母a和第五个字母a两个个例共同构成。

类型同一是更强的同一性。“水是H_2O”是类型同一，它意味着水的类型等同于类型H_2O。即，每一个水的个例都等同于H_2O。个例同一并不必然暗示类型同一。假设我的衬衫是亚麻的。这是个例同一，它指的只是我的个例的衬衫是由亚麻构成的，并不等于世界上所有的衬衫都是亚麻的。

即使接受了心灵和大脑的个例同一，也不代表必须接受心灵和大脑的类型同一。后者面临致命的缺陷。如果所有的心灵状态都等同于脑状态，那么这是否暗示，比如计算机永远不可能拥有心灵呢？这一问题被称为心灵的多重可实现性，即同一心灵状态，可以由不同的介质实现。比如计算67+89=156这一等式，同样的计算状态不只可以由人脑实现，也可以由计算机、算盘或者其他物理介质实现。心脑同一论和心灵的多重可实现性相矛盾。

3.取消主义

取消主义，又被称为取消唯物论（eliminative materialism）。行为主义和心脑同一论并没有否定心灵的存在，取消主义则否定了心灵的存在。在取消主义看来，我们对于心灵的常识性理解，即使用信念、欲望等命题态度去解释心灵的理论，也应该被看作一种民间心理学理论。而这种民间心理学理论并不符合科学的发展规律，应该被丢弃。

取消主义理论经常被视为来自丘奇兰德夫妇的工作。在日常生活中，我们经常使用信念和欲望去解释和预测他人的行为。例如，当你看到你的朋友见到一条狗而吓得哆嗦时，你可能会认为他相信狗是危险的。此时，你使用信念解释你的朋友的行为。同样，信念也可以预测他人的行为。当你知道你的朋友相信狗是危险的，你可能进一步预测你的朋友不会去养狗。这种使用信念以及其他类似的心灵状态的解释被称为民间心理学。丘奇兰德夫妇认为民间心理学就像那种使用“以太”“燃素”概念的民间科学一样，应该被丢弃。我们当前不再使用这些概念去解释自然现象，同样，我们也不应该再使用信念等心灵状态去解释人类的行为。

为什么民间心理学是错的？丘奇兰德夫妇提供了各种理由。第一，民间心理学经常犯错。有时我们会错误地归属一些别人并不具有的心理状态给他们。第二，民间心理学理论的发展是停滞的。几千年来，它并没有任何进步，我们仍旧在使用和柏拉图、亚里士多德一样的心理学概念去解释心灵。第三，民间心理学的理论是有限的，存在很多它不能解释的心理现象，诸如心理失序、精神疾病、人在昏迷时的心理功能等等。

即使不考虑民间心理学的解释效力问题，取消主义也是有问题的，它是一种自我反驳的理论。当取消主义断定“信念并不存在”时，他们试图去提供断言。然而，断言要求信念状态。当一个人断言某事时，他应该相信某事。如果取消主义做出断言，他们必须相信断言的内容。为了断言不存在信念，他们必须“相信”不存在信念。这暗示取消主义并没有完全地排除信念。

4.功能主义

与心脑同一论、行为主义和取消主义相比，有更多的哲学家接受功能主义。功能主义选择了一种不同的方式去理解心灵。它没有试图理解“什么构成了心灵”，而是试图从“心灵用来做什么”来理解心身关系。例如，比较金子和自行车。什么是金子？看起来最可靠的回答是化学式为Au的金属就是金子。我们选择金的构成要素来定义什么是金子。但是对于自行车呢？看起来我们不关心什么构成了自行车，只要自行车可以骑，我们并不考虑它是铁的、钢的、碳合金还是木头的。我们是从功能上来定义自行车的，只要某个机械满足骑行的功能就是自行车。功能主义定义心灵，就像我们理解自行车一样。它不考虑心灵的内在构成，而从心灵的功能上来理解心灵。

那么，什么是心灵的功能呢？暂且不考虑人类的心灵，我们选择一台非常简单的机器试着去理解什么是功能定义。假设有一台扭蛋机，当你放入1元硬币时，它会随机吐出一个扭蛋；当你放入一枚5角硬币时，它会等待你放入另一枚5角硬币。如果你接着又放入了一枚5角硬币，那么机器将随机吐出一个扭蛋；如果机器等待一段时间后，你没有继续放硬币，它会把5角硬币归还给你。这台机器的状态可以由此分为三类：输入状态、输出状态和内在状态。输入状态是“放入1元硬币（S_1）”和“放入5角硬币（S_2）”；输出状态是“吐出扭蛋（O_1）”和“吐出5角硬币（O_2）”；机器还有内在状态，即“等待放入5角硬币（I_1）”。此外，不同的状态之间具有因果关系，S_1产生O_1状态，S_2产生I_1状态，I_1或者产生O_1，或者产生O_2（见图2-3）。

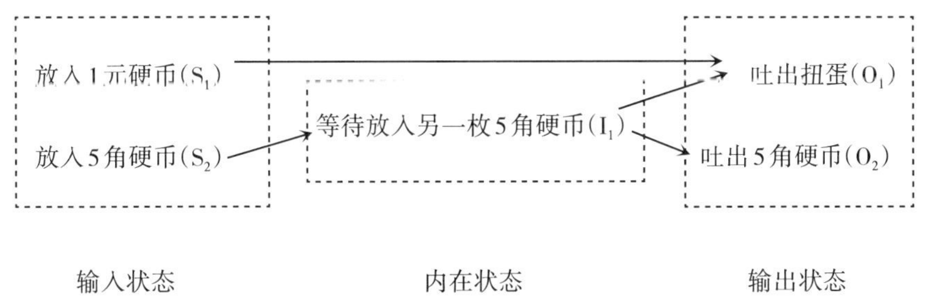

图2-3　扭蛋机的功能状态

这样，机器的功能就是由输入状态（S_1和S_2）、输出状态（O_1和O_2）和内在状态（I_1）共同构成的因果链条和功能网络。我们可以继续定义扭蛋机就是一台可以执行S_1、S_2、O_1、O_2和I_1之间的因果链条的机器。只要一台机器执行这样的功能，它就可以被看作一台扭蛋机。我们并不考虑这台扭蛋机究竟是由什么物质构成的。

在功能主义的视域下，心灵能够以同样的方式来定义。某一心灵状态就是满足了某种复杂的因果关系的状态。以疼痛为例，就像行为主义揭示的那样，我们的疼痛包括输入输出状态。一根针扎了你，你会尖叫着跳起来并质问：“你要干什么!”然而，输入输出状态并没有耗尽疼痛产生的状态。疼痛还会产生各种内在状态。例如，你正在图书馆，别人扎了你一下，你意识到不能大叫，于是你产生了保持安静的欲望；或者你可能由此相信那个人冒犯了你，你想给他点颜色看看；或者你可能由此产生不可遏制的愤怒情绪。行为主义并没有考虑输入状态还可以产生各种各样的内在状态。这样，疼痛事实上就是由输入、输出、内在状态共同构成的因果网络（见图2-4）。

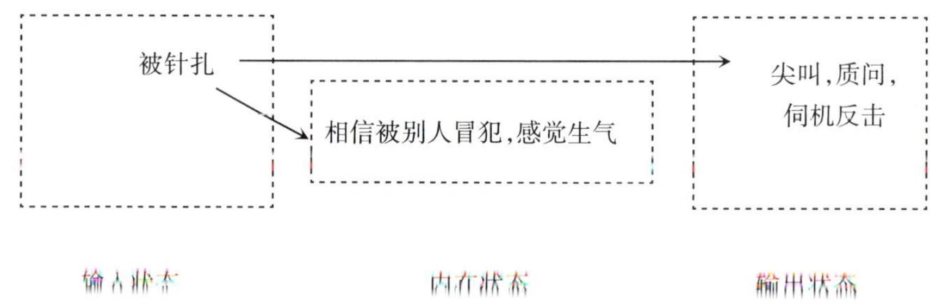

图2-4 “被针扎感到疼痛”的功能状态

类似地，其他的心灵状态，诸如信念、欲望、情绪、想象，在功能主义的视域下，都可以由同样的方式来定义。心灵就是扮演了某种因果角色网络的状态。

与行为主义相比，功能主义是更完备的理论。行为主义没有考虑心灵的内在状态，而功能主义把内在状态纳入了因果链条中。同时，功能主义定义心灵作为因果角色，避免了心脑同一论的问题：功能主义可以和多重可实现性论题相容。只要某个状态实现了具体的功能，我们就可以考虑它是心灵，而不去考虑它究竟是人脑还是计算机。此外，不像取消主义，功能主义并没有取消常识性的心灵状态，而是对这些状态给予了一个科学性的定义。最后，功能主义是否和二元论是冲突的呢？事实上，坚持功能主义的哲学家大都是物理主义者并且反对二元论。但是严格来说，功能主义的理论本身并不和二元论冲突。根据功能主义，只要某种状态扮演了心灵的功能角色，该状态就可以被视为心灵状态。假设某些非物理对象，例如灵魂扮演了心灵的因果角色，那么灵魂也可以被视为心灵状态。

（三）物理主义的问题

1.感受性质

物理主义面临的最严重的挑战是感受性质的存在。托马斯·内格尔在《成为一只蝙蝠是什么样》一文中第一次从感受性质的角度对物理主义表达了怀疑。内格尔以蝙蝠为例，证明即使获得再多的物理知识，也无法真的感觉到拥有某一种经验是什么样子。他论证，由于蝙蝠和人类的生理结构存在巨大的差异：

蝙蝠通过声呐判断外部对象，人类则是通过触觉和视觉，这暗示即使人类获得了再多关于蝙蝠的生理结构的知识，他们既不能真的感觉到成为一只蝙蝠是什么样子，也不能真的主观经验到成为一只蝙蝠的感觉。内格尔由此推论，即使一个人获得再多的关于某种经验的物理知识，也无法真的体会到拥有那种经验的感觉。

之后，弗兰克·杰克逊的“黑白玛丽”思想实验更有力地证明了物理主义的困境。杰克逊设想：

> 神经学家玛丽从出生就被关在一间房子里，一切摆设和布置都是黑白色的。玛丽可以通过一台黑白电视机或书本学习各种关于颜色的物理知识。即使玛丽在屋子里学习到了所有关于颜色的物理知识，当玛丽走出黑白屋子，第一次看到充满颜色的世界时，她将获得某种全新的感受。“哦，原来真正的西红柿是这样子的！”

杰克逊解释，玛丽的反应表明，即使在黑白屋子里已经了解了全部的物理属性和物理知识，玛丽也无法解释“看到真正西红柿时的那种感受”。如果上述想象的情景是可能的，那么似乎就表明，物理知识并不是关于全部事实的知识。即使玛丽了解再多关于颜色的物理知识，当她第一次看到其他颜色时，她的感受表明她获得了某些新的知识，而这些新知识是物理知识无法刻画的。因此，杰克逊得出结论，物理知识并不是全部事实的知识，还存在感受性质，一个人的感受性质并不能通过物理概念来描述。

杰克逊的思想实验也被称为“知识论证”。知识论证的核心思想是：一个人可以知道所有的关于某一经验的物理知识，但是仍旧不知道经历这种经验是什么样子。因此，我们的心灵属性并不能被等同于物理属性。

黑白玛丽思想实验一经提出，就引起了大量的讨论。本节仅举3例对黑白玛丽思想实验的反驳。一些哲学家表明，玛丽的思想实验是有问题的：我们并没有想象玛丽获得了所有物理知识，只是想象她获得了许多物理学知识。后者比前者更容易想象。进一步，如果我们真的想象玛丽获得了所有关于颜色的物理知识，那么我们不会想象她在走出房间以后，对色彩斑斓的世界感到震惊。

另一些哲学家论证，走出屋子的玛丽并没有获得任何事实性的知识，而是获得了某种能力或者某种实践知识：玛丽只是知道了怎样想象，怎样认出和怎样记住某种颜色经验。还有一些哲学家论证，走出屋子的玛丽确实获得了一些新东西，但是这些新东西并不是事实性知识。她只是熟识了颜色经验，以一种之前没有的方式去了解颜色，而不是认识了一些她从前不了解的对象。

2. 亨普尔两难

我们在讨论物理主义时，并没有详细地分析“物理”一词是什么意思。事实上，“物理”一词的准确含义影响物理主义理论本身的融贯性。由于物理学被看作最成熟的科学，“物理的”意味着可以被纳入物理学的概念或者可以被与物理学一致的理论所解释的概念。“基因”并不是物理学的研究对象，但是生物学在某种意义上并不和物理学相矛盾，那么基因被视为物理对象。“神”并不被看作物理对象，因为神不是物理学的研究对象，且并不存在一门科学以神为研究对象。

进一步，如何理解物理学理论呢？该问题给物理主义带来了两难困境。一方面，我们选择的物理学理论只是当前的物理学。在这种意义上，由于当前的物理学并不完整，很有可能是错的（我们并不能保证当前的所有科学理论都是真的），那么以当前物理学为标准定义的物理主义，物理主义有可能是错的。另一方面，如果选择的物理学理论是未来的、理想的物理学，在这种意义上，我们当前的物理主义也有可能是错的，因为没有人可以准确地预测未来的物理学将是什么样子。也许在未来，某些我们现在视为非物理的属性，诸如心灵，也可能成为物理学的研究对象。

物理主义的两难困境来自20世纪哲学家卡尔·亨普尔，亨普尔首先提出了对物理主义的两难质问。他的质问被后世称为亨普尔两难。

3. 缺席的感受性质和倒置的感受性质

前面提到了查尔默斯的僵尸论证。事实上，僵尸论证也是对功能主义的重要反驳。如果僵尸——一种和我们人类行为上完全一样但是没有感受性质的存在物是可能的，那么功能主义可能是错的，因为感受性质不能被解释为功能角色。也许僵尸的设想太过困难，内德·布洛克设想了一种类似于僵尸，但是更容易理解的场景。我们可以想象一个巨大的人形机器人，机器人的内部有很多微小的纳米机器人，纳米机器人负责处理外部信息，使得机器人做出合适的反应。比如，机器人的面前有一条蛇，通过机器人内部用来传递外界信息的闭路电视，纳米机器人发现了蛇，然后它选择合适的指令，操控机器人去做出合适的反应，例如立刻躲开蛇。在这种意义上，机器人的行为可以和人的行为完全一致，这样我们可以说，机器人可以体现和人类一样的功能因果网络。然而，看起来我们不会认为机器人能够拥有感受性质，它不能真的感受到看到一条蛇是什么样的感觉。因此，布洛克的机器人暗示了这样一种可能性：有时某个对象可能体现心灵的因果角色，但是没有任何感受性质。

哲学家还设想了一种倒置的感受性质情景：两个个体的心灵状态，可能在功能上完全等同，但是拥有不同的感受性质。假设有两个人，分别叫张三和李四。张三和李四看到红灯会停车，去市场买菜会挑红色的西红柿，会描述中国的国旗为红色。同样，他们也会宣称绿色代表和平，草是绿色的，在街上会寻找邮局的绿色邮筒寄信。然而，唯一有别于常人的是，张三会把红色看成绿色，李四会把绿色看成红色。换言之，对于张三来说，当他看到红色时，他感受到的是正常人看到绿色时会有的感受性质；对于李四来说，当他看到绿色时，他感受到的是正常人看到红色时会有的感受性质。这样，功能的等同并不能排除感受性质的差异性。因此，功能主义并不能解释感受性质。

五、机器心灵

如果你是一名科幻爱好者，你一定可以很容易在众多文艺作品中找到“会思考的机器”的例子：机器人可以像人一样思考，可以像人一样拥有喜怒哀乐，像人一样为了自由和权利而斗争。随着人工智能的发展，涌现出了在某些方面超越人类的人工智能，例如战胜了世界冠军李世石的围棋人工智能AlphaGo。这些现实中的或理想中的机器是否能够拥有心灵呢？

人类的心灵可以被分成三种不同的能力。一种是认知上的思考能力，人类可以计算、推理和假设；一种是感觉的能力，人类可以感受到各种微妙复杂的情绪；一种是创造的能力，人类能够通过想象创造出一些现实世界没有的事物。由于篇幅的限制，本节我们只讨论认知能力，不讨论想象能力和感受能力。

机器是否能够思考？回答这个问题之前，我们先看一下如何判断动物和他人是否能思考。黑猩猩是非常聪明的动物，它们可以使用工具。我们据此会说黑猩猩可以思考。判定黑猩猩能否思考的标准是它们的行为。对于他人，我们也以同样的方式来判定。你每次见到你的邻居，他都对你怒目而视，或者对你不理不睬。也许你可以判定你的邻居很讨厌你。此时，你也是通过行为判定他人的内心的。这样，判定一台机器能否思考，我们选择的标准也是公共可观察的行为输出。

（一）图灵测试

既然我们依据行为判定机器是否可以思考，那么我们只要建立某种测验，该测验可以很好地判断一台机器展现出的输出状态是否类似于人类行为，就可以判定一台机器是否可以思考。著名的图灵测试就是这种典型的实验之一。

图灵测试是由20世纪著名的计算机科学先驱阿兰·图灵在1950年发表于《心灵》上的划时代的论文《计算机器与智能》提出的。图灵在这篇文章中设想了一种判定一台机器是否拥有智能的测试：让一个人坐在电脑前，跟另一边（或者机器，或者人）用键盘进行对话，如果这个人分不清跟自己对话的是一个人还是一台机器，那么这个对话机器就通过了图灵测试并具备智能。图灵将该测试叫作模仿游戏。他认为如果一台机器通过了模仿游戏的测试，那么该机器就是有智能的。进一步，该机器就是有思维的。紧接着，图灵设想了针对自己实验的9条反驳，并一一回应。

事实上，图灵测试背后的核心思想是行为主义。但是这种行为主义并不是前一节提出的“本体论”的行为主义，而是一种“认识论”的行为主义。图灵并不认为心灵等价于行为，而是认为认识他人的心灵只能通过行为。换句话说，在图灵那里，行为主义只是认识心灵的方式。

（二）图灵测试的限度

图灵测试可以完美地判定一台机器是否具有心灵。事实上，图灵测试更像是关于机器智能的充分条件，而不是必要条件。如果一台机器可以通过图灵测试，让我们无法分清究竟是人还是机器在回答问题，那么这台机器就是有智能的；但是反过来，并不是所有拥有智能的人或机器都必然能够通过图灵测试。设想一个人通过提问来判定另一边究竟是人还是机器。假设另一边是人，事实上，这个人也未必总是能够成功地让提问者把自己当成一个人而不是机器。然而，我们并不会据此判断这个人是没有智能的。

另外一个问题是，图灵测试太过于人类中心主义。图灵测试把人工智能的目标等同于建造一台像人一样思考，让测试者分不清究竟是人还是机器的机器。然而，很多人工智能的研究者并不认同该目标。例如，著名的计算机科学家斯图尔特·罗素和彼得·诺维格论证人工智能的目标有两个不同的维度：一个维度是建造一个像人一样思考或行动的系统，另一个维度是建造一个满足理想的理性标准的系统。因为人的思维和行动并不一定总是满足理性标准的，所以这两个不同的维度并不完全一致。图灵测试的目的是建造一个像人一样思考或行动的系统，但是罗素和诺维格认为，人工智能的目的更应该是建造一个满足理想的理性标准的系统。事实上，人工智能的发展更符合理想的理性维度，而不是类人维度。以战胜了围棋冠军的AlphaGo系统为例。该系统生成的很多走法和布局都不是大多数人可以想到的，它更像是一个完美理性的弈棋系统，而不是一个现实世界中会走错步的棋手。

哲学家罗伯特·法朗士针对图灵测试的人类中心主义，提出了一个相似的"海鸥测试"。假设我们想判断某一物体是否可以在空中飞，于是我们提出，只要某个物体，它可以让观察者把它当成一只飞翔的海鸥，那么该物体就是可以飞的。的确，如果某一物体，可以像海鸥一样飞翔，那么它当然是可以飞的。但是很多可以飞的事物，并不容易被我们当成海鸥。蝙蝠、苍蝇、蜜蜂、滑翔机、直升机，它们都是可以飞的，但是却很难通过海鸥测试。因此，海鸥测试并不能可靠地判断某物是否可以飞。它只能帮我们判断某物是不是像海鸥，而不是某物是否能够飞。以此类推，图灵测试并不是帮助我们判断某物是否有智能的测试，更像是判断某物是否像人类的测试。

（三）中文屋

许多哲学家、科学家和心理学家从各个方面对图灵测试进行反驳。在这些反驳中，哲学家约翰·塞尔的"中文屋"论证别具一格。塞尔并没有像其他的反驳一样，针对图灵测试的可行性进行反驳，而是指出，即使一台计算机通过了图灵测试，我们也无法判定它是能思维的。塞尔认为，机器不可能具有人类的思维状态。

塞尔设想了这样一个思想试验：不懂中文的塞尔被关进一间封闭的屋子里，屋中的塞尔拥有一本用英文书写的中文规则书。这些规则是完全按照语法来编写的，并不涉及汉语的语义。当屋外的人把中文问题写在纸上，递给塞尔时，尽管塞尔不懂中文，但是塞尔可以根据那本规则书搜索到合理的答案，做出类似于懂中文的人才能做出的回答。例如，规则书可能这样表述："if恭喜发财，then谢谢"。当塞尔看到写有"恭喜发财"的字条后，他在规则书中搜索类似的中文字符，然后找到合适的回答，于是他把写有"谢谢"的纸条递出去。这样，一个中文提问者很难觉察到塞尔是不懂中文的。

在上面的思想试验中，塞尔的行为就类似于计算机。那么，我们可以说塞尔理解中文吗？看起来我们并不这样认为。塞尔并不真的理解每一句中文的语义是什么。以此类推，尽管能够通过图灵测试的计算机可以完美地回答问题，但是它并不能像人一样思维，因为计算机根本不理解语义知识。塞尔认为，机器不具有和人类一样的思维特性，因为计算机对符号的处理是纯粹语形的，单有语形，而不具有人类心灵的意向性，是不可能理解语义的。一般来看，塞尔对图灵测试和人工智能的攻击分为两个方面：（1）纯粹的语形无法构成语义。（2）人类心灵具有意向性，而机器没有。本节讨论第一个方面，该反驳可用论证表述如下：

a.计算机程序是纯粹形式的（语形）；

b.人类心灵是有心理内容的（语义）；

c.语形对语义来说既不是充分的，也不是必要的；

d.计算机程序无法构成心灵。

流行的反驳针对前提a。塞尔不懂中文，但是屋中的塞尔加上字典和语义规则，事实上是懂中文的。换句话说，塞尔+字典+语义规则的系统可以被理解为懂中文的。同样，也许计算机的cpu没有语义知识，但是计算机+存储器+程序规则+指令（计算机整体系统）是能够被理解为懂中文的。塞尔回应了该反驳，他解释，如果屋中的塞尔把字典和语义规则都背下来，我们是否可以说塞尔是理解中文的呢？塞尔对此持否定意见。然而最近，该反驳演变为一种更可靠的回应——虚拟心灵理论。该理论承认，计算机系统加上程序和运行规则并没有真的理解中文，然而，计算机程序有时候可以创造一个虚拟的实体，该实体与计算机系统（cpu）相区分。该虚拟实体可以具有理解中文的能力。这听起来可能很抽象，但是类似的虚拟实体在当代世界比比皆是。比如苹果的siri和微软的cortana，它们本身是人格化的虚拟实体。人工智能的支持者可能会说，计算机系统创造的虚拟实体是能够理解语言、具有语言能力的。

丘奇兰德夫妇对塞尔论证的前提c进行了反驳。与一般的反驳不同，丘奇兰德并没有直接否认前提c，而是表明前提c的正确性在目前是无法通过经验检验的，或者说，我们无法知道前提c是正确还是错误的。一个不知道正确与否的命题是不能充当论证的中项而推出结论的。为了证明上述结论，他们仿照塞尔的论证形式，构造出了另一种论证：

A.电和磁都是力；

B.光的本质属性是亮；

C.力对亮度来说既不是充分的，也不是必要的；

D.电和磁无法产生光。①

运用现在的科学理论进行评价，D是错误的，电可以使灯泡发亮产生亮度。那么，究竟是什么促使我们做出了错误的结论呢？很明显，是前提C，我们很容易从直观上和常识上判断C是正确的，因为一个人在黑暗的屋子里，不论如何挥舞磁铁都不可能产生光亮。但是，从直观上做出的判断是错误的。该论证的前提C与塞尔的论证的前提c大致是一样的。在简单的情况下，我们可以说语形无法构成语义，但是这并不能否认在某些极为复杂的环境下，语形足够产生出语义。因此，塞尔求证于未得到科学验证的前提c是不合理的。

六、具身认知和延展认知

尽管二元论和物理主义对心灵给予了不同的解释，但是它们都分享了同一

① Churchland P. S.，Churchland P. M.，“Could a Machine Think?” *Scientific American* 262 (1990)：32-39.

假设：我们的心灵是发生于大脑中的。然而，近20年，这一假设遭到了怀疑和挑战。具身认知和延展认知理论表明，认知并不是仅仅发生于大脑中的，而是可以扩展到身体和外部环境上的。

（一）具身认知

如其名字所暗示的，具身认知（embodied cognition）意味着人类的身体在认知中扮演重要角色。具身认知包括强解释和弱解释。弱解释认为，身体状态在因果上影响认知。例如，我们的知觉经验决定了我们信念的内容。人类特殊的神经结构使得我们能够认识到的颜色远远少于昆虫能够经验到的颜色。因此，我们形成的颜色信念必定受制于我们有限的颜色经验。引来更多争论的是强解释：认知不仅发生在大脑中，也发生在我们的身体中。换句话说，身体状态自身就是认知的一部分。具身认知给予了一个比喻去理解其与传统心身理论之间的差别——认知的三明治比喻。传统的认知理论引入了“知觉输入—概念处理—行为输出”三阶段。例如，当我们看到一条蛇时，获得了蛇的视觉经验，进一步形成了信念——“蛇是危险的”，然后信念激发行动输出系统，产生我们的行动体验，导致我们去躲避蛇。该过程可以被看作一个三明治。知觉经验是三明治上面的面包片，行动体验是下面的面包片，信念的形成和概念的联结是三明治中间夹的火腿。传统认知理论认为只有中间的火腿——概念处理才是认知过程，但具身认知认为，整个三明治都是认知过程，认知不仅包括概念处理还包括知觉和行动体验。

很多实验证据支持具身认知。一个支持具身认知的实验是属性证实任务（property verification task）：某一概念和某一谓词成对出现，被试者的任务是判断谓词是否准确描述了概念。例如，“马驹—鬃毛”和“马驹—犄角”两组词汇分别展示给被试者，被试者的任务是判断后面的属性是否成功描述了前面的概念。我们可以很容易判断，鬃毛是对马的准确描述，但是犄角并不是。进一步，实验人员发现，在属性证实任务中，如果谓词指称不同类型的知觉经验，被试者会花费相对更多的时间完成任务[①]。例如，第一组任务包括“苹果—红色”和“苹果—辣”，第二组任务包括“苹果—红色”和“苹果—黄色”。被试在第一组任务花费的时间会多于第二组任务。红色和辣指称不同类型的知觉，前者是视觉，后者是味觉，而红色和黄色是同一类型的知觉。两组任务之间的差异是第一组包括不同类型的知觉。因此，心理学家推测，属性证实任务并不纯粹是概念处理，也包括感知觉经验。当被试者进行“苹果—红色”和“苹果—辣”任务时，被试者的视觉首先被激活，然后再转换到味觉；当进行“苹果—红色”和“苹果—黄色”任务时，被试者不需要不同知觉系统之间的转换。因此，前者比后者花费更多的时间。心理学家认为，该实验证明了概念处理需要感知觉经验的参与，并不纯粹是抽象的符号处理。

另一个著名的实验涉及情绪词汇。被试者被要求把一支笔夹在嘴唇和鼻子之间（我们在这样做的时候会不由自主地皱眉，皱眉属于不愉快的表情），或者把笔夹在上下牙之间（这样做时我们模仿了微笑的表情）。然后，被试者被要求阅读一些令人感到愉快或者感到悲伤的句子。实验结果表明，当人们把笔夹在牙齿中间时，他们会更快理解“愉快的”句子；当人们把笔夹在嘴唇和鼻子中间时，他们会更快理解“悲伤的”句子。心理学家进一步推测，对于情绪词汇的处理包括面部肌肉的活动。当你阅读悲伤的句子时，相关的面部表情肌肉被激活，如果此时你恰恰做出了悲伤的表情，那么你会更容易理解悲伤的词汇。同样，当你阅读愉快的句子时，你的关于愉快的表情肌被激活[②]。

并不是所有的哲学家和心理学家都认同具身认知。对具身认知也存在一些反例。一个重要的反例是动作缺损情形。如果行为系统的激活也是认知的一部分，那么这暗示：如果一个人的相关的行为系统出现了问题，那么这个人就不能完成相关的认知任务。但是，众多经验证据表明，遭遇动作缺损的个体并没有明显的认知问题：婴儿能够理解一些指称他们自身不能做的行动的词汇；面

---

① Kellenbach M. L., Brett M., & Patterson K., “Large, colorful, or noisy? Attribute-and modality-specific activations during retrieval of perceptual attribute knowledge,” *Cognitive, Affective, & Behavioral Neuroscience* 1 (2001): 207-221.

② Havas D. A., Glenberg A. M., & Rinck M., “Emotion simulation during language comprehension,” *Psychonomic Bulletin & Review* 14 (2007): 436-441.

瘫的人也可以理解相关的表情词汇。

（二）延展认知

具身认知理论表明，人的认知可以扩展到身体。延展认知（extended cognition）走得更远，把认知扩展到了主体的外部环境：主体使用的计算机、手机等等外部存储和计算设备也是认知的一部分，它们和主体的身体以及大脑共同构成了认知系统。哲学家查尔默斯和认知科学家安迪·克拉克设想了一个思想实验来证明延展认知：

> 一个名叫因加的女孩，想去纽约现代艺术博物馆。她“询问”自己的记忆，想起博物馆位于第53大道，然后她就往那个方向走去。再设想一个名叫奥托的阿尔茨海默病患者。奥托去哪里都要随身携带一个便笺本，他会在本子上写下他认为可能会用到的信息。他的记忆力很差，因此，他总是要不停翻看便笺本，查看信息，或者写下新的信息。有一天，他决定去纽约现代艺术博物馆，他知道便笺本中有地址信息，于是开始在上面查找。[①]

在这个设想的情境中，奥托的笔记本扮演了和记忆类似的功能角色。记忆并不是某种正在头脑中发生的信念，它被视为一种潜在的、倾向性的信念，需要一个人试着去唤起。而奥托的笔记本中的信息也不是发生的心灵状态。奥托需要翻阅笔记本，查阅有用的信息，使笔记本里的内容变成发生的状态。进一步，一旦因加的记忆变成发生的信念，它可以有效地产生相关的行动；同样，一旦奥托成功查阅笔记本中的信息，信息就变成了奥托的发生信念，发生的信念进一步产生奥托的行动。笔记本和记忆能够扮演相似的功能角色，如果记忆是一个人认知的一部分，那笔记本也是奥托的认知的一部分。因此，查尔默斯和克拉克得出结论，认知状态可以延展到外部环境中，笔记本、手机、计算机等工具都是心灵的一部分。

然而，认知延展似乎暗示了某些荒唐的结论。如果一个数学家使用钢笔计

---

① Clark A., Chalmers D., “The extended mind,” *Analysis* 58, no1 (1998): 7-19.

算公式，我们能够说钢笔也是认知的一部分吗？进一步，图书馆和互联网是否也是认知的一部分呢？在信息时代，似乎我们很容易就可以在互联网上找到有用的信息，那么整个互联网难道都可以称为我们认知的一部分吗？如果我们接受认知延展理论，我们必须为认知的延展设立一个界限，超过这个界限就不应该被看作认知的延展。那么，这个界限是什么呢？

有人试图找到外部存储工具和人的记忆之间的差异，并论证人的记忆具有一些明显的特点，这些特点规定了认知延展的边界。记忆拥有的一个比较典型的特征是负向迁移——记忆会消极影响一个人对新信息的获得。例如，某些英语母语者在学习法语时会比非英语学习者更困难，造成的原因可能是英语单词和法语单词过于相近；英语母语者很难对自己熟悉的单词赋予不同的发音和意义。一个人在记忆中存储的信息会影响新信息的学习和掌握。然而，不论是存储在笔记本还是在计算机里的信息，负向迁移状态都不太可能发生。这个批评来自罗伯·鲁贝特的《挑战延展认知的假设》一文[①]，鲁贝特由此表明认知不能扩展到外部环境。

结 语

心灵哲学是近几十年来非常活跃的哲学分支。本讲介绍了一些心灵哲学的经典和基础问题。首先介绍心灵哲学的研究对象以及各种不同的心灵状态，接着针对心身问题介绍了两种相互竞争的理论——心身二元论和物理主义，继而讨论了心灵与机器的异同和人工智能的可能性，最后简单介绍了最近流行的具身认知和延展认知理论，这两种理论挑战了传统的思考心灵的方式。事实上，心灵哲学仍旧是不断变化发展的学科，不断有新的问题产生和被讨论。

① Rupert R.,"Challenge to the hypothesis of extended cognition," *Journal of Philosophy* 101 (2004): 389-428.

推荐阅读

彭孟尧：《人心难测：心与认知的哲学问题》，北京：生活·读书·新知三联书店，2006。

Tim Bayne，*Philosophy of Mind*：*An Introduction*（London：Routledge，2021）.

John Heil，*Philosophy of Mind A Contemporary Introduction*（4th edition）（New York：Routledge，2019）.

Barbara Montero，*Philosophy of mind*：*a very short introduction*（Oxford：Oxford University press，2022）.

David John Chalmers（ed.），*Philosophy of Mind*：*Classical and Contemporary Readings*（New York：Oxford University Press，2002），

Ansgar Beckermann，Brian P. McLaughlin & Sven Walter（eds.），*The Oxford Handbook of Philosophy of Mind*（New York：Oxford University Press，2009）.

Peter A. Morton & Myrto Mylopoulos（eds.），*Philosophy of Mind*：*Historical and Contemporary Perspectives*（3rd Edition）（Peterborough，CA：Broadview Press，2020）.

第七讲　伦理学

一、概论

伦理和道德是我们在日常生活中经常使用的两个词。即使没有学习过伦理学，我们也可以经常评论社会的伦理风尚或者个人的道德品质。我们经常会说这个人是一个好人或者坏人，这个人有道德或没有道德，我们所过的生活是一种美好的生活，这是一个正确的行为或者错误的行为等。当然，在很多时候，不同的人对于同一个人或者同一个行为是否道德的看法并不相同，甚至出现一些分歧和冲突。那么，到底该如何去判断一个人是好人还是坏人？到底该如何去判断一个人的生活过得好还是不好？到底该如何去判断一个行为是正确的还是错误的呢？到底什么是“好”或“善”？为了更好地回答这些问题，就诞生了一门学问——伦理学。

对于伦理学的探讨在人类历史上很早就有了。对任何人来说，都需要判断自己所过的生活是不是美好的生活，自己的行为是不是正确的行为。伦理学这门学问与我们的生活密切相关。特别是在百年未有之大变局的时代，面对社会中出现的各种社会变革，面对社会中出现的各种新的人类行为方式，更需要认真去研究伦理学这门学问。

（一）伦理学的字义与定义

从学科的意义上探讨伦理学始于古希腊哲学家亚里士多德。当然，在亚里士多德之前，其实已经有非常多的学者对伦理学相关的问题进行了讨论。像我们现在所熟悉的《荷马史诗》。《荷马史诗》这部经典的文学著作记载了公元前12世纪发生的一些故事。在这部史诗中，有很多对于英雄人物德行的描写，比如像希腊哲学家柏拉图和苏格拉底。在柏拉图的对话录里面，我们可以看到很多对于伦理学问题的探讨。柏拉图《理想国》一书讨论的核心问题就是人应该如何生活的问题。基于对人应该如何生活这个问题的回答，柏拉图借助苏格拉底之口跟当时的很多希腊人讨论了什么是“正义”的问题。这门学科发展起来以后，有很多哲学家都对这门学科进行了探讨，形成了各种各样的关于伦理学的理论。为了更好地理解伦理学发展的历史，我们首先看一下伦理学这个词的词源。

1.伦理学的字义

伦理学一词在希腊文中是“ethikos”，字面的意思是关涉“ethos”（希腊词，意为品格的，风俗，习惯），而后者又与“ethos”（社会习俗、习惯）相关。西赛罗用“moralis”这一拉丁词来翻译希腊词“ethikos”。“moralis”的字面意思是与“mores”（意为品格、作风、风俗、习惯）相关的某种东西。19世纪末，中国启蒙思想家（如严复）借用日本的译法，将此词译为“伦理学”，成为这一学科的名称，被广泛沿用。

在白话文通行前的汉语语境中，表意单位通常是单独的字，并不是一个词，所以“伦理”和“道德”这两个词在白话文之前的语境中出现得比较少。然“道德”在中国哲学中确是联系形上学与伦理学的关键，《管子·心术》言：“德者，道之舍，物得以生生。”“德者得也。”“道”表示事物运动和变化的规律，“德”表示主体得之于道且能透过功夫修炼而彰显于自身的状态，因此是要透过践履而后有所得。东汉时的刘熙对“德”的解释是：德者，得也，得事宜也，意思是说，“得”就是把人和人之间的关系处理得合适，使自己和他人有所得。许慎更明确地说：“德，外得于人，内得于己。”一方面能够“以善念存诸心中，使身心互得其益”，这就是“内得于心”；另一方面，又能够“以善德施之他人，使众人各得其益”，这就是“外得于人”。另外，关于“伦理”一词，“伦”，本义是辈、类的意思，“理”是条理、道理的意思。伦理两字连用，最早见于战国至秦汉之际的《礼记·乐记》，其中说：“乐者，通伦理者也。”当然，这里所说的“伦理”跟我们现在所说的“伦理”之间的差距是比较大的。

一般来说，在我们的日常生活中，大部分人都不会去区分“伦理”和“道德”这两个词之间的异同，经常将这两个词互换使用。当然，有不少哲学家会强调“伦理”和“道德”这两个词之间的区别，比如德国哲学家黑格尔、哈贝马斯等。

伦理学在整个哲学体系中处于一种什么样的位置呢？法国哲学家笛卡尔曾经做过一个非常形象的比喻。如果我们把整个哲学比作一棵大树的话，那么形而上学是树根，物理学是树干，伦理学是果实。斯多亚派也做过一个类似的比喻，整个哲学好比一个果园，逻辑学是这个果园的围墙，物理学是园中的果树，只有伦理学才是这些果树上所结的果子。通过这两个哲学史上非常有名的例子，我们可以看出，作为爱智慧的哲学，不仅希望能够更好地理解这个世界，而且也希望能够更好地把生活过好，能够做出正确的行为。伦理学在整个哲学的探索中都处于非常核心的位置。在整个哲学史上，不管是西方哲学家，还是中国哲学家，大多有非常重要的伦理学著作流传下来。柏拉图的《理想国》、亚里士多德的《尼各马可伦理学》、康德的《实践理性批判》等，这些都是经典的伦理学著作。孔子的《论语》、老子的《道德经》、庄周的《庄子》等中国经典著作中也包含很多关于人生问题的思考。

2.伦理学的定义

在哲学发展史上，存在多种关于什么是伦理学的不同定义。为了让读者对于伦理学的定义有更为全面的理解，在这里选取三种关于伦理学的定义供参照。

(1)《哲学大辞典》的定义

伦理学亦称“道德学”“道德哲学”“道德科学”。研究道德现象、揭示道德本质及其发展规律的学科①。

① 冯契主编《哲学大辞典》，上海辞书出版社，2007，第790页。

（2）《伦理学大辞典》的定义

伦理学（ethics）又称“道德哲学”。对人类道德生活进行系统思考和研究的学科。英文ethics源于古希腊文ethikos，意为习俗、风尚等；19世纪末，中国启蒙思想家（如严复）借用日本的译法，将此词译为“伦理学”，成为对现代哲学学科的一个分支学科的指称[①]。

（3）马克思主义理论研究和建设工程（以下简称“马工程”）《伦理学》的定义

马克思主义伦理学将道德作为伦理学的研究对象，把伦理学界定为研究道德现象的学问。马克思主义从经济基础与上层建筑的辩证关系以及道德作为社会意识的独特性出发，来理解和把握道德这一人类社会特有的社会意识现象，认为道德是由经济基础所决定，以善恶、应当与不应当为评价标准，依靠社会舆论、传统习俗和内心信念来维系，调整人与人（包括个人与个人、个人与社会集体、社会集体与社会集体）、人与自然、人与自身之间的伦理关系的原则规范以及与此相关的观念品质、行为活动的综合[②]。

（二）伦理学的流派

在不同的伦理学理论中，伦理学有不同的分类模式和分类标准。按照国别来分，我们可以分为中国伦理学和外国伦理学。按照偏向理论和实践来分，我们可以分为理论伦理学和实践伦理学。按照描述和非描述来分，我们可以分为描述的伦理学和非描述的伦理学。在现有的伦理学分类中，我们经常会看到以下四种关于伦理学的分类：元伦理学、规范伦理学、美德伦理学、应用伦理学。这四种伦理学之间并不是截然分开的，其中有一些交叉的地方。元伦理学、规范伦理学和美德伦理学在应用伦理学中都有所体现。元伦理学也并非完全不关心伦理学的规范问题。现在也有一些学者将美德伦理学归入规范伦理学之中。下一部分将对这几种伦理学理论进行更为详细的论述，以下先扼要进行基本描述：

元伦理学：从狭义上来说，主要从语言和逻辑的角度，以分析的方法研究

① 朱贻庭主编《伦理学大辞典》，上海辞书出版社，2002，第5页。

② 《伦理学》编写组：《伦理学》（第二版），高等教育出版社，2021，第2-3页。

伦理的问题，其在道德劝诫上是相对中立的，它的目的主要是求真，但不是求历史现实生活的现象之真，而是求人们使用的道德逻辑语言之真。从广义上来说，那些对于伦理学基础问题的思考也可以算作元伦理学。

规范伦理学：主要研究伦理学规范的来源、内容和根据，并且旨在影响人们的生活和行为的理论，它构成了伦理学的主体。规范伦理学主要的理论形态有两种：功利主义（目的论），道义论（义务论）。功利主义判断行为的正确性主要依据的是行为后果。当一个行为能够给社会带来更多的好处和更少的坏处的时候，我们就会认为这样的行为是正确的。道义论者认为，某些行为之所以是内在地正当或在原则上正当，是因为它们与某种形式相符。

美德伦理学：美德伦理学作为最为古老的一种伦理学理论形态，关注的核心问题是人应该成为一种什么样的人，重视的是人的美德或品质，而不是像功利主义那样强调行为的后果，或者像道义论那样强调规则或义务。也有学者将美德伦理学作为规范伦理学的一种来对待。

应用伦理学：应用伦理学用基本伦理原则去分析种种有争议的现实道德问题，特别是在公共领域引起争论的，甚至挑战主流道德观念的问题。其分析的对象可以是社会制度（如医疗制度、社会保险制度、要求转基因产品贴标签的制度、动物福利法等），也可以是种种社会行为（如器官移植、安乐死、克隆人等）。

二、伦理学研究的主要问题

从研究内容上看，历史上的伦理学家们存在着不同的理解。有的人认为伦理学是研究“善”或“至善”的科学；有的人认为伦理学是研究“义务”与“责任”的科学；有的人认为伦理学是研究幸福的科学；有的人认为伦理学是研究人生价值的科学；有的人认为伦理学是研究道德行为或道德品质的科学；有的人认为伦理学是研究善恶判断的科学。

从伦理学研究的范围来看，有些伦理学家认为，伦理学主要应当以道德规范为对象，从而形成所谓的规范伦理学。有些伦理学家认为，伦理学主要应当以实际应用为目的，强调道德原则与规范的实际应用。有些伦理学家认为，伦理学是一门理论科学，或者说是一门道德哲学，因此，伦理学只应当去构建一定的范畴体系。20世纪以来，元伦理学出现。它的突出特点是，只强调从逻辑语言即从语义学和逻辑学的方面研究道德，从而把伦理学变成一种脱离人的道德实践的空洞、抽象的概念分析。

马克思主义强调从社会经济发展的角度来看待道德现象，认为道德现象在很大程度上是经济生活的反映，认为道德与利益的关系问题更切中伦理学基本问题的实质，符合伦理学基本问题的要义。一般说来，道德和利益的关系问题在伦理学中表现为两个方面：一是经济利益与道德的关系问题，是前者决定后者还是后者决定前者，以及它们之间有没有反作用。二是个人利益和社会整体利益的关系问题，当二者发生冲突时，是前者服从后者还是后者服从前者。

纵观人类历史上出现的各种伦理学理论，有如下的伦理学问题是大部分伦理学理论都会关注的。

（一）什么是道德

毫无疑问，伦理学以人类社会中的道德为研究对象，但是，到底什么样的行为是道德的行为，在很多时候是有争议的。甚至在很多时候，我们会看到，在某些伦理学理论那里是道德的行为，在另一种伦理学理论中就变成了违反道德的行为。如何更好地界定什么样的行为是道德的行为一直是各个伦理学理论关注的重要话题。

（二）人为什么需要有道德

在日常生活中，我们经常会看到“好人未必有好报，恶人未必会有恶报”这样的事情。甚至有一些比较极端的说法在普通人中普遍流行：“人善被人欺，马善被人骑”“人不为己，天诛地灭”。对于伦理学理论来说，大部分都希望通过理论上的思考告诉普通人为什么要做一个有道德的人。

（三）道德的起源问题

道德到底起源于何处，这个问题一直以来都是伦理学理论必须回答的问题。对于这个问题，在伦理学发展史上有很多不同的回答。有人认为道德起源于人跟上帝之间签订的契约；有人认为道德起源于天道的运行；有人认为道德是社会进化的结果；有人认为道德是人与人之间互相约定的结果；有人认为道德是人类理性的立法；有人认为道德源于人的同情心；有人认为道德起源于人的劳动以及在劳动过程中的社会分工。

（四）道德的客观性

道德是主观的还是客观的？道德有没有客观性？这个问题也是伦理学家关注的重点。有的学者认为道德并不是客观存在的，而是人们之间约定的。人们之所以约定一些道德规范，是因为希望能够更好地互相合作以达到人类的繁荣。当然，也有学者强调道德是客观的，特别是那些基于某种宗教来理解道德的学者。虽然不同的人对于道德的理解并不相同，但是道德是客观存在的。虽然对于有些行为是不是道德的，不同文化存在不同的理解，但是现有的文化都有类似的道德规范的存在。

（五）道德的原则

道德有没有第一原则？这个第一原则有哪些更为详细的原则？对于道德的一些具体原则，很多伦理学理论都给出了相应的描述。其中，描述最多的是规范伦理学。规范伦理学希望能够找到指引人们正确行动的一些具体原则。只是不同的规范伦理学提供的道德原则并不相同。比如功利主义所提供的道德原则是幸福最大化原则。康德伦理学提供的道德原则是可普遍化原则。马克思主义伦理学将“集体主义原则”当作伦理学的第一原则。

（六）道德的评价

如何去评价一个行为究竟是不是道德的？我们可以有哪些可靠的途径和方法来对行为的道德性进行评价？这样的问题就是关于道德评价的问题。不同的伦理学理论提供了不同的标准。比如，有的理论强调从后果的角度出发来评价一个行为是不是道德的，有的理论从动机的角度出发来评价一个行为是不是道德的，有的理论强调从集体利益的角度出发来评价一个行为是不是道德的，有的理论强调从是否符合宗教教义和实践的角度出发来评价一个行为是不是道德的行为，有的理论尝试将几种不同的伦理学理论结合起来进行道德评价。

（七）道德的相对性问题

道德原则是绝对的还是相对的？这个问题一直都是伦理学理论中非常具有争议性的一个话题。有的学者认为道德是绝对的，不是相对的。有的学者认为道德是相对的，不是绝对的。有的学者认为道德是相对于不同的文化、不同的历史阶段、不同的阶级而存在的，不存在绝对的、适应于一切人的道德。

（八）不同哲学家的伦理学理论

在哲学发展的历史上，针对时代中出现的各种不同的问题，有很多哲学家对于人到底该如何生活和行动，社会该采用何种社会政治制度，都给出了一些非常深入的思考。不同哲学家所建构的各种各样的伦理学理论，不仅构成了伦理学发展的历史，也为当时的人们提供了安身立命的依据。

（九）道德的教育问题

道德是否可教这个问题，很早就有哲学家进行过讨论。在柏拉图的对话录《美诺》篇中就有非常深刻的讨论。不过，从《美诺》篇中，我们得出的结论似乎是“美德是不可教”的。亚里士多德在《尼各马可伦理学》中对于如何教授美德进行了很好的探索。在中国古典文本中，四书五经中有很多关于如何进行德行培养以及道德教育的讨论。在当代中国的教育实践中，我们将“立德树人”作为教育最为重要的使命。

（十）具体的道德规范问题

在现代社会，随着专业分工的不断发展，人们的生活也越来越复杂。为了更好地维护人们的生活秩序，社会不断地发展和完善社会公德、职业道德、家庭美德、个人品德等各种类型的道德规范。如何更好地制定和完善现有的各种类型和层次的道德规范也是学术界关注的热点话题。

三、伦理学理论介绍

在人类发展的历史上出现了很多种不同的伦理学理论，其中影响比较大的主要有以下几种。

（一）美德伦理学

美德伦理学是人类历史上最为古老、最为重要的一种伦理学理论。不论是在古希腊还是在中国古代社会，人们都特别重视对人的德行的培养。希腊人在讨论道德问题时，所使用的主要是“美德”这个词。“美德”这个术语是“virtue”这个英文的翻译，其实希腊人所说的“virtue”在现有的中文语境中主要有三种译法，分别是“美德”“德性”和“德行”。但是，这三种中文译法都不足以表达希腊人用“virtue”这个术语所要表达的意思。希腊人用“virtue”这个词不仅可以针对人，也可以针对动物，主要说的是任何事物天然的特长和功能。在针对人的时候，说一个人有“virtue”，主要是说这个人能够出色地完成人之为人的各种活动。按照我们今天的说法，就是能够最大程度地实现自我。

苏格拉底经常在希腊城邦中跟青年人探讨什么是美德，如何培养美德等重要的问题。只是，比较遗憾的是，苏格拉底虽然重视美德的培养，但是他更重视对各种不同美德定义的追问，却无法找到一个所有人都能接受的关于“美德”的定义。在谈到苏格拉底的道德哲学思想时，一个非常有名的命题是“美德即知识”。苏格拉底把关于美德的知识理解为美德的基础，认为人之所以会做错事，主要是因为没有关于对错的知识，人有了关于美德的知识就会做好事，没有人会故意做坏事，做坏事在很大程度上是因为缺乏关于美德的知识。对于道德来说，最为重要的是获得关于道德的知识。这样一种对于道德的探求在整个西方产生了深远的影响。不过，关于“美德即知识”这一重要的命题，有些学者有不同的看法。比如陈真认为苏格拉底从来没有说过“美德即知识”这一命题，在这一命题当中，存在很多问题。陈真认为将美德等同于知识在逻辑上根本就说不通，他通过对苏格拉底文本的仔细阅读，证明了如下两个基本问题：“第一，从有关苏格拉底的史料中，我们并无确凿的证据认为苏格拉底真的认为美德即知识。相反，我们还有证据表明苏格拉底曾明确否认过这个命题。第二，‘美德即知识’在苏格拉底时代是一个比较含混的命题。如果我们仔细考查其种种可能的含义，我们会发现，在大多数情况下，在苏格拉底那里它只是表明‘美德即智慧’，但‘美德即智慧’不等于‘美德即知识’。如果‘知识’理解为命题知识（此乃知识论中知识应有之义），则‘美德即知识’逻辑上的错误是显而易见的，并且不能恰当表达苏格拉底关于美德和知识关系的真实看法。”[①]陈真从苏格拉底的文本出发认真考查了这一命题的错误之处，但是，美德即知识这个命题还是有着深远的影响。苏格拉底在柏拉图对话录中对于知识定义的探求还是给人留下了深刻的印象。

亚里士多德所建构的伦理学体系被今天的学者称为美德伦理学的典范，即使在今天，人们谈论美德伦理学仍然离不开亚里士多德。亚里士多德的这样一套美德伦理学体系建构的基础是关于人的灵魂的认识和理解，在其关于人的灵魂的认识和理解的基础上，他追问人到底该如何去生活才能获得幸福这个对每个人来说都至关重要的问题。在他看来，人们要想过一种幸福的生活，首先要做的就是以占有德行的方式去存在和生活。他在《尼各马可伦理学》中认真探讨了什么是幸福，什么是德行，以及如何通过过一种有德行的生活最终达到幸福这些重要问题。

（二）康德义务论伦理学

面对新时代的来临，很明显我们需要一种与新时代相适应的伦理学。康德建构其伦理学的出发点是不满意于以前经院哲学所构建的伦理学体系，他想构建一种新的伦理学体系。不过，康德对于密尔等人所发起的功利主义思潮似乎不是很感兴趣，在他的《道德形而上学奠基》一书中，我们可以看到很多对于功利主义的指责。康德称密尔他们所建构的功利主义为感性主义伦理学，服务于满足个人的欲望。康德建构其伦理学体系的出发点是人的实践理性。康德伦理学被称为义务论或者道义论，有时也被称为动机论。这种理论的主要特点是：行动在道德上的正确性并不是看其最终造成的后果或者可能造成的后果，而是

① 陈真：《苏格拉底真的认为“美德即知识”吗?》，《伦理学研究》2006年第4期，第47页。

看在行动之前这个行动的出发点是否遵循理性，特别是人的实践理性所颁布的道德律。

康德的道德哲学思想主要体现在《道德形而上学奠基》，《实践理性批判》以及《道德形而上学》这三本书里面。《道德形而上学奠基》是这三本书中最简短的也是最重要的。《实践理性批判》和《道德形而上学》都是对《道德形而上学奠基》这本书中思想的进一步展开。中国学者对康德伦理学的解读大多都围绕《道德形而上学奠基》和《实践理性批判》而展开。《道德形而上学》在2013年被李秋零翻译到中文世界。康德通过其伦理学所要做的主要事情是让人通过理性为自己立法，即理性如何通过自我立法把道德原则给确立起来。《道德形而上学奠基》和《实践理性批判》都是围绕这样的问题来展开的。在康德看来，人是可以通过对人的实践理性的运用和反思，一步步确立起人应该遵守的道德法则的。

在康德所生活的那个年代，牛顿是科学和哲学研究的典范，他通过自己的努力揭示了物体运动的规律。康德其实也是希望自己能够像牛顿那样，通过自己的努力，揭示人到底该如何去行动的规则。当然，康德也知道人和自然物是不同的。自然物无法给自己确立目标，但是人因为有自由意志，可以给自己确立目标，可以对自己的目标进行反思，人的行动很多时候也未必会完全按照自然法则来展开。当然，在康德看来，人的自由恰恰是人的高贵之处，也是康德伦理学的起点。

康德通过对人类理性的反思，总结出人类遵守的道德原则在形式上应该符合可普遍化原则。简单地说，就是我们在行动的时候所遵循的道德原则应该是所有人都能够接受的。这句话在中国人的语境总被翻译为“己所不欲，勿施于人”，这也是伦理学上经常谈论的伦理学“金规则”。这个普遍自然法则公式在康德的伦理学体系中又有三种不同的表达方式：

自在目的公式（the Formula of End in Itself/FEI；又称人性公式：the Formulaof Humanity/FH）：你要这样行动，即不论是你的人格中的人性，还是其他任何一个人的人格中的人性，你在任何时候都应当同时当作目的，而绝不仅仅当作手段来使用。

自律公式（the Formula of Autonomy/FA）：只这样采取行动，即意志能够通

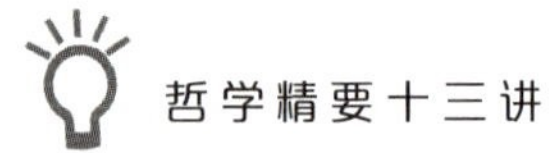

过其所立的准则同时把自己视为普遍立法者。

目的王国公式（the Formula of Kingdom of Ends/FKE）：你的行动所依从的准则，只能是可能的目的王国中的普遍立法成员的准则。

通过以上对康德伦理学的分析，我们可以清楚地看到，康德伦理学主要是建立在对于人的理性分析的基础之上，认为人依靠自己的理性可以找到客观可靠的道德准则。康德也通过自己的努力给出了这样的准则。即使在今天，康德伦理学仍然在学院派哲学家中占据主要地位。康德对伦理学探讨所采取的方式也一直没有被抛弃。在当代影响深远的罗尔斯，恰恰就是在复兴康德伦理学的基础上构建了他关于当代社会到底该如何建构的一套理论，罗尔斯也是我们下面要谈到的契约论伦理学的主要代表人物之一。

（三）功利主义伦理学

面对当时出现的种种社会变革，功利主义所考虑的主要问题是：我们如何去评判一种变革是对的。虽然功利主义这样一种理论一直以来都受到很多人的批评，但是其影响一直非常大，甚至很多人做事的方式都可以归结为功利主义。

功利主义的哲学家确认人在世俗生活中的地位和价值，因此就把幸福设定为功利主义的核心关注。不过，为了把功利主义建立为一个道德理论，功利主义的哲学家首先就得把“幸福”这个概念与他们对“道德正确性”的理解联系起来。在《功利主义》这部著作中，密尔指出，我们必须把“效用”即“最大幸福原则”这个信条接受为道德的基础，按照这个信条，如果一个行动倾向于以某种成比例的方式促进幸福，那么该行动就是正确的；如果它倾向于产生幸福的反面即痛苦，那么该行动就是错的。

功利主义有很多不同的变种。不过，一般来说，它们都具有如下四个基本特点。

第一，功利主义在价值论上采取了一种福利主义的观点。功利主义通常把“效用”理解为人的福利。功利主义者共同面临的一个问题就是如何理解和解释“福利”这个概念，而且，这个问题也是功利主义遭受批评和攻击的一个原因。早期的功利主义思想家例如边沁往往按照“快乐”和“痛苦”来定义“福利”。如果一个人在其生活的整个历程中快乐的感觉多于痛苦的感觉，那么他的生活就被认为“过得好”。然而，边沁所采纳的那种经典的福利主义观点面临着一些难以克服的困难。后来的功利主义思想家例如密尔试图按照一些更客观的指标来定义“福利”，比如说平等的工作机会、自主性和自由等。

第二，功利主义的道德理论是目的论的，它不仅把“幸福”看作具有内在价值的东西，而且试图按照行动对人们的幸福的影响来决定一个行动的道德正确性。具体地说，功利主义者采取后果主义原则来评价行为的道德正确性。这个原则所说的是，一个行为的道德正确性是由它所产生的结果的好坏来确定的。假设我们有一系列可能的行动过程，假设我们能够预测和评价每个行动过程所产生的结果，那么正确的行动就是总体上具有最好的结果的那个行动。由此我们可以看出，从功利主义的观点来看，重要的东西是结果，而不是手段。

后果主义的道德正确性标准是一个非常直观的标准，而且符合我们对“实践合理性”的日常理解。因为按照那个理解，在其他条件都相同的情况下，如果你最终选择的那个行动并不具有最好的效果，那么要么你的行动是不合理的，要么你缺乏自我控制。不过，既然后果主义的道德正确性标准的应用关系到评价后果，那么这个标准的应用也就涉及一些复杂性。

第三，经典功利主义是一种积聚式的功利主义，因为这种功利主义做出了这个假设：我们可以对每个人的效用进行“加和”，以便最终得到一个总体效用。在这里，效用被认为是一种可以在不同的个体之间进行分配和测度的东西，我们可以在数量上评价任何两个人的效用，计算它们的净收益。

第四，经典功利主义的最后一个特点是“最大化”。功利主义强调正确的行动是具有最大的净效益的行动，因此在功利主义的思想中就隐藏着一个最大化的要素。从常识的角度来说，这个要素很容易得到实践上的支持。

（四）元伦理学

元伦理学是以逻辑和语言学的方法来分析道德概念、判断的性质和意义，研究伦理词、句子的功能和用法的理论，与规范伦理学相对。1903年摩尔《伦理学原理》一书的出版，是元伦理学兴起的标志。该理论否认可以通过科学的途径对道德判断进行论证，主张排斥一切规范价值体系，只研究道德语言，不涉及道德的实际内容；宣称对任何道德信念和道德原则都抱有“中立”态度。

元伦理学主要研究以下问题：

伦理词或道德概念（如善、恶、义务、正当等）的含义，能否下定义，以及道德判断的性质、意义、作用和使用规则；

伦理词在道德上和非道德上应用的区别，道德判断和其他规范判断的区别；

道德判断能否证明，证明的方法，以及道德和价值的推理逻辑等。

由于对上述问题所得出的结论不同，在元伦理学中形成了不同的派别，主要有摩尔、罗斯、普理查德等的直觉主义，艾耶尔、史蒂文森等的情感主义和黑尔、图尔明、厄姆森等的语言分析伦理学等。这些派别又可以从认识主义和非认识主义、叙述主义和反叙述主义来加以区别。

元伦理学者为了概念的“严密性”和“科学性”，把自然科学的公式、符号引入伦理学，从而加强了伦理学的形式化和脱离实际生活的倾向。这种形式化的、非历史的道德研究方法，决定了元伦理学不可能很好地解决现实社会中的道德问题，因而遭到西方学者的普遍批评。但它研究的课题及其分析方法，已被其他伦理学理论所吸收。

（五）契约论伦理学

关于道德真理，自然法理论家相信，通过审视人性的本质以及人在宇宙中的地位，我们就可以发现某些东西对人类来说是好的，因此，他们就用所谓的“自然的善”来定义道德行为的正确性。功利主义者认为，通过计算一个行动对于人类幸福（或者福利）的影响，我们就可以知道这个行为是不是正确的。直觉主义者认为，道德真理是通过我们的理性直观揭示出来的，而康德则认为，道德真理必须建立在理性的基础上，因此也是可以通过理性揭示出来的。

不过，契约论的道德理论则采取了一种完全不同的探讨方式。契约论的理论家认为，道德原则是被制定出来的，而不是被发现出来的。换句话说，道德原则是某些社会群体通过协议构造出来的，其目的是要维护和促进每个社会成员的合法利益。

社会契约的观点在古希腊智者运动的时候就已经有了讨论。社会契约论在现代的讨论可以追溯到托马斯·霍布斯。在现代社会，面临国家道德等秩序的合法性问题时，这个理论在近代是作为关于政治权威合法性的理论而被提出来的。其经典的倡导者包括霍布斯、洛克、卢梭和康德。作为一种关于政治权威合法性的观念，社会契约论认为，政府的合法权威必须得到被管理者的同意，在这里，这种“同意”，不论是在形式上还是在实质性的内容上，都必须来自契约或相互协议的观念。

在当代，这个传统的最重要的理论家是约翰·罗尔斯，因为其在《正义论》中复兴了社会契约理论，而且显示了它的强大生命力。罗尔斯的理论创新其实主要不是表现在他的正义理论的实质性内容上，而是更重要地体现在那部著作《正义论》显示出来的方法论意义上。继罗尔斯之后，一些当代理论家试图利用社会契约的基本观点来构造一种契约论的道德理论。

社会契约理论具有三个核心概念：自然状态、公民社会、自然法和自然权利。在社会契约理论家的手中，“社会契约”这个概念是一个非常灵活、非常有用的工具，因为他们可以使用这个概念来服务于各种各样的目的。社会契约论理论家之所以能够这样做，是因为他们可以指定不同的人性概念（即人在自然状态中的状态）来满足或实现他们设想的目的，例如，从霍布斯的绝对主权者、洛克的有限政府、卢梭的可疑的民主制，一直到康德的理想共和国和罗尔斯的自由主义的民主政体。在后文政治哲学一讲中，还有对社会契约论更多的探讨。

（六）宗教伦理学

对于人类文明有着重要影响的宗教大多以信仰为基础建立起各种道德行为规范和准则。普通人对于宗教的认识，大多数都是基于其在伦理道德方面的主张。池田大作和威尔逊在《社会与宗教》一书中写道：“宗教既直接在教义中阐述伦理规范，又以教义为依据，间接地制定了各种伦理规范。总之，宗教在现实社会中所表现出的影响力主要在于它的道德规范，另外，道德规范也是宗教的坚实基础。”①

德国哲学家恩斯特·卡西尔亦说过：“事实上，从一开始，宗教就必须履行理论的功能同时又履行实践的功能。它包含一个宇宙学和一个人类学，它回答世界的起源问题和人类社会的起源问题，而且从这种起源中引出了人的责任和

① 池田大作、威尔逊：《社会与宗教》，四川人民出版社，1996，第414页。

义务。”[①]从这段话中，我们可以看到，宗教通过对人类和社会起源问题的回答进而给人类规定了责任和义务，从而建立和规范彼此之间的伦理秩序，由此每个人都明确了自己在社会和宇宙中的位置和角色。

任何伦理道德体系都不可能不和某种精神信仰具有深层关系，道德和信仰的关系问题是伦理学思考无法回避的基础问题。历史上出现的大多数伦理思想体系同样也都跟信仰维度密切相关。在中国，人道离不开天道，谈人的伦理离不开对天道的领悟；在西方，典型的是康德“上帝存在”的伦理预设，人的道德实践与上帝的存在紧密相关。虽然康德是从理性的角度出发来谈论道德的问题，但是在他谈论道德问题的时候，从来没有离开过对于信仰的预设。康德批判纯粹理性，强调理性的有限性，是为给上帝的信仰留下地盘。康德虽然试图用理性来论证道德规则的合理性，但是他所确立的所有道德规则无疑都是基督教的产物。

（七）马克思主义伦理学[②]

马克思主义伦理学是我国主要的伦理学理论形态。马克思主义第一次把唯物主义和辩证法结合起来，阐明了世界发展的一般规律。辩证唯物主义和历史唯物主义是马克思主义最为重要的学说。马克思主义伦理学主要从辩证唯物主义和历史唯物主义的角度出发来思考伦理问题。在后文马克思主义哲学一讲中，还有关于马克思主义哲学的详尽介绍，这里扼要说明马克思主义伦理学的内涵。

首先，马克思、恩格斯依据唯物史观并运用辩证法深刻地揭示了道德的本质、属性、功能和作用。在马克思主义伦理学看来，道德作为社会意识形态是由社会存在决定的，只有从经济基础出发才能科学地说明道德的本质及其变化。正如马克思所说，人们“总是从他们阶级地位所依据的实际关系中——从他们进行生产和交换的经济关系中，获得自己的伦理观念”[③]。

其次，马克思、恩格斯对剥削阶级道德特别是资产阶级道德做出了深刻的揭露和批判，揭示了资产阶级道德的虚伪性和反动性。资产阶级“无情地斩断

---

① 恩斯特·卡西尔：《人论》，上海译文出版社，1985，第120页。

② 关于马克思主义伦理学的介绍，参见《伦理学》编写组：《伦理学》，第38-41页。

③ 《马克思恩格斯文集》（第9卷），人民出版社，2009，第99页。

了把人们束缚于天然尊长的形形色色的封建羁绊，它使人和人之间除了赤裸裸的利害关系，除了冷酷无情的‘现金交易’，就再也没有任何别的联系了。它把宗教虔诚、骑士热忱、小市民伤感这些情感的神圣发作，淹没在利己主义打算的冰水之中。它把人的尊严变成了交换价值，用一种没有良心的贸易自由代替了无数特殊的和自力挣得的自由。总而言之，它用公开的、无耻的、直接的、露骨的剥削代替了由宗教幻想和政治幻想掩盖着的剥削”①。

再次，马克思、恩格斯较为全面地论述了无产阶级的历史使命和无产阶级道德、共产主义道德的主要内容，阐释了无产阶级集体主义道德原则及其道德品质。

最后，马克思、恩格斯还深刻阐述了共产主义道德理想和幸福观。马克思、恩格斯将人的自由全面发展视为共产主义道德理想，强调“每个人的自由发展是一切人的自由发展的条件”②。选择职业应该遵循的主要指针不是“为自己劳动”，而是为“人类的幸福和我们自身的完美”③，并认为“如果一个人只为自己劳动，他也许能够成为著名的学者、伟大的哲人、卓越的诗人，然而他永远不能成为完美的、真正的伟大的人物”④。人们只有为“同时代人的完美、为他们的幸福而工作”，才能使自己达到完美。马克思坚信：“如果完美选择了最能为人类而工作的职业，那么，重担就不能把完美压倒，因为这是为大家作出的牺牲；那时我们所享受的不是可怜的、有限的、自私的乐趣，我们的幸福将属于千百万人。”⑤

---

① 《马克思恩格斯文集》（第2卷），第34页。

② 《马克思恩格斯文集》（第2卷），第53页。

③ 《马克思恩格斯全集》（第1卷），人民出版社，1995，第459页

④ 《马克思恩格斯全集》（第1卷），第459页

⑤ 《马克思恩格斯全集》（第1卷），第459页。

结　语

面对人如何在现实世界中安身立命这一每个人都需要回答的问题，人类历史上产生了不同的伦理学理论和流派。这些理论和流派大多希望告诉人们什么是美好的生活，如何过美好的生活，如何做出正确的行为。伦理学是研究伦理道德的学问，有着悠久的历史。伦理学是整个哲学发展的一部分，关注的是对好生活的反思。通过对于好生活的反思，人们能够更好地在现实社会中安身立命，更好地处理好人与世界、人与社会以及人与自我之间的关系。伦理学在调节社会伦理秩序、引导社会发展的价值方向、提升人们的思想道德素养、促进社会主义精神文明建设等方面都有重要作用。

推荐阅读

阿拉斯代尔·麦金太尔：《追寻美德：道德理论研究》，宋继杰译，南京：译林出版社，2003。

程炼：《伦理学导论》，北京：北京大学出版社，2008。

弗兰克·梯利：《伦理学导论》，桂林：广西师范大学出版社，2002。

康德：《道德形而上学奠基》，北京：人民出版社，2023。

罗国杰：《伦理学》，北京：人民出版社，1989。

徐向东：《自我、他人与道德》（上、下），北京：商务印书馆，2007。

亚里士多德：《尼各马可伦理学》，北京：商务印书馆，2008。

雅克·蒂洛、基思·克拉斯曼：《伦理学与生活》，程立显、刘建等译，北京：世界图书出版公司，2008。

约翰·穆勒：《功利主义》，北京：商务印书馆，2019。

约翰·罗尔斯：《正义论》，北京：中国社会科学出版社，2009。

詹姆斯·雷切尔斯：《道德的理由》，徐宗元译，北京：人民大学出版社，2008。

《伦理学》编写组：《伦理学》（第二版），北京：人民出版社，2019（马工程教材）。

《西方伦理思想史》编写组：《西方伦理思想史》，北京：高等教育出版社，2019（马工程教材）。

《中国伦理思想史》编写组：《中国伦理思想史》，北京：高等教育出版社，2018（马工程教材）。

第八讲　功夫论

一、概论

对个人而言，德性、智慧、才能等都是非常关键的生存要素。然而，这些东西来自哪里呢？是天生的，还是后天培养的，抑或是二者兼而有之？在现实生活中，我们常常会发现有些人天生质美，德性易于成就，而有些人虽努力为善却被私欲纠缠，收效甚微。我们常常指责后者甘于下流，却忽略了他们求善不得的身心基础条件。有些人智慧明达、见解高明，而有些人邪暗郁塞、目光短浅。我们指责后者当提高见识，然而未尝考虑到人的见识与其身心现状具有千丝万缕的联系。有些人心灵手巧，对诸般技艺稍一用心即能“上手”，而有些人心拙根钝，终生苦守一艺而不可得。我们指责后者或努力不够，或方法不善，而不曾着眼于他们缺乏达成技艺所需要的身心自如度。在我们看来，德性、智慧、才能等因素固然有赖于后天培养，而天生本具的材质是后天培养所以可能的基础和前提，甚至决定着后天培养所能达到的最终目的和高度。那么，天生的材质有没有改变的可能呢？中国古代的儒家、佛教及道家道教，皆重视身心的提升与转化，普遍认为人可以通过一定的方法改变天生的身心材质。关于这一方法，以及与此方法相关的践履过程，可以用“功夫”一词进行表述。

与“功夫”相关的是“工夫”一词。学者们普遍认为，工夫这个词在先秦时期并未出现，而是出现于两晋时期，用来表示针对某事所花费的时间、精力以及所具有的造诣。后来逐渐被儒、佛、道等采用，表达与其身心修炼相关的内容。例如儒家有大学之教，其纲领“在明明德，在亲民，在止于至善”。这些目标的达成，取决于“虑”，即正确理解事物的视角和方法，“虑而后有得”。“虑”之所以可能，不仅仅体现在方法的学习上，更重要的还取决于止、定、静、安的身心工夫。这些工夫并不是直接获得修齐治平的方法和原则，而是转化和提升修齐治平方法和原则获得的身心基础。实际上，儒家学说固然包含“工夫”，佛教与道家道教学说同样不乏这方面的内容，甚至有过之而无不及。比如佛教常以止观，也就是奢摩他、毘钵舍那言其修证过程。奢摩他包含欲界定、未到地定、色界四禅、无色界四禅等内容，这些禅定名目并非随意列举，它们之间实际上包含着非常严整的次第关系和身心转化历程。道教亦是如此，以内丹学为例，先有玉液还丹、金液还丹之分，又有炼精化气、炼气化神、炼神还虚之论，精严的次第中同样包含着身心提升和转化的内容。

但是，就学界研究现状而言，这一概念逐渐为儒家所专属，而佛教与道家道教方面的研究则少见运用。近代以来，学者往往将工夫与内圣之学联系起来，以凸显其“修己”的特征。如梁启超指出：“儒家哲学，范围广博，概括说起来，其用功所在，可以《论语》‘修己安人’一语括之。其学问最高目的，可以《庄子》‘内圣外王’一语括之。做修己的功夫，做到极处，就是内圣……以现在语解释之，即专注重如何养成健全人格。”[①]在中国哲学史研究中，有“工夫论”主题，常与心性论对举，研究道德践履的下手问题，如牟宗三言：“但自宋、明儒观之，就道德论道德，其中心问题首在讨论道德实践所以可能之先验根据（或超越的根据），此即心性问题是也。由此进而复讨论实践之下手问题，此即工夫（功夫）入路问题是也。前者是道德实践所以可能之客观根据，后者是道德实践所以可能之主观根据。……以宋、明儒词语说，前者是本体问题，后者是工夫（功夫）问题。”[②]现今学术界，不少学者对此概念有所界定，其含义逐渐明晰起来。杨儒宾教授提出，儒家工夫论研究“强调个人修行所引发的

① 梁启超：《儒家哲学》，上海人民出版社，2009，第34-35页。

② 牟宗三：《心体与性体》（上），上海古籍出版社，1999，第7页。

生命境界之提升，包含其方法及其境界之叙述”[1]，将工夫概念析分为儒家的修行方法与修行境界。由于“工夫”渐具专属性，所以在表达身心修证与转化这一在中国古代哲学中具有普遍性的现象时就显得力不从心。在这种情况下，我们倾向于采用专属性较弱的“功夫”一词表达同样的内容。

倪培民教授曾对这一概念做出过精彩的说明，指出此概念包含三个因素：一是恰当的方法，即功夫修炼所用的原则和方法；二是按照修炼方法进行长时间的践行修炼；三是长时间按修炼方法修炼而获得的“才艺、能力”[2]。关于功夫概念的三方面界定是非常全面的。不仅如此，这三个层次之间亦存在着紧密的关联：第一层次的原则和方法是第二层次修炼的规范，而第一、第二两层次和第三层次之间则构成一对因果关系，即依修行原则和方法长时间修行是因，修行所获得的“才艺、能力”是果。然而需要指出的是，倪培民教授关于功夫的定义，特别凸显了特定的才艺、能力在其中的地位。严格讲，这一定义适合解释作为一门技艺的功夫，如果用于儒家、佛教与道家道教则尚需补充。技艺的功夫关注点在于才艺、能力的获取，而儒家、佛教与道家道教功夫的关注点在于才艺、能力获得的同时身心所发生的变化，以及由这种变化所获得的或贯通天人、或解脱烦恼、或得道成仙的终极境界。

二、儒家的修身功夫

相对于佛教与道教，儒家较少提出具体的身心修养方法，但是他们并不缺乏关于身心修养与转化的表述。《论语》载孔子之言：“吾十有五而志于学，三十而立，四十而不惑，五十而知天命，六十而耳顺，七十而从心所欲不逾矩。”（《论语·为政》）这显然是一个按时间论列的功夫次第。孟子亦曾言：“可欲之谓善，有诸己之谓信，充实之谓美，充实而有光辉之谓大，大而化之之谓圣，圣而不可知之之谓神。”（《孟子·尽心下》）善、信、美、大、圣、神亦是修养由浅到深的表述。但这种表述多与个人体验相关，并没有像佛教与道教那样

① 杨儒宾、祝平次：《儒学的气论与工夫论》，台湾大学出版中心，2005，导论第12页。

② 倪培民：《将“功夫”引入哲学》，《南京大学学报》（哲学·人文科学·社会科学）2011年第6期，第88-90页。

总结出具有普遍意义的身心转换模式。因此，讨论儒家的功夫之说，我们不妨从几个与次第相关的关键性环节谈起。

（一）儒家功夫行为的始点

功夫通常体现为主体的身心行为，但并不是任何行为都可称作功夫，功夫行为必然包含某些特殊的规定性。这就像一般人的写字行为和书法家的创作之间，必然存在见识和能力的差别一样。儒家功夫行为的始点问题，是指追问儒者的行为在何种意义上开始算是功夫行为。儒家特别强调立志，孔子言“吾十有五而志于学”（《论语·为政》），孟子言“可欲之谓善”（《孟子·尽心下》），皆将志向的自觉生起作为为学、求道的起始阶段。如果从最广泛意义上言，发于儒者志向的任何行为都可算作功夫行为。但是标准稍微严格一点的话，只有那些发于儒者志向且已具备某些特殊因素的行为才算作功夫行为。比如孟子说“有诸己之谓信”（《孟子·尽心下》），这是伴随发于“可欲”的行为所产生的内心觉受。具备这些觉受，主体的行为才称得上功夫行为。由于人的内心世界具有无限丰富性，那么由特定行为所引发的觉受也绝不是单一的。由此问题又来了：究竟什么样的觉受才更符合功夫的内涵呢？人世间的任何技艺，都有一个“入门”问题。所谓“入门”，是指技艺的学习者已经掌握了技艺的基本原则，这些基本原则与技艺的本质规定具有某种一致性，学习者从而具备了脱离老师而独自修学的能力。按照这种理解，“入门”之前的行为由于尚未与技艺的本质规定相符合，只能算作技艺功夫的学习阶段；只有“入门”之后，技艺学习者的行为才算作功夫行为。从这个意义上看，儒者的行为如果是功夫行为，那就需要具备儒家一以贯之的某些特定因素，比如孔子的仁、孟子的四端、宋明儒家的心体等。

（二）儒家功夫体系的终点

所谓儒家功夫体系的终点，并不是指儒家功夫行为的终结之处。功夫行为是一种自觉而有意识的主动行为，这意味着在行为发动的过程中，主体需有所“作意”。如果缺乏这种“作意”，便有可能导致行为的终结。孔子言其“七十而从心所欲不逾矩”（《论语·为政》），“从心所欲”说明已不再“作意”，“不逾矩”则说明虽不“作意”，但功夫的境界未曾堕落和丧失。《中庸》言“诚者”“不勉而中，不思而得”，“诚之者”则是“择善而固执之”，前者无意而后者有心。孔子感叹颜回：“惜乎！吾见其进也，未见其止也。”（《论语·子罕》）颜回好学，“得一善则拳拳服膺而弗失”，这是他精进不已的一面。但他的精进尚是有心为之，“拳拳服膺而弗失”即他用心于持善的表现。这表明他尚未做到无心而自然合于大道，故孔子感叹“未见其止也”，未能达到“不勉而中，不思而得”的中道境界。由此可知，儒家功夫修证的终点是指无“作意”而功夫行为持续不息。为什么能够达到这种境界呢？这与人和天道的相合有关。通过持续的功夫修证，主体将自己的行为嵌入天道的韵律和格式中，自然达到无人心而合天心的境界。

（三）儒家功夫行为的表达形式

不论是在技艺领域还是在儒学范围内，功夫都是一个具有多重意义的复杂概念。与此相关，功夫行为也不仅仅是发于主体意志的抽象概念，它还包含不同于人的一般行为的特殊因素，这从倪培民及其他学者的论述中都可以看出来。倪培民指出：“‘实践’和‘行为’之所以无法取代‘功夫’，正是功夫概念比‘实践’和‘行为’要丰富得多。从功夫概念出发，可以防止我们将实践或行为简单地看作是由主体的自由意志决断的结果，看到有效行为的根源不是抽象意义上的行为者，而是具备特定能力或功夫的行为者……从‘功力’的角度看，功夫是本体的性质，是通常需要长时间实践修炼、有恰当的方法指导而获得或者开发、彰显的才艺、能力。”[①]如果我们从功夫行为中抽离了不同于人的一般行为的特殊因素，那么单纯这些行为还能不能被称作功夫行为呢？或许不能，因为这些行为不再包含作为功夫重要组成部分的效验，主体也不再具有与这些效验有关的特殊身心存在形式。这些行为就一定因此被还原为一般行为了吗？当然也不能这样说，因为这些行为还包含一般行为所不具备的身心约束机制，还具有产生功夫效验、塑造特殊身心存在形式的潜能与契机。儒家的身心修养功夫与日用常行密切相关，不像佛教与道教那样独立而完整。但这并不等于儒家将其功夫仅仅体现在自然的日常行为中，实际上，他们同样有着严整而次第

① 倪培民：《将“功夫”引入哲学》，第89页。

井然的功夫形式。

1.礼乐以体仁

小邦周战胜大邦殷后，天命靡常的观念得到了证实和加强。他们相信，政权的赐授和维持并不是永恒的，而是与自身的行为密切相关，德行是邀获天命的根本因素。所以，周代从建立之始就充满了浓厚的人文精神，其统治者将事物的吉凶成败与自身联系在一起。他们建构了一套极为复杂的礼乐体系，除了用以文饰宗法封建制度，还具有化约日常行为、检束身心以及沟通天人的功用，试图将周代统治阶层纳入一个道德团体。周人一直在探讨“德”，他们将文王作为理想的德性人格。礼乐传统可以说是文王人格的典礼化，按照礼乐传统安排国家及个人的活动，就意味着如同文王那般具有克配天地的德行。这不是简简单单的模仿和规范，而是通过这种模仿和规范实现塑造和提升人格的目的，使一个平常的人真的达到文王那般的境界。从这个角度看，礼乐体系作为行为范式无疑具有一定的功夫意义。

春秋时期礼乐已经崩坏，最明显的表现就是这一体系不再具有政治效力。春秋时期的士人君子开始对礼乐进行反思，试图恢复礼乐的荣光。孔子生在鲁国，自小便接受礼乐训练。针对礼崩乐坏的情况，他并没有采取否定的态度，而是相信解决之道就藏在礼乐之中。孔子认为，礼乐崩溃的根本原因在于失去了内在的精神性因素。他的伟大贡献在于直接点出礼乐的精神性因素，并将其命名为“仁”。礼乐表现在国家、个人的方方面面，“仁”这一精神性因素自然也具有诸多面向和层次。不管这些面向和层次多么复杂，都与主体通过礼乐践履而产生的内心觉受相关。这些觉受亦可具有多种规定，但根本规定则与礼乐行为以及实践这些行为的主体密合无间相关。也就是说，仁这一精神性因素不是孔子主观附加给礼乐体系的，而是在践履礼乐行为的过程中所呈现在心灵上的真实境界。由礼乐践履所呈现的仁的精神境界不仅仅是个人之事，它还具有上达于天的可能。这种上达除了具有实证天命之存在的功效之外，还因这种实证而获得上天真实的加持和庇佑。

孔子在其思想体系中特别强调孝这样一种道德情感，由于孝在人伦意义上具有普遍性的价值，这实际上等于在礼乐之外为儒家开辟了一条新的功夫之路。孟子对此有所继承，他特别强调道德之心的发现和扩充。在他看来，心灵凝定是道德之心呈现和扩充的前提。孟子又专注于道德之心独立和普遍价值的论证，这意味着他将道德之心视为人之本心。除此之外，孟子在谈论人心的同时，往往与气这一概念联系起来，这说明孟子在其修养体系中重视身体因素。孟子认为，道德之心的呈现和扩充不仅仅是心灵上的事情，还伴随着身体的转化以及这种转化所带来的力量和能力。在他看来，仁义礼智一旦根于心，便会带来"睟然见于面，盎于背，施于四体"（《孟子·尽心上》）的"生色"现象；一旦内心具有了坚定不移的道德信念，便会有至大至刚的浩然之气生发以至于塞于天地之间。修心便与修身和养气联系起来。在天人关系上，孟子遵循天人贯通的传统，将人心的德性层面视为通往上天的密道，甚至认为上天就在人心之中。

2.静坐以见体

孔子建构了践礼而体证仁心、由仁而通达天道的功夫体系。对仁的体察和涵养，乃至与天道的贯通都是在礼乐行为中完成的。孟子提倡欲求的扩充，提倡道德本心的觉醒，但在其身心修养体系中亦有礼乐的影子。他说："动容周旋中礼者，盛德之至也。"（《孟子·尽心上》）正是不弃礼乐的明证。宋明儒家继承了先秦儒家的内圣之学，其功夫修养形式多种多样，涵养、察识、居敬、穷理、读书、静坐等等，不一而足。在这诸多功夫践履形式中，静坐别具一格。宋明儒家非常重视体证心体和性体，也就是所谓的"见体"，"见体"常被视为功夫下学而上达的枢纽。"见体"有赖于心灵的静定，而静坐则是达到深层次静定的重要方式。在这个意义上，静坐成为不少宋明儒家都推崇和采纳的功夫修养方法。

宋明儒家为什么特别重视静坐呢？这首先与时代风气有着密不可分的关系。唐末五代直到宋初，佛教异常兴盛；除此之外，道教内丹学也异军突起。这两家皆重视静坐这种形式的内修之学，流风所及，宋明儒家受其影响，也不足为怪。当然，最重要的还在于静坐在身心修养上的效验非常显著。陈立胜教授指出，儒家静坐在修身学中的意义大致可从四个方面去理解："（1）静坐乃修身功夫之入处，可借之而观未发前气象、默识仁体、养出端倪、见性、悟道。（2）静坐可收敛身心，澄息思虑，而与读书观理成为功夫两轮之一轮，或"补小学收放心一段功夫"。（3）静中可观天地生物气象，而见天心、天地生物之心。

(4) 静坐可作为省过、忏悔之有力手段。”[①]严格讲，这四个方面实际上可以进一步归纳为具有递进关系的两个方面：一是收敛身心，澄息思虑；二是在此基础上观己心、观天心，从而默识仁体、见天地之心等。至于省过、忏悔，不过是收敛身心、澄息思虑的前行。简言之，儒家静坐功夫体现在静定与静观两个方面。当然，这两个方面往往纠缠在一起。比如静定以默识仁体，而仁体的呈现往往又是静定的根本保证。再比如观未发前气象，而未发恰恰又是静观所以可能的必要条件。

（四）儒家功夫的身心效验

儒家静坐功夫的两个方面都涉及“静”，实际上这一概念不仅为宋明儒家所重视，而且还来自一个古老的传统。前文所言《大学》之中有止、定、静、安之功，而这样的心灵境界主要是通过礼乐践履来达成的。由此看来，心灵的静定可以说是儒家功夫的首要目的。在儒家看来，人的德行和智慧不仅仅是天生的，它们与后天的培养也密切相关，提高德行和智慧的办法便在于通过功夫以提升和转化身心。身心的改变需从心灵的凝定入手，也就是《大学》所谓的“止”。要想使散乱的心灵凝定下来，便需要一个系心的对象。儒家重视道德情感，道德情感可视为系心的对象。选择道德情感作为系心的对象，除了由于道德情感易于发现和培养外，还有其理论和实践上的必然性。儒家秉承礼乐传统的根本精神，不单单追求个人之成就，而是将修齐治平融为一体，由成己而成人甚至成物，这便需要一个生发同情之理解的基础。这种基础的达成需以消解人、我之间的隔碍为前提，道德情感所具有的超越小我的作用和价值，恰恰具有摧伏人、我间隔的力量。这样，道德情感不仅可以作为系心之所，而且还是儒家化成天下的根本目的达成的前提。基于这两点，道德情感的发现和培养成为儒家功夫修持最主要的入手之处，并由道德情感反观心体，使之呈现出来。我们可以看到，儒家的功大实践，无不要求把注意力集中在内心，去体察无私无情无欲无念的纯粹心灵状态。

在影响心灵凝定的诸般因素中，身体是最根本的。身体的状态影响心灵的

---

① 陈立胜：《静坐在儒家修身学中的意义》，《广西大学学报》2014年第4期，第2-10页。

状态，身体发生变化心灵也会发生相应的变化。外物对心灵的干扰，是通过作为身体组成部分的感官达成的。甚至覆蔽心灵的情感，也多是身体因素在意识上的反映。因此，功夫修证过程必然包含身体的转化。当然，随着心灵的凝定和相关德性的养成，身体自然会发生一定的变化，这种变化甚至会反过来进一步促进心灵境界的提升。但不过由单纯心灵的凝定所引发的身体变化是不彻底的，它无法保障心灵凝定状态的绝对坚固，也无法给予心灵杜绝外诱和内扰的力量。这一点在儒家功夫修养体系中是不明确的，但在道教内丹学及佛教禅定体系中有着清晰的认识。道教人士对儒家默识心体、察见天理的功夫是肯定的，但对于此后本体即将发为外用的过程持反对态度。这是因为在他们看来，默识心体、察见天理是一回事，进一步消除掉身体对于心体、天理的干扰是另外一回事，后者并不必然包含在前者的功夫过程中。

三、佛教的止观功夫

佛教源自印度，自汉代传入中国，隋唐时期形成中国化的宗派，完美地融入中国文化之中。中国佛教宗派，不论是天台、禅宗还是密宗、净土，都有其功夫修证体系。但无论这些体系多么各具特色，其内核不外奢摩他与毘钵舍那。故我们在叙述佛教功夫论时，抛开派别，直接以奢摩他、毘钵舍那为对象。奢摩他汉译为止，毘钵舍那汉译为观。佛教认为，大乘、小乘乃至人世间的功德，都与奢摩他和毘钵舍那相关。《解深密经》载："一切声闻及如来等，所有世间及出世间一切善法，当知皆是此奢摩他、毗钵舍那所得之果。"[①]故知奢摩他与毘钵舍那是佛教修持功夫的基础与核心。

（一）奢摩他的所缘与轻安

关于奢摩他的定义，《解深密经》云："即于如所善思惟法，独处空闲，作意思惟，复即于此能思惟心，内心相续作意思惟，如是正行多安住故，起身轻安及心轻安，是名奢摩他。"[②]所谓善思惟法，即佛教经典所言的五蕴、十二处、

① 《解深密经》卷第三，载《大正新修大藏经》第十六册，第701页。

② 《解深密经》卷第三，载《大正新修大藏经》第十六册，第698页。

十八界等法相，这是修习奢摩他的所缘。成就奢摩他需要两个条件：一是心安住于所缘，二是生起身心轻安。这两个条件充分显示了佛教奢摩他的功夫特征。

1.所缘的意识构造性

所缘又称所缘境、所缘境事，是修习奢摩他过程中心灵专注的对象。《瑜伽师地论》将所缘分为四种：遍满所缘，净行所缘，善巧所缘，净惑所缘。遍满所缘又称周遍所缘，包括有分别影像、无分别影像、事边际性、所作成办四种。严格而论，遍满所缘并不是奢摩他修习中心灵专注的具体对象，而是这些对象所具有的性质和通过专注于这些对象所能获得的成果。净行所缘包括不净、慈愍、缘性缘起、界差别、阿那波那念五种，通过对这五个对象的专注和观察，可以清除心灵上贪、嗔、痴、慢、寻思五种染污。比如以不净为所缘，指攀缘发、毛、爪、齿、体垢、流涎、皮、肉、白骨、筋、脉、心、肝、肺、脾、肾等三十六种身内不净之物，及死相、胀相、青瘀相、脓烂相等九种尸体变化外在不净。当心灵专注于这些对象的时候，心中的贪欲便会消失。以慈愍为所缘，指对于亲友、怨敌及无关者，怀以平等给予他们利益安乐的心态。专注引发慈心的对象并保持住这种慈心，即可消除心中的嗔念。以缘性缘起为所缘，即将过去、现在、未来三世诸法视为因缘关系，除了因缘之外，并没有作者及受者。令心意专注于这种现相之上，可以对治愚痴。以界差别为所缘，指区分地、水、火、风、空、识六界差别。心灵专注于这些差别之上，可以使骄慢之心平息。以阿那波那念为所缘，即以入息出息念为所缘。心灵专注于出入息念，可以消除心灵的分别和散乱。善巧所缘有五种，即蕴善巧、界善巧、处善巧、缘起善巧、处非处善巧。当我们以蕴、界、处、缘起、处非处为所缘时，一方面可以凝定心灵，同时又可以获得缘起性空的见解，一举两得，故称善巧。净惑所缘分为两种：一是专注于下地粗性上地静性，这是世间道净惑所缘，可以暂伏烦恼现行；二是专注于四谛十六行相，这是出世间道净惑所缘，可以断除烦恼种子。除了这些所缘之外，佛教中的每一分派又有自己特殊的所缘。比如在中国佛教宗派中，华严宗以法界缘起为所缘，天台宗以三谛圆融为所缘，禅宗则以心性本体为所缘。在藏传佛教中，格鲁派通常以佛、菩萨的身相为所缘。

所缘虽然种类繁多，但它们具有一个共同的性质，即这些所缘都是影像而非实物。影像又称“所知事同分影像”，“所知事”指不净、慈愍、缘性缘起、界差别等对象，“同分”即相似性，“所知事同分影像”即指意识中现起的与实物类似的相状。但是，并非意识所起的任何相状都是修习奢摩他的影像。《瑜伽师地论》云：“由三摩呬多地胜解领受、相似作意领受，彼所知事相似显现，由此道理名所知事同分影像。”[①]三摩呬多即等引，也就是持续平等的禅定心灵状态。当主体以这种心灵状态观察事物时，往往引发确定无疑、不可引转的见解，也就是“胜解”。以此胜解为基础，意识中所现起的相状即奢摩他意义下的影像，亦称所知事同分影像。

在修习奢摩他的过程中，影像不是一下子就建立起来的，而是需要一定的时间和善巧的方法。所谓善巧的方法，即保持影像明显而坚固的方法，主要指通过破除昏沉和掉举而修习正念和正知的方法。正念即心专注于所缘，正知即在心专注或离开所缘时保持觉知。从所缘之境的角度看，所缘的明显和坚固是追求的目标；而从能缘之心的角度看，所缘的明显和坚固恰恰反映了心体的专注和持续。因此，以影像为所缘的奢摩他修习，表现为心灵内住、等住、安住、近住、调伏、寂静、最极寂静、一趣，乃至等持九种行相。

2.轻安与身心转化

即便达到“等持”，也不必然意味着已经证得奢摩他。在尚缺身心轻安的情况下，此种境界通常被称为随顺奢摩他。《解深密经》云：“世尊，若诸菩萨缘心为境内思惟心，乃至未得身心轻安，所有作意，当名何等？佛告慈氏菩萨曰：善男子，非奢摩他作意，是随顺奢摩他胜解相应作意。”[②]弥勒菩萨问佛陀：如果有菩萨摄心内住，经历九种行相但未获得身心轻安之前，这种境界称作什么？佛陀告诉弥勒菩萨，这种境界并不是奢摩他，而是随顺于奢摩他的一种作意。佛教修持有八种根本禅定，即色界初禅、二禅、三禅、四禅，与无色界空无边处定、识无边处定、无所有处定、非想非非想处定。在进入八种根本禅定之前，修持者要经历一个临近于根本禅定的境界，这种境界被称为“近分定”。八种根本禅定皆有近分定，初禅之前的近分定称为未到地定，又称未至定。八种近分定中初禅之前的未到地定最为主要，因为此种未到地定邻近多灾多患的欲界，具有厌离烦恼而达到无漏的可能。奢摩他即指这种禅定。在修习奢摩他的九种

---

① 《瑜伽师地论》卷第二十六，载《大正新修大藏经》第三十册，第427页。

② 《解深密经》卷第三，载《大正新修大藏经》第十六册，第698页。

行相中，“等持”甚至“等持”之前的“一趣”，由于心灵专注力量的增强，已经具有了一定程度的暂伏烦恼的能力，具有和真正的奢摩他相似的功能，所以被称为随顺奢摩他。《瑜伽师地论》云：“或有阙轻安故，名非定地。谓欲界系诸心心法，彼心心法，虽复亦有心一境性，然无轻安含润转故，不名为定。”[①]随顺奢摩他和真正的奢摩他之间的区别在于是否获得身心轻安。在没有获得身心轻安之前，即便有心境合一的状态，也不被称为未到地定。这是因为未到地定与色界相关，而缺乏身心轻安的随顺奢摩他系属于欲界，被称为欲界定或世俗禅定。

什么是轻安呢？《阿毗达摩集论》云：“何等为安？谓止息身心粗重身心调畅为体，除遣一切障碍为业。”[②]所谓轻安，是一种消除身心粗重的能力，它具有遣除一切身心障碍的功能。所谓身心粗重，指有关身心的种种善行，不能够随欲而转。譬如我们要断除某种烦恼时，身体具有迟重不堪而不听使唤的感觉，心灵具有不能专注而散乱不堪的状态，前者是身粗重后者是心粗重。断除身心粗重，身体便会变得轻快伶俐，心灵便会变得凝定专注，断除烦恼修习善行便可游刃有余。身心两种轻安的获得亦有次序，先是证得心轻安，然后再证得身轻安。如《瑜伽师地论》云：“彼于尔时不久当起强盛易了身心轻安心一境性。如是乃至有彼前相，于其顶上似重而起非损恼相。即由此相于内起故，能障乐断诸烦恼品心粗重性皆得除灭。能对治彼，心调柔性心轻安性皆得生起。”[③]实际上，在一开始修习奢摩他时就有身心轻安生起，但微细难知，其表现不太明显。真正圆满明显的轻安生起通常伴随着一些前兆，那就是头顶上产生愉悦的沉重感。这种感觉一旦生起，便能够消除妨碍人们去断除烦恼的心理，即心中产生了愿欲断除烦恼、修习善法的倾向，这便是心轻安。心轻安产生之后，身轻安方得生起。《瑜伽师地论》云：“由此生故有能随顺起身轻安风大偏增众多大种来入身中。因此大种入身中故，能障乐断诸烦恼品身粗重性，皆得除遣，能对治彼。身调柔性身轻安性，遍满身中状如充溢。”[④]身轻安接着心轻安随顺

① 《瑜伽师地论》卷第十三，载《大正新修大藏经》第三十册，第344页。

② 《大乘阿毗达磨集论》卷一，载《大正新修大藏经》第三十一册，第664页。

③ 《瑜伽师地论》卷第三十二，载《大正新修大藏经》第三十册，第464页。

④ 《瑜伽师地论》卷第三十二，载《大正新修大藏经》第三十册，第464页。

而起。这是因为证得心轻安后，诸风大种便会进入奢摩他修习者的身中。当进入身中的诸风大种在身内流转时，便会把属于妨碍人们断除烦恼的身体性因素消除掉，即获得自由断除烦恼的身体能力，也就是身轻安。身轻安流遍全身，充满于身中。如果说心轻安是断除烦恼、修习善法的心理倾向，那么身轻安就是断除烦恼、修习善法的身体能力。

（二）毘钵舍那思择真理与解脱

关于毘钵舍那的定义，《解深密经》云："彼由获得身心轻安为所依故，即于如所善思惟法，内三摩地所行影像，观察胜解舍离心相，即于如是三摩地影像所知义中，能正思择、最极思择、周遍寻思、周遍伺察，若忍若乐若慧若见若观，是名毗钵舍那。"[①]通过奢摩他的修习，以散乱和昏沉为主的心境被抑制，修习者达到"善心一境性"的定心状态。然而奢摩他并非佛教实践所追寻的终极目的，得到定心仅仅是佛教精神实践的基础，只有处于定心才能够以正思择、最极思择、周遍寻思、周遍伺察的思惟形式洞见"真实"，证知真理，从而获得解脱。

1. 毘钵舍那思惟真理的总体原则

《瑜伽师地论·真实义品》曾提出假说自性与离言自性两个概念。假说自性指主体借助名言对事物产生的认识，离言自性则是指脱离名言的事物本身，也就是真实义。假说自性虽由名言概念而生，但究其本质则与离言自性无二无别。然而，一旦将假说自性执为真实，则是于真实义之上而起增益执，破坏了对真实义的理解。根据"心、心所相应"的原则，认知的生成，必须是同一刹那、同一"心品"各各元素共同发挥功能的综合性结果。比如对一个青色瓶的认识，首先第一刹那眼根直接执取作为外境的显色（varṇa）和形色（saṃsthāna）。与此同时，眼识与受、想等心所法同时生起。在第一刹那中眼识所见的仅仅是处于"合集"（saṃcaya）状态的显色和形色，并不能产生对青色瓶的认识。在随后的一刹那现起的意识中，想心所便以主导的形态发挥了强盛的功能。即通过缘取名身而发生一种"综合性"的表象作用，意识从而将显色、形色以"假合相"的形式显现出来。从此之后，意识的所缘对象便是真实之外的"名"。由此

① 《解深密经》卷第三，载《大正新修大藏经》第十六册，第698页。

可见，凡夫不能直接认识真实存在的原因在于，想心所发挥作用后认识目光发生了转向，即认知朝向名法、名身。如果在这一过程中认识到名法、名身是缘于名言概念的一种建构，则名法、名身即假说自性。如果将其执为真实，则称为遮蔽真实义的增益见。根据佛教的说法，解脱之路在于以慧心所思惟共相（四谛十六行相），《真实义品》则强调以四种如实智了知八种分别。不论是以慧心所思惟共相还是以四种如实智了知八种分别，都意在强调通过如理思惟而现证真理。但是，散乱之心是没有力量从事这种深刻而长久的思惟活动的。《解深密经》指出，只有以身心轻安为所依，方能够于善思惟法内三摩地所行影像，观察胜解。也就是说，必须经过奢摩他的训练，方具备现观真理的可能。因此，从修习次第上讲，毘钵舍那当在奢摩他证成之后。

2.四种善根与见道

在思惟四谛十六行相时，修习者会次第引发四种善根：暖、顶、忍与世第一法。首先引发的是暖善根。也就是说，修习者在认识所缘境的时候会有殊胜的智慧生起。此时的智慧能断一切烦恼，就如同火能够烧掉所有的木柴一样，所以将这个阶段的善根称为“暖”。此时，五蕴中的智慧发生剧烈的作用，就像火一样能将五蕴燃烧殆尽而不再相续，由此而被称为暖善根。观行者处于暖善根修习阶段的时间可以很长，有充裕的时间对四谛真理不断观察，直到暖善根修习纯熟为止。

暖善根经过下、中、上三品修习纯熟之后，此时的修所成慧的洞察能力明显优越于暖位阶段，观察到一切有为法都被无常猛火所焚烧，由此对四谛真理产生“随顺信”，此阶段被称为“顶”位。在此阶段之中，观行者同样以十六行相来观察四谛真理。暖位之后生起的善根为何称为“顶”？相对于暖善根阶段来说，顶善根所经历的时间明显要短。就像登山的人行至一个山顶，如果没有其他障碍，他便会向着下一个山顶行进，如果体力不支那么便会由此而下山。因此，相对于上山所用的时间来说，在山顶使用的时间是极其短暂的。因此，此阶段的善根便被称为“顶”。

四善根位的设置次第是逐渐逼近无漏智发生的，即四善根中每个阶段慧的认识能力不断提升，以便无限接近于无漏智。暖、顶二善根的命名便是从认识能力的渐进来考虑的。然而，忍善根的命名却是从对四谛真理的接受性方面来设置的。四善根中忍位对于四谛真理的“忍可”能力最强，因此而被称为“忍”。忍位相对于暖位和顶位在各方面都表现出了明显的优势，因此从忍位开始行者便不会再退堕。忍位的具体实践过程可以详细划分为三个阶段：下忍、中忍、上忍。下忍阶段的所缘和行相与顶位相同，都是以十六行相观察四谛。但从时间上来说，下忍修习纯熟仅仅为三十二刹那，换句话来说，即一刹那观一行相，从欲界苦谛下的非常行相开始 直到上二界道谛下的“出”行相。下忍修习纯熟以后便进入中忍阶段，中忍的所缘和行相亦与下忍位相同，但进入中忍位后在观行中开始“减缘减行”，从上二界道谛下的“出”行相开始逐渐缩减所缘和行相，直到中忍位最后二刹那观欲界苦谛，第三刹那便进入上忍位。

上忍位无间产生的一刹那心、心所法被称为“世第一法”，它们的所缘和行相与上忍位相同——欲界苦谛下四行相之一。世第一法位之一刹那后，有情的认识能力发生了“质的变化”，便能现观四谛真理而进入见道位。在这个意义上来说，世第一法位是有情舍“异生性”而进入圣者位的门槛。

在四加行阶段对四谛真理的观察，慧心所虽然已经能够观察到十六种共相，但是此时的慧还是“有漏慧”，它分别共相的能力还不能达到极致，因而对于十六共相的观察还是如同“隔纱观物”一般。紧接着世第一法之后，行者便能生起无漏智，从而重新观察四谛真理。观察方式和四善根位相同，都是先从欲界苦谛一直到上二界道谛。这种观察方式是为观行者逐渐提升观察能力而设定的。对于四谛真理的直观也被称为“现观”，即慧心所对四谛真理的直接把握，此时慧心所的十六种理解模式和相对的十六种存在模式完全吻合，被称作现观。现观阶段中对于真理的直接把握包含十六刹那，前十五刹那被称为“见道”，第十六刹那被称为“修道”。由“见道”和“修道”即可得解脱。佛教的解脱过程，实际上是奢摩他与毘钵舍那的功夫过程。

四、道家道教的炼养功夫

对于老、庄而言，道生万物，而万物又偏离于道。人和万物的根本目的便是向道回归，回归的方法即超越知识、消解自我。进一步说，道家认为一切人为都是与道相违的，故其通过功夫否定语言、知识、肉身，以把握那绝对的道，从而实现与道的合一。道家与道教的关系（尤其与内丹学的关系），是道教研究的一个基本问题。道教内丹学的代表人物无不强调其理论体系与道家思想相关，往往将其传承推至黄帝、老子以及庄子。有学者注意到，不论是内丹修炼理想境界的设定，还是具体的修炼方法，都可从道家思想中找到源头。从炼养功夫的角度看，二者实有一致之处。

（一）道家“日损”的功夫之路

《老子》首章载：“道可道，非常道；名可名，非常名。”就其本质而言，道是不可知的；对于人类语言而言，道是不可企及的。庄子将道的神秘性予以更详尽的表述，《知北游》载：“道不可闻，闻而非也；道不可见，见而非也；道不可言，言而非也。知形形之不形乎？道不当名。”闻、见、言、名是人的认知方式，可以用来指涉一切实在、关系和过程，但对于道却是无效的。然而人虽然无法用语言与道沟通，但道确实是万物、人类及意义世界的根源。《老子》第三十四章云：“大道泛兮，其可左右。万物恃之以生而不辞，功成而不有，衣养万物而不为主。”第四十二章云：“道生一，一生二，二生三，三生万物。”这些话“皆表示道之生成性、实现性”[①]。老子此义，庄子亦曾继承。《大宗师》载：“夫道，有情有信，无为无形，可传而不可受，可得而不可见，自本自根。未有天地，自古以固存。神鬼神帝，生天生地。”鬼、帝因道而神，天、地因道而生，道是一切存在的根源。

人和万物虽由道所创生，但作为被造物人和道又是偏离的。《老子》对人的德性、知性乃至感觉，都持否定态度。第十八章云：“大道废，有仁义。”第十九章云：“绝仁弃义，民复孝慈。”这是对道德的否定。第十九章又言：“绝圣弃智，民利百倍。”这是对知性的否定。第五十章言：“五色令人目盲，五音令人耳聋，五味令人口爽。”这是对感觉的否定。德性、知性与感觉是现象意义上的人的组成部分，老子对它们均持否定态度，这说明他认为人与作为本原的道是偏离的。在这一点上，庄子比老子论述得更为深入。庄子认为，人有一种与生俱来的能力，能够将自身与事物从无差别的道中分离出来而实现个体化，这就

① 牟宗三：《才性与玄理》，广西师范大学出版社，2006，第137页。

是“成心”。《齐物论》曰：“夫随其成心而师之，谁独且无师乎？”成玄英云：“夫域情滞着，执一家之偏见者，谓之成心。”[①]“成心”是一己之偏见，也就是人的前见，任何人都有“成心”，它是“是非”所以可能的根据。然而，“是非之彰也，道之所以亏也”（《齐物论》）。这是说，每一种知识体系都必须采取一定的思维模式，无论何种思维模式都是一边之见。这是因为有所是就有所非，有所非即无法给予人全体的、绝对的认识。道因“是非”而亏，以“是非”为判断形式的人显然与道是偏离的。

人由道创生，而人又与道偏离，那么纠正这种偏离而向道回归，无疑是人最深沉的目的。不论老子还是庄子，都试图通过对自我的消解以实现这个目的。《老子》第四十八章载：“为学日益，为道日损。损之又损，以至于无为。”“为学”指探求关于对象的知识，这类知识需要积累，故要“日益”。道不能被对象化，那么“为道”的过程只能是不断减损日常固化的知识。减损到自我不再参与而完全因任事物自身，才有可能对道有所体会。《老子》第十八章言：“致虚极，守静笃，万物并作，吾以观复。”要想回归大道，需要虚静到极点，这与“为道日损”是一致的。《庄子·大宗师》载：“堕肢体，黜聪明，离形去知，同于大通。”只有遗忘了自己的肢体，摆脱了自己的聪明，不执着于形体和知识，方能够与大道融为一体。《庄子·天地》载：“黄帝游乎赤水之北，登乎昆仑之丘，而南望还归，遗其玄珠，使知索之而不得，使离朱索之而不得，使吃诟索之而不得也。乃使象罔，象罔得之。黄帝曰：异哉，象罔乃可以得之乎？”玄珠指道，知即知识，离朱指聪明，吃诟喻言辨，按照《释文》象罔“若有形，若无形”，以喻不执于有无、是非等相对的范畴。成玄英曰：“离娄迷性，恃明目而丧道，轩辕悟理，叹罔象而得珠。勖诸学生，故可以不离形去智，黜聪堕体也。”[②]知性、感官与言辨皆不能得道，只有放弃知识方能够索玄珠于赤水。这样一种消解知识和语言的道路，显然是一种独特的功夫形式。

---

① 郭庆藩：《庄子集释》，中华书局，2018，第68页。

② 郭庆藩：《庄子集释》，中华书局，2018，第423-424页。

（二）道教内丹修炼功夫的基本程序

道教内丹修炼以精气神为对象，以阳神成就、得道成仙为目标。经过历代高道的完善，形成了一套次第严整的修炼体系。有清静丹法、彼家丹法、龙虎丹法之分，有炼精化气、炼气化神、炼神还虚之说，又有筑基、得药、结丹、练己、还丹、温养、脱胎、哺乳、化形之序。内丹家希望通过修炼，达到与天地并存的目的。在这一系列复杂的操作中，最关键的有两点：一是通过坎离相交而使身内真铅出现，二是通过身内真铅以召摄先天一气。这两点是其炼养功夫的集中体现。

1.顺生与逆还

道教丹道最初以外丹为主，即以五金八石等自然之物为原料，炼成长生不死之药。长生的主体不是别物，而是现有的肉身。但这种状况在后来发生了变化，外丹烧制逐渐被以精气神为对象的内丹修炼所代替，长生的主体也由肉身转化为内在的元神。这一转变以内丹家对人身独特的理解为前提，在他们看来，现有的生命可被区分为先天和后天两个层次。内丹家对生命的这种理解来自对天地的理解，他们将天地分为包含日月星辰等存在的有形天地，和作为有形天地本体的无形天地。无形天地通常被称为太虚，太虚并非空无一物，而是具有圆明廓彻和氤氲遍满两方面的规定性。圆明廓彻与天地之神相关，氤氲遍满则与天地之气相关，二者一体两面。当父精母血相交之时，太虚本体之中便会分有一点灵光投入其中，一个新的生命便在母胎之中开始生长。这点灵光便是人之元神，由于神气一体，同时又是人所禀受于天的元气，这是人先天的一面。元神元气与父精母血结合，父精母血这团质料便在元神元气的推动下成长为一个有形的生命体，这是人后天的一面。在生命的起始阶段，往往是先天为主而后天为从。但是一旦后天生命的发育达到顶点，纯阳之下便生出一阴，后天生命渐渐占据了主动。如果顺其后天，那么先天精气神将消耗殆尽，从而归于死亡。内丹修炼即针对人顺生这样一个事实，以逆运的方法，显出元神、元气，再将元神、元气与太虚本体合一，从而实现生命的永恒。

2.真铅与内丹修炼的功夫根基

内丹的兴起与外丹的衰落几乎是同步的，内丹的理论建构多有借鉴外丹，特别是在术语的运用上很多都是直接从外丹转嫁而来的。外丹烧炼以铅汞为主，内丹亦有铅汞之称，铅性沉重以喻人身，汞性轻灵以喻人心。铅汞之中又有真铅与真汞之说，分别指代先天之身心，真铅是内丹修炼的关键要素。

真铅与人身的阳气相关，但又不完全是阳气，而是阳气与心神相交之后的产物。阳气是人身得以正常运行的生机，与身体相关但又超越身体。阳气在人身之中逐日发生，乃是日用而不知的自然状态。如果想要操控阳气的产生，那就要以特定的心境为前提。无思无虑是这种心境的主要规定。无思无虑之中，身中阳气自然生发，这与《老子》致虚守静以观其复的思想相关。阳气产生之后，在内丹修炼中需进行炼化阳气的功夫，否则先天阳气便会转化为后天之物。所谓炼化阳气，即神与气合，其方法在于凝神入气穴。对于凝神入气穴的理解，存在两条截然不同的思路：一是无为之路，即所谓的凝神，不是把神作为一个对象有意识地去凝聚，而是神安于本位不驰骋于外物。所谓入于气穴，也不是有意将神驱入身体某一部位，而是神一旦安于本位不驰骋于外，散发于外的元气自然回归本原而与神相合。二是有为之路，例如伍柳一脉主张以有作有为的方式将身中的生机摄取到气穴之中，同时鼓动内息、运起心神、炼化生机，实现神与气合。这两种方法虽然不同，但目的一致，都是要实现神气交合。神气交合不久，便会产生另外一物，也就是真铅。真铅又称真种，即人生身受命的根本，也是内丹修炼功夫的真正根基。

3.先天一气与内丹修炼的功夫主体

真铅或者说真种产生固然重要，但达到这种程度并不等于内丹修炼就成功了。相反，这仅仅是真正意义上的内丹修炼的开始，此后尚包含一个艰苦漫长的积累过程。换一个角度说，这一积累过程即将散于四肢百骸、五脏六腑中的先天元神、元气抽离出来，使其逐渐具有独立的价值和地位。《参同契》言："经营养鄞鄂，凝神以成躯。"即言合聚元气，培养元神，使其从肉身中独立出来。这一积累过程即使圆满，也不意味着内丹修炼的终结，此后尚有一个极为关键的步骤，即将人与天地本原的潜在贯通变成现实，真正实现生命的超越。

内丹家认为，人之身心尽属后天有形之物，依靠这些东西是无法获得长生的。他们说："涕唾精津气血液，七般物事尽为阴。"涕唾精津气血液这些后天的东西不堪为内丹修炼的药物，真铅方是内丹修炼的药物。但是内丹家又认为，即便是真铅，尚不能独自成为成仙了道的要件。这是因为，真铅本来是神气相合所产的真种，真种是山河大地蠢动含灵共有的根源，自然包含有先天真一之气在内。真铅一旦产生，元神便因真铅而显现出来。但是产生真铅的神和气毕竟是人身中之物，这便使真铅在具备先天真一之气的同时亦沾染上后天之物。所以，在真铅的点化下所显现的元神亦带有阴气的成分，需要进一步剔除这些因素。这一过程不能再依赖自身内在的力量而完成，需借助与自身真铅具有同一性的先天真一之气。

先天真一之气是太虚本具的本原之物。由于它不是人身中之物，所以人们很少能够认出，而这一罕见之物恰恰是内丹修炼的最终保障。内丹家以法追摄，将其炼为金丹，从而完成与天地并存的超越意义。丹家言："一粒金丹吞入腹，始知我命不由天。"正指此而言。先天一气无形无相，如何能够召摄得来呢？外丹烧炼的材料称为药物，内丹亦称精气神乃至先天真一之气为药物。药物有多种分类，有大药、小药之分，又有内药、外药之别。同言大药小药、内药外药，不同的丹家含义又有所不同。有丹家以身中元气为内药，以太虚之气为外药。太虚之气即先天真一之气，必待内药有成方能召摄此气。经过一系列的艰难过程，身内元气与身外元气"气气相通，气满至极，忽然活泼泼地逆出太阳流珠"①，才达到"我命不由天"的境界。

丹家强调，先天真一之气不是身内元气，亦不是丹田呼吸之气。抱一守中非是为守先天真一之气，观空止念非是观先天真一之气。等而下之，炼五金八石，采红铅梅子，更不是服食先天真一之气。先天真一之气为生物之祖气，虽为万象之主、天地之宗，然而却无形无象、无声无臭。虽与人身相关，却是自外而来。施肩吾云："天人同一气，彼此感而通。阳自空中来，抱我主人翁。""阳"即先天真一之气，"空中"乃是身外之处。道教内丹修炼以自身元气为根基，以先天真一之气为最终保证，二者结合构成了道教内丹修炼的基本功夫环节。

---

① 张三丰撰：《三丰全集》，李涵虚编，蔡聪哲点校，宗教文化出版社，2013，第159页。

结　语

中国哲学中的功夫概念，在于强调通过对身体和心灵的调整与修治，达到提升和转化主体身心的目的，从而获得或贯通天人、或解脱烦恼、或得道成仙的终极境界。这中间着实包含着“脱胎换骨”的理想和效验。哲学家常称哲学为“无用之学”，这种“无用”固然凸显了哲学的先验性特征，但也表明这一学说对于现实的暂时“无力”。功夫则不然，功夫行为必然伴随一定的效验。虽然就功夫行为区别于一般行为而言，它所具有的特殊价值亦可称为效验，但这里所说的效验并非指此。效验与功夫的最终目的相关，主要指主体内证体验的实在化。比如书法功夫，书法家创作的过程有别于一般人写字的过程，这便是书法家的功夫。书法家通过其功夫创作出书法作品，这方是真正意义上的书法功夫效验。又如武术，武术家在筋骨的强壮、感官的灵敏等方面自然远超常人，这是其功夫的体现。然而武术的效验虽然与此相关，但主要却体现为搏击的能力。从中国思想史上看，儒佛道三家皆重视功夫修持。儒家秉承礼乐传统的根本精神，强调个人与家国天下的一体性，没有彼岸的设定，也不赞成离群索居的行持。儒家功夫修持乃是融成己、成人、成物为一体的圆教模式，因此其效验当体现在成己、成人、成物的智慧和能力的获得上。佛教意在强调生命的解脱，通过消除我执而达到不生不灭的境界。即便是大乘菩萨道，高倡度尽一切众生，亦是将一切众生度到涅槃的彼岸。其效验体现在由奢摩他达成的高度专注力，以及在此基础上洞见真理、照破烦恼的能力。道家讲究体道，道教追求长生不死，皆包含自然生命的超越之效。

推荐阅读

尹真人高弟：《性命圭旨》，北京：中央编译出版社，2013。

跋梭天王·曲吉坚参等注：《菩提道次第广论四家合注》，宗峰、缘宗译，北京：中国社会科学出版社，2014。

萧天石：《道家养生学概要》，北京：华夏出版社，2007。

杨儒宾、祝平次：《儒学的气论与工夫论》，台北：台湾大学出版中心，2005。

陈立胜：《宋明儒学中的“身体”与“诠释”之维》，北京：商务印书馆，2019。

倪培民：《将“功夫”引入哲学》，《南京大学学报》（哲学·人文科学·社会科学）2011年第6期。

第九讲　美学

一、概论

什么是美学？顾名思义，美学是关于美的学问；是研究美的学科；是研究文艺与艺术一般性原则、普遍性原理的哲学；是探究审美对象、审美关系的人文社会科学。至于什么是"美"，则无确切之含义，这意味着美的外延极广而内涵极深，它与人类的社会生活、文明状态以及整个外部世界紧密相关，所以在时间上、空间上具有充分的敞开性。经验主义美学家伯克说："美是一种名称，我将它用于引起我们的钟爱与柔情的一切事物，或者与此最相似的其它情感。"[①]自然主义美学家桑塔耶纳认为："美是一种积极的、固有的、客观化的价值。用不太专业的术语表达，美是被当做事物属性的快感。"[②]论及"美"与美学，往往指向文学、艺术与审美活动。关于"美"的内涵、标准与机制，西方有西方的界定，东方有东方的理解，具体的时代、文本、哲人对此亦有具体的看法。

美学作为一门学科，发端于西方，后来逐渐成为哲学的一个分支学科。鲍姆加登在1750年第一次使用"美学"这个术语，中文的"美学"一词可说归于

① 伯克：《论崇高与美》，载《伯克美学论文集》，上海三联书店，1990，第54页。

② 桑塔耶纳：《美感》，人民出版社，2013，第37页。

日本学者中江兆民对“aesthetics”的翻译。然而关于“美”的讨论与研究由来已久，在人类早期的哲学著作、历史文献以及一些文论、画论、书论、乐论当中，我们可以看到许多与“美”“审美”“美育”有关的内容，它们是美学以及美学理论产生的基础。中外先哲论“美”的篇章、段落颇多，在西方可追溯至柏拉图、亚里士多德，在中国可追溯到先秦诸子百家。相较而言，如果说中国古代美学更强调生命的流动性、内在的超越性以及人与自然的“和合”境界，那么可说西方古典美学更关注人的审美经验、感性直观以及人对自然世界的理性认识。

如同哲学研究之内部存在哲学史研究与哲学问题、哲学理论研究之区分，纵观中外美学发展史，美学研究之内部长期以来也存在着美学史研究与美学问题、美学理论研究之差别。克罗齐在《美学》一书中，一方面尝试将美学原理融入美学史之脉络当中，一方面又基于一定的美学理论对东西方美学史上的人物、作品与流派予以评价，例如他认为古代中国以及东方诸国虽无美学学科却有美学思想，此类评价对现代中国美学、文学、文艺学等领域的学者、学人回溯中国古典的文化艺术传统具有较为直接的影响。李泽厚《美学四讲》一书即论述了美学、美、美感和艺术四个部分之理论内容，可说代表了当代中国美学学者关于美学理论的一般看法。美学作为一种学问、一门学科，既有它的学术发展史、理论发展史，又有它的文本发展史、作品发展史，如果说前者关乎哲学，那么可说后者关乎文学、艺术学。这意味着研究美学，一方面需要立足于美学的对象、文本与作品，一方面又需要透过美学的对象、文本与作品洞悉其背后的美学观念、美学意识与审美结构、审美机制。

中西美学家在历史性与现代性的双重意义下总结出了四种论“美”的模式。第一种模式认为，美主要见于客观功能与外在形式，重在考察“物”“环境”“世界”之于人类社会生活的价值、功能。第二种模式认为，美主要见于人的生理层面与心理层面。这一理论受到以弗洛伊德为代表的精神分析美学的影响，强调人的无意识和本能冲动在艺术创造与审美活动中的重要作用。这似乎意味着创作者与审美主体在面对“物”“环境”“世界”时，如果有一些丰富而复杂的情感、情绪、情思产生，则可解释为“物”“环境”“世界”连接感官进而对人的自我意识、自由意志造成冲击。第三种模式认为，美不在现象而在现象背后的本质。柏拉图区分了“美”和“美的事物”，强调了“抽象之美”与“具体之美”的差异，康德的“纯粹理性”、黑格尔的“绝对精神”也都指向了本体层面的“抽象之美”。人们面对审美对象时，或透过具体的景观之美获得更为深远的意义之美，或透过若干具体的历史事件获得更为普遍的历史性。第四种模式认为，美是主客体之间的关系，美在生活之中。狄德罗主张“美在关系”，认为美必须放在人类社会生活之中才能得到理解。车尔尼雪夫斯基（Chernyshevsky）也推崇“生活之美”，认为世上最可爱的就是生活本身。这一模式与人们当前的审美机制、审美意识最为接近。基于这一审美模式，可说理解物象的关键在于理解与物象有关的社会生活。以下，本讲首先分别介绍西方美学与中国美学的主要内涵，再进入当代视角，探讨美学于当代的演变。

二、西方美学概述

与西方哲学一样，西方美学同样发端于古希腊。在古希腊自然哲学阶段，泰勒斯强调“水”的流动性、易变性、可塑性，赫拉克利特强调“火”之于自然世界与生命世界的本原性、神秘性与创造性。毕达哥拉斯从数学、数理的角度出发，强调一种合乎“数”之秩序与“理”之内在规定性的形式之美、协调之美、和谐之美。恩培多克勒从水、火、土、气之“四根说”出发，强调客观世界之起始之美、根源之美与多元之美。德谟克利特将“原子”作为物质世界生成之基本单位，将“虚空”作为原子之间发生碰撞进而生成万物的空间场域，对宇宙之美、世界之美、客体之美做了更为场景化、动态化的勾勒与描述。

自然哲学阶段之后，人们逐渐将关注的焦点从自然世界与客观对象转向人类社会与人类自身。普罗泰戈拉提出“人是万物的尺度”这一观点，苏格拉底更进一步将人类从蒙昧的非理性状态中唤醒，使得理性主义、人文主义、道德主义的光芒逐渐照射在古希腊的大地上。对于人类的审美与文艺活动，苏格拉底不仅给予了前所未有的肯定与赞赏，而且还为“美”添加了“真”与“善”的羽翼。这使得人类的艺术审美不再是独立的精神活动，而成为与周遭环境、生活世界相连的合乎情理、合乎德性、合乎风尚的自由之举。

（一）柏拉图与亚里士多德所代表的古希腊美学

苏格拉底之后，柏拉图真正开启了古希腊哲学的理念论与先验论之传统。柏拉图强调一个永恒不变的“理念”，认为整个现实世界不过是对“理念世界”的模仿而已，同理，在人类的审美活动中亦有一个永恒不变的“美”的理念。柏拉图说：“它只是永恒地自存自在，以形式的整一永与它自身同一；一切美的事物都以它为泉源，有了它，那一切美的事物才成其为美，但是那些美的事物时而生，时而灭，而它却毫不因之有所增，有所减。”[①]柏拉图借由“洞穴”隐喻向我们区分了现象世界与本体世界，阐明了表象之虚幻与本质之真实。他通过例证表明，画家笔下的桌子是对现实世界的桌子的模仿，而现实世界的桌子又是对理念世界的桌子的模仿。借由“模仿”学说强调了理念的本真性与现象世界的非本真，换言之，唯有理念是真的，现实之物作为理念的表象则是非真实的，那么模仿现实之物而成的艺术作品随即成为次阶的虚幻产物。柏拉图将“美”的问题第一次与“真”所指向的真实、真知、真相、真理联系在了一起。在《理想国》的《会饮》《斐多》诸篇中，柏拉图以对话的形式讨论了政治、正义以及美、道德、爱情等问题，关于美、美学以及审美问题的审思也理所当然地成为其形而上学理念论体系中的重要组成部分。

虽然柏拉图最早关注到美的本质问题，但真正将美的问题上升为体系性之美学研究的乃是亚里士多德。在哲学上，亚里士多德一方面受到苏格拉底、柏拉图的影响，追问人类社会的道德基础与现实世界背后的理性法则，一方面又受到毕达哥拉斯、赫拉克利特的影响，探求客观之物与自然之理。亚里士多德的美学建构从哲学起步，又将科学的思维方式与求知精神纳入其中，从而展开对艺术审美何以可能、美学修为何以养成、美学观念何以涌现、艺术的创造性何以发生、艺术与美学教育何以实现等重要问题的深入思考，最终完成了《诗学》《修辞学》两部集大成的美学作品。亚里士多德的《诗学》奠定了西方美学的观念基础，推进了人类社会对于诗歌与文化、诗歌与哲学的关系研究。亚里士多德认为，诗歌表达本质上是一种艺术创造，而创造的前提在于模仿，而人之所以能够进行伟大的诗歌创作，也是因为人生来就有模仿的天赋以及感知美

① 柏拉图：《文艺对话集》，人民文学出版社，1963，第272-273页。

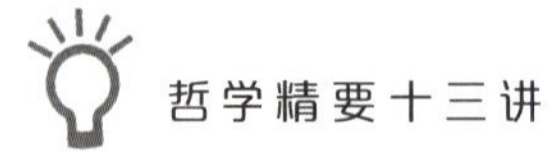

的能力[1]。

亚里士多德受到赫拉克利特与柏拉图的影响，于是在美学观念上强调艺术的创造性，在美学方法上又推崇以“模仿”为手段与媒介来展现艺术。柏拉图的“模仿”学说启发了亚里士多德的哲学思考与美学建构，但与柏拉图不同，亚里士多德更多地将“模仿”作为一种艺术创造的方法。在亚里士多德那里，不仅现实之物是客观的、真实的、生动的，就连那些因“模仿”现实之物而存有的文学作品、艺术创造也是客观的、真实的、生动的，它们因与人类的社会生活、文明进程、文化状态建立关联而具有了现实性、历史性与生命力。甚至在亚里士多德看来，非凡的艺术作品往往具有对个体与现实的超越性，因为它是对人类社会与自然世界及其内在规律、自在本质的艺术折射、抽象反映与美学表达。

亚里士多德以古希腊的神话、史诗、戏剧、雕塑等多种类型的经典文艺作品为例，从形而上学、文学、历史学、心理学等多个维度出发对其加以分析、予以归类，并使之获得美学层面与文艺理论领域的观念支撑。亚里士多德从心理机制上探寻艺术作品的创作动机，从历史根源出发追问艺术作品的产生背景，从“模仿”之工具性与方法论维度出发以期获得对艺术作品的前置性解释，这些极具创造性的视角、观念与理论都对后来的西方美学产生了直接而深远的影响。车尔尼雪夫斯基在《艺术与现实的审美关系》一书中指出：“任何事物，我们在那里面看得见依照我们的理解应当如此的生活，那就是美的。”[2]车尔尼雪夫斯基显然从亚里士多德的哲学与美学中提炼出了一种实证主义与唯物主义的底色，他进一步判定艺术审美的实质并非简单地对具体现实予以再现，而是通过对具体现实之人、事、物的艺术表现，从而揭示隐藏在具体现实之后的某种必然之理与普遍之因。

（二）中世纪美学与近代美学

与古希腊美学相比，中世纪美学的特征在于对形式主义的推崇与表现。事实上，从柏拉图所强调的比例之美、和谐之美、结构之美，到普罗提诺与新柏

① 亚里士多德：《诗学》，商务印书馆，1996，第206-213页。

② 车尔尼雪夫斯基：《艺术与现实的审美关系》，人民文学出版社，2009，第6页。

拉图主义所阐发的“流溢”“太一”诸论，其间形式主义的美学倾向已有流露。到了中世纪，奥古斯丁、阿奎那为了论证上帝与造物主存在之绝对性，将神学、哲学、美学的进路统而为一。奥古斯丁认为，不论是真理、理念，还是作为理性基础的数、作为感性基础的美，都从更为根本的上帝与神灵那里诞生，由此可说，唯有在上帝与神灵的统摄下，一切的秩序、形式、规则才真正获得了创造性与美的效果。与奥古斯丁相比，阿奎那对“数”与“形式”的审视与追求更胜一筹。阿奎那认为，美是对称，美是形式的艺术，美是神性的折射与象征。

近代西方美学的浪潮与文艺复兴的发生直接相关，最为值得关注的乃是但丁的诗歌理论、莎士比亚的戏剧理论与达·芬奇的绘画理论。但丁通过《神曲》将诗歌置于文学之最高地位，并认为人类文明史上那些展现光辉人性的伟大诗歌足以媲美《圣经》。与但丁相比，莎士比亚对人的主体性的宣扬与讴歌更为充分，如果说中世纪的神学与美学总体上更强调灵与肉、神灵与信徒的二分，那么可说莎士比亚的文学与美学整体上更强调人与人所建构的生活世界及其意义的整体相连。莎士比亚认为人性是自由的，而自由的人性又是崇高的，因此文学、艺术的本质在于书写、刻画崇高而自由的人性。达·芬奇的绘画理论最为引人注目的地方在于，借由绘画这一艺术形式勾勒客观之物、承载自然之理，从而极大地提升了艺术的地位、肯定了艺术创作的意义。达·芬奇通过他的作品向我们表明，艺术通过自身的手段、方式可以直接或间接地反映客观世界，其中最为重要的部分乃是人的主观创造性与自主的思想力量，而这创造性与思想的力量既依赖有效的知识与可靠的经验，又基于对人类自身以及客观世界的观察与洞悉。

真正将近代西方美学加以理论化、体系化的哲学家乃是康德。康德在反思人类审美活动的过程中，总结了美、美学以及审美的若干特征，如人类先天必然的共通感、主观形式的合目的性、无涉功利的愉快感、普遍可感的崇高性等。在康德以及许多古典哲学家眼中，审美是一种先天原则。美学是康德哲学的转化与迁移，即强调人有先天的审美能力，且这种能力需要在对物的观照中得到显现。审美与人的想象力有关，而想象力的发挥受到先验的纯粹统觉、纯粹自我意识的支配。审美虽然是人先天所具备的一种能力，但这并不意味着人能够轻而易举地基于某种可靠的规范、某些确切的方法来把握审美对象。在审美问题上，康德沿用了自己在哲学层面的“统觉”观念，并将其描述为想象力与理解力的统一与升华，一方面用感性直观的方式将生活世界中所获得的多种感觉融合在一起，一方面又用理性思辨将现象世界中的诸多表象整合为一综合性的对象，从而使我们的审美趣味的建立与审美判断的形成成为可能。

康德认为，要想形成有效的审美判断，先需建立一定的审美趣味。不同于形而上学层面的先验判断、逻辑判断，也不同于伦理学层面的道德判断、价值判断，审美趣味与审美判断本质上是基于自由与非功利至上的美的观照，且康德美学在艺术观念上指向“对象的合目的性的形式”①，于是形成了一种“无目的的合目的性”的美学观。康德认为，审美活动区别于一般的实践活动，其宗旨不在推动人的发展与现实世界的进步，而在基于展现理性之上的人的自由创造。如果说一定要有一个目的，则目的即在于自由的观照与创造本身，而非某种结果导向型的功利主义。康德美学的另一重点在于对崇高之美的肯定与强调。康德认为，只有崇高可以搭建人与人之间的情理结构，抵达人类社会生活的共通感，唤醒人类心灵深处的自由感。人类精神世界的共通感与自由感难以通过逻辑的方式予以揭示，唯有在对崇高之美的追求与认同中得以展现，这足以解释为何我们面对阿尔卑斯山以及大海常有无限之澎湃心情与壮阔感受。

黑格尔的美学一方面可说是其辩证哲学与历史哲学的迁移，另一方面则是基于对康德哲学与康德美学的反思与批判。在黑格尔眼中，康德哲学总体上是对世界之现象、图景作静态之结构分析，所以《纯粹理性批判》之形而上学层面强调人的先天的认识能力与认识图式，《判断力批判》之美学层面亦强调人的先天的审美能力与审美机制，但问题在于，我们所面对的这个世界并非一供人静态观察的模型，而是一真实、动态、发展的蕴含历史性、内在规定性的包罗万象的整全。基于此，黑格尔也就理所当然地推出了他的经典论点：“凡是合乎理性的东西都是现实的，凡是现实的东西都是合乎理性的。”②在黑格尔看来，一切物只有符合自己之内在规定性，它才是合理的，我们才可正视它的存在。进一步讲，不论是自然世界还是人类的社会历史，都基本遵循自身之内在逻辑

① 康德：《判断力批判》，中国人民大学出版社，2006，第245页。

② 黑格尔：《小逻辑》，商务印书馆，1980，第43页。

而发展，过去如此，现在、未来亦如此。在这个意义上又可说黑格尔在批判康德的同时，也受到了康德哲学的影响，黑格尔认为感性世界与理性世界本质上是统一的，这与康德哲学并无二致。康德哲学谈到了感性、知性、理性，认为感性帮助我们获得知识之质料与素材，知性帮助我们形成有效之知识，理性使得我们的知识成为体系，在知识与知识体系的形成过程中，我们不仅需要“范畴”，更需要“理念”。

与柏拉图、康德一样，黑格尔也关注“理念”问题，也以“理念”来统摄感性世界与理性世界。黑格尔在《美学》一书中对“理念”做了新的界定，他说：“理念就是概念与客观存在的统一。”[①]黑格尔哲学中的“理念”即无限的、至上的绝对精神，它是主观精神与客观精神的完美统一。在黑格尔看来，我们所生活的世界乃是绝对精神的显现，艺术、宗教与哲学亦以各自的方式尝试着通向绝对精神。因此在审美问题上，黑格尔主要强调美对于理念以及更高的绝对精神的显现，相较哲学而言，美学层面的理念显现与绝对精神之涌现更多以感性的方式展开。黑格尔在《美学》一书中明确说道：“美就是理念的感性显现。”[②]换言之，美的本质即理念，审美艺术即感性与理性的生动统一。在审美层面，黑格尔更将辩证法的思维方式融于其中，他十分强调内容与形式、殊性与共性的统一。在这个意义上，可说黑格尔的美学与哲学是相通的，黑格尔关于美与真的论述也是相连的，一切美的事物必符合真的内涵，一切真的事物也都具备美的特质。黑格尔认为，我们可依据过往历史之内在规律从而推断出当下与未来之人类历史、人类命运的发展趋势，同理，在人类的审美活动上，亦可基于某一美学传统及其背后的文化传统、社会传统把握到一般性的审美原则、审美观念与审美机制。

与黑格尔同时代的谢林也以自己的方式重解柏拉图的“理念”之说，他认为艺术审美将无限的理念体现在有限的对象之上，这已然在最大程度上体现了主观与客观的同一，相较而言，美学所展现出的同一性远远高于科学、伦理学。谢林在哲学上、美学上尤其强调“同一”，即人的主观意识与物的客观存在相同一、人的精神与物之自然相同一。谢林认为，绝对的同一与同一性不仅指向人

① 黑格尔：《美学》，商务印书馆，2018，第137页。

② 黑格尔：《美学》，第142页。

的思维与实践，而且指向人的审美。

（三）海德格尔与伽达默尔所代表的现代美学

较之近代的康德、黑格尔、谢林，作为现代西方哲学代表的海德格尔及其存在主义美学更关注“人”这一存在者以及“存在”这一境域本身。海德格尔认为，能够真正表达思想的语言是诗的语言。海德格尔欣赏诗人荷尔德林，认为他的诗表达了“天空”和“大地”的意义，而与“艺术”对立的存在的显现方式是“技术”。海德格尔十分推崇艺术审美，他认为伟大的艺术作品之中总是显露出创作者敏锐的才思与非凡的想象。海德格尔关于天、地、人以及“存在”的哲学诠释对很多现代作家、现代艺术家具有直接的观念性启示。一些国内的诗人、画家、音乐家在理解家园、土地、河流等意象时，即延续了海德格尔的存在主义进路。“我”如何借由“我”的语言、图画、音符传达“我”对于外部世界的理解显然极为重要，因为每一种理解都是一次交互，一次“我”与“山河”“自然”的交互，一次“我”与“天下”“世界”的交互。每一种理解、每一次交互也是“我”尝试解释世界、建构“我”与世界之间关系的过程。因此，这理解、对话与解释并不是平白无故的心理揣测，而是“我”向世界展开“我”自己的思想过程、审美过程，也是世界透过这样那样的方式向人们敞开它自身、延展它自身的过程。

在海德格尔看来，艺术乃是真理的一种发生方式与展开形式。在海德格尔后期的“天—地—人—神”结构中，“天空”所代表的世界是充分敞开的，而“大地”所代表的世界之部分却是需要被唤醒的隐秘性的存在，海德格尔直面天空与大地之间的张力，并认为艺术之功能即在于揭示这一切、调和这一切并使这一切以合乎自身、合乎真理的方式而存在。海德格尔在《林中路》中指出：“美乃是作为无蔽的真理的一种现身方式。”[①]海德格尔认为，所谓“存在”不过是对真理的敞开，因而其常常发生在“遮蔽”与“去蔽”之间，艺术创造的意义即在于弥合真理发生过程中所产生的裂痕与间隙，诗人、艺术家与才华横溢的创作者们通过自己的匠心独运、巧夺天工为真理与“存在”勾画出一个又一个生动的形象，使之可以关联陷入虚无主义深渊的存在者们。

---

① 海德格尔：《林中路》，上海译文出版社，1997，第40页。

海德格尔说“我在世界中”，其实是在告诫人们“我不在世界之外”。我们无法冷眼旁观，因为置身其中乃是我们与世界的关系之必然，换言之，“世界”不是我们静观的对象，而是人与人、物与物“交往”“交互”“共生”的场域。“我”与他人、他物乃至“世界”就是一种相邻、相伴的关系，而不是谁主宰谁、谁支配谁的关系。人与自然的关系也是如此，此时此刻能够真挚感受一切的那个具体的“我”与自然共在于现实的生活世界之中，而那个抽象的、共同的、作为整体而存在的、人文化成意义上的“大我”则与被我们书写、记录下来的自然共在于历史的生活世界之中，此二者不论在哲学上，还是在美学上，都有生动的意义。

海德格尔之后，伽达默尔的诠释学将审美与文学作品、艺术创造进一步紧密相连。在《真理与方法》中，伽达默尔将诠释学视为哲学研究乃至人文社会科学研究的基本方法，并认为哲学家与人文学者可以通过诠释学的方法获得蕴藏于经典文学文本与伟大艺术作品背后的普遍性与真理观。在伽达默尔的诠释学体系中，语言、科学与艺术乃是人类真理观最为重要的三种承载形式与展现方式，换言之，人类世界自诞生以来所确立的文明观、所阐发的真理观、所蕴含的普遍性，往往存在于兼具历史性与当下性的艺术形式与审美内容当中，科学、语言层面的承载与展现亦是如此。那么，艺术何以承载真理性与普遍性的意义呢？在伽达默尔看来，艺术家通过声音、动作以及文字、图像等形式来表现自己对于现实世界的某个侧面的理解，整个艺术表现的过程其实也是艺术家本人自我意识与自由意志涌现的过程，艺术家通过自我表现给予作品或文本丰富的情感性、思想性与生命力，从而创作出非凡的音乐、舞蹈、诗歌与绘画。

在伽达默尔看来，不仅读者赏析作品的过程可谓诠释之过程，就连作者进行艺术创作之过程、艺术家对作品赋予象征意义之过程，亦可谓诠释之过程。伽达默尔指出：“一件文本向诠释者诉说真实的意义，并不只依赖于作者及其原始公众所特有的偶然因素。因为文本的意义总是由诠释者的历史情境共同规定，因而也就是为整个历史的客观进程所共同规定。”[①]不论是文本的作者，还是作为文本读者与认识主体的“我”，在面对文本、感知世界时所关联的视角与眼光都是有限的，总是不可避免地受到个人所处境域的时空限制，我们可将这样的

① 伽达默尔：《真理与方法》，商务印书馆，2007，第419页。

限制称为具体的历史的限制。那么如何才能突破或者跨越这样的限制呢？在伽达默尔看来，唯有通过不同视域的融合。理解与诠释的实质往往在于突破某种看似常规的确定性而涌现出意义的多元性与思想的开放性，从而在诸多不确定性中探寻人、事、物的存在方式，这便与我们所直面的历史和生活世界连成一片，因此整个诠释的过程既是“我”与文本、对象、作品“相遇”的过程，又是古与今、中与西不同“视域”相互融合的过程。“视域融合”不是回到彼时之历史境域，亦非基于当下的视野，而是要从一种充分敞开的、跨越时空的视域出发进而诠释文本、理解思想、研究问题。当然，“视域融合”也有它的挑战与困境，那就是在理解、诠释历史文本以及历史文本中所记载的历史事件、历史人物、历史问题时，要注意与历史保持一定的距离。在伽达默尔看来，保持一定距离，乃是跨越的必要条件，这亦是视域得以融合、诠释得以进行的关键所在。

三、中国美学概述

不论是古代先哲，还是现代学人，是古典的《诗品》《文心雕龙》还是现代的《美的历程》《美学散步》，在对中国美学以及中国人的审美意识、审美机制的建构中都会思考一个根本性的问题：如果我们认为人类的审美活动不仅体现为个体的感觉、感受与感知，而且体现为人与人之间可共通的情趣、情致与情理。那么试问：审美活动中所涌现的关乎个人却又超出个人的美的感知与情理究竟是如何形成的？它与人类的观念共识、公共性以及人类社会生活背后的文明状态、文化联想究竟有何关联？

追问至此，便不得不探究和考察生命世界与人类社会的现实起源与观念根基。在“人文化成”的观念尚未形成以前，上古时代的先民其实跟豺、狼、虎、豹等动物没有太大不同，甚至在体能上、生存能力上还不如它们。人类的自卑、恐惧、怀疑等心理活动与情绪状态即在这一时期产生，体格、速度、力量方面的相对薄弱，反而激发了人类的危机意识。用柏格森的“生命冲动”观念来看，人们基于本能的生命意志寻求自我发展、自我突破，反而在生存的意义上摆脱了以往的困境，获得了更高的生命可能。自上古时代以来，人类不断地开拓自身的智力、发展自我的能力、激发生命的潜力，学会了制造和使用工具，学会了建造房屋来保全自我，结成了群体，有了合作与分工，这便是荀子所讲的“群”与“分”。在这个意义上，人类才开始和动物区分开来。在进化的过程中，人类存活了下来，并尝试着活得更好，于是物质文明得以持续发展，精神文明也得以逐步形成。

许慎《说文解字》云：“美，甘也，从羊从大，羊在六畜主给膳也。”又曰：“甘，美也，从口含一。”此说认为“美”是作为对象的人、事、物所带来的一种从物质层面逐渐上升至精神层面的身心愉悦感与自我满足感，当然亦可从人类学的角度将其解读为蕴含着某种图腾崇拜的形式之美。在文明演进的过程中，人类主动地识别出“美”和“丑”的事物与对象，建立了一定的审美观念和审美机制，对过往那些于自己有利或有害的动物、植物等自然物也有了新的认识。“在收获果实的时候，更顺手更具目的性的石器应运而生。蒸煮谷物与储存食物时，钵、鬲等陶器开始流行，它们还被绘上美丽的花纹，实用性与艺术性从起源时便难分彼此。”[①]在蓝田遗址、周口店遗址、山顶洞遗址中，我们发现了人类早期文化与农耕文明的诸多内容，透过远古先民的生产工具与生存方式，可以大致把握到他们的自然观、生命观、世界观以及朴素的审美观。

（一）中国美学与上古神话

欲寻觅一种学术、学问、学说的根源，不仅需要探究其物质、现实层面之源头，而且需要探究其文化、精神层面之源头，对于后者而言，神话无疑是最为重要的视角与窗口之一。如同哲学与神话、文学与神话一样，美学与神话之间的关系亦十分紧密。理解一种美学观念及其相应的美学生活，往往需要透过上古时代的神话传说。“神话是传统智慧，从祖先传下来，提供了我们的世界图景和人生规范。”[②]如果说哲学给人提供理性，使人能够充分地分析、思辨，那么则可说神话给人提供非理性，使人能够勇敢地行动、实践。不论是盘古开天辟地、女娲抟黄土造人、燧人氏钻木取火等创世神话，还是《山海经》“人首蛇

① 任慧、李静、肖怀德、鲁太光：《黄河文化论纲》，《艺术学研究》2021年第1期，第8页。

② 陈嘉映：《哲学·科学·常识》，东方出版社，2007，第9页。

身”的神人形象以及“应龙”“凤鸟”的图腾形象，都可说是人类对于自我生存的感知与描绘、对于自我生命的展开与联想。古人将动物、植物的若干意象并入自己的生活世界，又将“物”“环境”“世界”的意象、场域与天地自然的“生生”观念连在一起，后世诸多哲学层面、美学层面、文学层面的创作与表达其渊源即在于此。歌、舞、剧、画、神话故事、颂言咒语在狂热的巫术活动与肃穆的祭祀礼仪中糅为一体，人们内在的情感、思想与外在的信仰、崇拜也借由“山河”“天地”之意象、“阴阳”“五行”之观念被浓缩为质朴的观念共同体、多元的文化共同体。

上古神话的出现与人类早期的图腾崇拜、祖先崇拜、自然崇拜、生殖崇拜有关，而这一切又需借由巫术活动与巫觋传统来呈现。据神话学家袁珂的考察，《山海经》所记叙的与山林水泽有关的鬼神怪兽，即原始社会自然崇拜的证明。“原始人在和大自然作斗争中，感到自己的软弱无力，感到对大自然的恐惧，才产生了萌芽状态的宗教观念。比如，当原始人看见狂风暴雨、电闪雷鸣、森林中大火燃烧这类可怕的自然现象时，惊愕而得不到解释，因而便在惊愕的意识中带上了宗教的色彩。”[①]人们面对滚滚江河、皇天后土，感叹天地万物之神奇与博大，心内即会产生巨大的崇敬感，人对天地自然的崇敬借由巫术活动呈现出来，也就有了原始宗教的形态。原始宗教的观念基础是“万物有灵”。从文化上讲，“万物有灵是原始人对自然界各种物事初步的拟人化，以为环绕在他们周遭的自然界物事，能够为祸为福于人，由此产生了对自然的崇拜，成为原始的拜物教。火、水、太阳、月亮、石头、大树、牛、蛇等，都可能成为他们崇拜的对象”[②]。在远古先民那里，对抗自然与认识自然往往是同步进行的，他们一开始模拟动物与野兽的形貌特点，在自己的皮肤上画一些斑点、黑圈抑或獠牙、利爪，是因为这样的图案或纹饰可以让自己在黑夜中、火光中、密林中更有安全感，达到一定的威慑作用，也能激发一些勇敢的力量。这意味着先民们对于美的追求一开始是非自觉的，常将审美之内在追求与现实之功能发用混在一起。

随着历史的演进，人们掌握了一定的生存之道，懂得抵御风险、驯服动物，原来那些象征图腾崇拜、自然崇拜、祖先崇拜的符号、图纹，便成了某种装饰、

① 袁珂：《中国神话传说：从盘古到秦始皇》，北京联合出版公司，2016，第6页。

② 袁珂：《中国神话传说：从盘古到秦始皇》，第7页。

风格，审美的意味由此逐渐显现。在远古先民的祭祀仪式与巫觋活动中，一些语言的表达、肢体的表现以及一些模拟、模仿的动作，也就成了中国早期诗歌、文学以及音乐、舞蹈、绘画等艺术类型的雏形。其后，人们的理性思维逐渐形成，感性与理性在人们的头脑中开始交战，人们有了更多的闲暇与自由，开始考虑时间性、空间性的问题，对于自我的生命意义、存在价值也有了更多的反思与领会。历史书写与哲学思辨即在这样的氛围下产生，对上古神话的整合工作也在这样的漫长追溯中得到展开。

（二）中国美学的意象性与场域性

把握文明之美、体味文化之美，往往需要回归古典美学、领会古典世界的在场性与意象性。在张祥龙看来，获得一种朝向古代思想世界的视野或视域对于美学乃至人文研究至关重要。“这种在语言经历中被投射出的构成视域不同于任何一种现成的解释立场；它既不是纯客观的，也不是纯主观的，而是能引发出那不可事先测度而合乎某种更本源的尺度的纯领会势态，这种先于概念化的纯势态中蕴含更深广的理性可能和交流的可能。”[①]回归古代思想世界，即意味着穿越时空直面古老之“象”与历史之“场”。

中国古典美学非常注重“言”“象”“意”的关系，魏晋名士即特别强调“言”“意”之辨，因为它在一定程度上触及了语言和思想的关系问题。但就美学层面而言，“象”与“意”的关系其实更为重要，“意象”一词得以成为现代美学研究的核心概念之一，亦归结于此。就“言”“象”“意”三者之概念本身而言，“言”“意”似乎更接近哲学上所指向的求知、明理与问道，而在美学乃至文化层面，便会发现“象”的功能与价值更大一些，因为它是具体的、感性的、现实的，不论我们所面对的“象”是无生命的还是有生命的，它都代表着一种真实的存在，都是对现实世界的还原或反映、表现或再现。所以，从美学的角度讲，我们会认为“象”离我们的感性生命更近。正如作为无生命之“象”而存在的泰山、黄河、长城、故宫，在经过历史的反复沉淀与文明的不断书写之后，它与人类社会尤其是中国古人的关系变得十分紧密，它所承载的文化基因、精神属性亦与中国古人的思想气质形成了强烈的共振，所以在这个意义上，

① 张祥龙：《海德格尔思想与中国天道》，中国人民大学出版社，2010，第2页。

可说作为中华文明载体的泰山、黄河以及作为中华文化见证的长城、故宫，亦是有生命之“象”，它们既是源源不断、奔流不息的物质性、物象性存在，又是不断拓展、不断转化的思想性、精神性存在。

中国古人一直以来都有“象”的思维，比如《周易》的卦象，《老子》《庄子》的类比、隐喻。古人以“象”言“道”，通过观察“象”进而把握“道”。“道”怎么可观？因为“道”在“象”中。①源源不断、奔流不息的江河作为“意象”，可以向我们传达一种雄浑、壮阔之美，即便没有所谓自然美学的知识从中牵引，我们也能真切地感受到。如果作为审美主体的“我”在观赏“山河”时无比投入以至沉浸其中，那么作为审美主体的“我”便与作为审美对象的“山河”在情感上、情绪上乃至思想上、精神上有融为一体的可能，这时“意象”便转向“意境”之更高层面。“意境”的形成，往往会带来精神境界的提升，这时“我”的思想便短暂地升华或超越，而对现实的超越、对自我的超越即可谓由“俗”入“道”，抵达“道”的玄妙世界。

在这个意义上，可说中国古典美学与中国古代哲学是内在统一的，除了明理的方式，审美的方式亦可带领人们抵达“道”的彼岸，所以中国古人不仅讲“知道”“明道”“悟道”，而且讲“体道”“味道”“观道”。正如张祥龙所说：“中国人最欣赏的学说和艺术都是能成境者，也就是能让我们进入原发的体验视野中者。儒、道、兵、禅的成功在于此，墨、荀、杨的失败也在于此。只有终极境界或终极视野的开启能让中国人最深切地领会其好处和妙处，不然的话就总如隔靴搔痒而不能尽兴。在中国智慧看来，至诚之境、得道之境和透悟之境既不是一种‘什么’，也不只是一种‘怎么’；既不是主观的，也不只是客观的；既不只是有，也不只是无；当然，也绝不是一种夹生不化的中道；而只能是有无相生、主客相融、虚实不二而成就于人生体验中的动人境界。”②

意象与意象关联，构成自然之场；人与意象关联，即构成生活之场。人可影响意象与生活之场，意象与场域亦可影响人。场域之哀与乐，场域之粗犷与雅致，并不都是个人情绪、个人气质的注入与传递，某些时候恰恰是反过来的，即整个场域之雄浑气势、壮阔气息，感染、影响了处于这一场域的每一个人、

① 陈望衡：《中国美学史》，人民出版社，2005，第4页。

② 张祥龙：《海德格尔思想与中国天道》，第11页。

每一样事物。当“我”持续地接受场域的感染与影响，即会完全地进入这样的美学氛围之中，“我”的心内也会逐渐升腾起一种向前、向上的情势，激发出一种向前、扩充的能量。对于善思之人而言，这种情势还会转化为一种情理，在这个意义上，亦可认为情绪、情感、情势、情理也构成了某种抽象的“共相”，它在每个人的心中产生了共振、引发了共鸣。这些情绪、情感、情势与情理指引人们的生活行为，提振人们的生命状态，通过文化构成和精神属性将人们联结在一起，将人们笼罩在一个激扬而蓬勃、充满活力与动力的整体氛围之中，使人们可以团结彼此、凝聚气力，又可自在运思、身心洋溢。

意象与场域相合，往往能够产生奇妙的美学功效。例如，泰山、黄河、长城、故宫这类具有生命力与感染力的物象，便能将人带入非凡的、伴有交互性与超越性的场域。从美学的角度讲，通过观赏泰山、黄河之“象”以及置身长城、故宫之中，人们可以暂时打破时间与空间的限制。古人观山河、览雄迹，今人也观山河、览雄迹，不同的时间背景，不同的生存境域，但面对的审美意象是一致的，获得的审美感受是相似的，整个审美活动的过程也是相通的。它们之所以在美学上有如此巨大的吸引力与召唤力，乃是因为背后的文化意义以及人们的文化联想、它们自身所蕴含的历史性以及人们的历史感。

（三）“道法自然”：道家的美学观念

若论中国古代的境界美学，往往要从道家哲学及其“道法自然”观念谈起。“道”与“道法自然”是老子哲学的重要范畴与核心观念，老子如何把握“道”的本质与“道法自然”的超越性呢？

在老子看来，“道”本是不可言说的、无法言说的，但为了让世人理解之、领悟之，又不得不言说，甚至不得不以尽可能合乎逻辑、深入浅出的方式去言说。于是，以“象”论“言”进而合“言”“象”而论“道”成为老子的运思方法。那么，该选取什么样的“象”来论“言”进而论“道”呢？《老子》第二十五章曰：“人法地，地法天，天法道，道法自然。”[①]这是一个逐层递进的逻辑链条，截取两端连在一起，义理上同样成立，即人“法”自然。“法”是模拟、效法，是老子哲学贯通人道、天道的方式。“自然”是一种抽象原则、一种价值导

① 王弼：《老子道德经注》，中华书局，2011，第66页。

向，区别于现代汉语的“自然”。如果说“象”是思维，“法”是方式，那么在人与自然世界之间，能够找到的最为亲近、最为鲜活、最有解释效力的“法”“象”就只有“水”。水是人类生存的必要条件，也是打开人类文明的钥匙，故而老子曰“上善若水”。

《老子》四十一章“大音希声，大象无形”[①]一语，有助于人们理解“道法自然”之境界美学。“大音希声，大象无形”是传世本的说法，河上公本如此，王弼本如此，明代道藏本亦如此。马王堆帛书本、郭店竹简本则不然，国内的古文字专家、文献学专家经过多番考证，认为帛书本《老子》的文句是“大音希声，天象无形”，而竹简本《老子》的文句是“大音祗声，天象亡形”[②]。与传世本相比，前者有一字不同，后者则有三个字的区别。由此可知，《老子》所谓“大音”“大象”主要指向“天音”“天象”，在老子看来，世俗之人只能听到有声之声、看到有形之形，倘若可以上升至“道”的高度，便可听到无声之音、看到无形之象。也就是说，最美妙的声音乃是没有声音，或者说那声音之美妙绝伦使人完全沉浸其中以至于忘却了它的存在。当人们怀着赤诚之心走近自然，卧于山河之畔或泛舟江河之上，那一刻与山河进行对话的，并不是人们的耳朵与听觉系统，而是人们的内在心灵，那是真正的天地之声，它使人们的生命感受到了天地、自然的原始之声。

《老子》所谓“大象无形”亦有境界美学的指向。那形象之崇高、雄浑、壮美超出了人的观察与认知范围，以至于人无法把握或描述它的全貌。当人们放下目的、心机与欲望，直面山河时，一方面，山河的浩瀚无边、不可捉摸会让人们意识到自身的渺小、脆弱与无知，使人们对那玄之又玄的天地、自然、宇宙充满惊异与敬畏；另一方面，山河的源远流长、惊天动地会让人们联想到自己的过去、当下与未来，使人们对生命有更为强烈、更为深刻的审视与反思，这就是山河之“象”，其偌大形象的背后仿佛站着历史的、生命的“天象”。这具象与抽象所构成的“无象之象”以一种直观感应的方式告诉人们：个人既在历史之中，又不在历史之中，生命既是有形的、会死的实体性存在，又可以是无形的、不朽的精神性存在。从哲学上，可将老子的“大音希声，大象无形”

① 王弼：《老子道德经注》，第116页。

② 刘笑敢：《老子古今》，中国社会科学出版社，2009，第455页。

理解为无声之声、无象之象，而在文学、美学上，这无声之声、无象之象又可延伸为声外之声、象外之象。正如《二十四诗品》所言“超以象外，得其环中”[①]、《三国志》所言“斯者象外之意，系表之言，固蕴而不出矣”[②]，只有借助一些超凡脱俗的意象（例如泰山、黄河），人们的文学感受才能被激发出来，人们的生命经验才能被贯通起来，进而聆听到、体认到、把握到声外之声、象外之象、域外之域所传达的美学意蕴。

相较老子对天道以及“道法自然”观念的关注，庄子更关注天道的存在方式以及天道对人道的影响，这成为他追求自由生命与逍遥境界的美学基础。庄子主张“天地与我并生，万物与我为一”[③]，希望以通达的精神超越世俗的世界，其中包含极强的审美意识、非理性的运思方式，这既不是消极避世，也不是个人主义，而是强调一种“游世”的洒脱与“在世”的感通。因此，庄子的“道”较之老子，也就具有了更多美学层面的意涵，如自然美、纯朴美、原始美、含蓄美、虚静美、自由美、辩证美等多元特征。

庄子的境界哲学为人们探析古典美学的质朴性与超越性提供了契机。在庄子哲学中，要想实现人与自然的“融汇”，需要超越“有待”“有己”而进入“无待”“无己”之境。在庄子看来，人之所以不自由，是因为一外物的束缚（“有待”），二身体的束缚（“有己”），而真正的自由是一切条件都不依靠、一切限制都被取消，如此方可在无穷的天地之中自在行动、自然而来、自然而去，这便是“无待”“无己”，是“大逍遥”“大自由”。那么，如何才能实现从“有待”“有己”到“无待”“无己”的进阶呢？对此，庄子哲学给人们提供了“心斋”“坐忘”等心性修炼的功夫方法。从广义的角度讲，“心斋”“坐忘”属于内在超越的方式，借由某种中介或载体而实现的超越则属于外在的超越。山河作为超越时间、跨越空间的存在，即人们“融汇”自然的绝佳中介。倘若将大自然视作一个偌大的场景、一个如真似幻的情境，那么山河便是与我们“共在”的存在者，可将它看作我们生命世界的一部分，将它与我们的精神、与我们的命运紧密相连。在“庄周梦蝶”的寓言中，梦幻与现实互相交错，蝴蝶与

① 司空图：《二十四诗品》，浙江古籍出版社，2013，第104页。

② 陈寿、裴松之：《三国志》，中华书局，2011，第623页。

③ 郭庆藩：《庄子集释》，中华书局，2018，第86页。

庄周互相转化，世界也与“我”融为一体。“庄周梦蝶”一事并不存在是非、真假的逻辑判断，因为它不是基于现实的、理性的人的视域，而是朦胧又短暂地融入了“道”的视域。在“我”—“物”—“自然”所建构的美妙之境中，物我相通、自在顺遂，既包容万物之动静流转，也接纳自身之苦乐变化。

《庄子》文本中记载了“濠上观鱼”的寓言故事。话说庄子与惠施在外游玩，庄子曰：“鱼出游从容，是鱼之乐也。”惠施则曰：“子非鱼，安知鱼之乐？”庄子对曰：“子非我，安知我不知鱼之乐？”[①]在这一论辩场景中，庄子和惠施处于不同的立场。惠施基于名家的经验、逻辑立场，认为人与鱼不同类，人生活在大地之上而鱼儿游于水中，如何能够感知彼此？庄子则不同，他基于道家的超越、审美立场，认为人与鱼可“通感”从而自得于融物之境。庄子哲学的“融物”既是“人”与“鱼”的融通，又是“大地”与“水域”的融合，这里就体现出“水”的包容性、流变性与可塑性，这也是“水中之鱼”能够被感知、被融汇的原因。如果说惠施关心的是“我思”，那么庄子关心的就是“我在”，而“我在”的关键在于体验。庄子的很多体验是导向纯粹性的，旨在揭示被人类知识系统所遮蔽的一切秘密，而水中的世界对于人类而言就是被遮蔽的隐秘之境。

庄子美学在观念层面仿佛具有相对主义、普遍主义的双重视角。按照庄子哲学的理解，因为“大道”“天道”“自然之道”是绝对的，故而“大道”“天道”“自然之道”视域下的一切人、一切物反而成为相对的存在，基于此，则“美”“丑”“是”“非”“彼”“此”的界限于“道”而言也就变得模糊不清且不再重要。那么对庄子而言，什么是重要的呢？若用现代哲学的语词表示，便可说是“存在”。庄子强调“自我保全”“全性葆真”以及自我完善，即心安理得、心平气和地接受和面对现实生活、现世生命的不确定性，在充满了各种不确定性的世界里尽可能地让自己获得安生、适性、自在的可能，从而觅得一种安生、适性且自在的生命状态与生活方式。

不论是基于“自我”还是基于“大道”，都是庄子哲学化解相对主义与普遍主义的理论尝试。一方面在具体的生活中体会普遍之“道”，寻找与不确定的现实生活“共舞”的可能，基于现实的生命性而获得对“道”的体悟；一方面又

① 郭庆藩：《庄子集释》，第608-609页。

希望可以不断突破现实的束缚与局限，以使“道”的纯真性不被彼时的世俗性所遮蔽，从而保留自在之境域，庄子哲学的美学境界、美学运思即在于此。

（四）“美善合一”：儒家的美学观念

不论是孔孟儒学还是汉唐儒学，总体上都有融合“美”“善”的意义趋向。从伦理学的角度讲，“美”与“善”确有连接、融汇的可能，但二者之合流是有条件的，例如“美好”“幸福”与“快乐”，就外延而言，它们或可互通，但就内涵而言，它们终究有所差异。陈嘉映提到：“最高的善好与至乐相连，但这不是通常所说的快乐，西门庆、薛蟠之流过得快乐，但他们的生活不是良好生活。聂赫留朵夫忏悔之后不那么快乐了，但他那时的生活才是良好生活。”①何谓“善好”？亚里士多德认为“善好”既包含一种品德、一种行为，又指向人的社会生活。在陈嘉映看来，“善好”即良好生活，但快乐的生活不一定是良好生活。快乐可能导向高尚，也可能导向堕落，前者如“孔颜之乐”，后者如西门庆、薛蟠之流。如果说快乐有不同的伦理指向、不同的道德路径，那么在中国古代哲学的视域下，“至善”“至乐”一定符合甚至远远超出良好生活的标准。

从“至善”“至乐”的伦理指向与价值诉求出发，可以帮助人们理解儒家“美善合一”的观念结构。从义理上讲，儒家的“美善合一”乃有两层内涵：其一，孔子在儒家心性论、德性论的基础上确立了善高于美的原则，在“尽善尽美”的内容中或有分离美、善的价值倾向，这样的一种界定在现代世界其实是能够被理解的，毕竟求善、求美的进路还是有所不同的，即便“善”的主旨、意义、价值指向与“美”的范畴有着十分绵密的联系；其二，孔子主张善高于美，其要义在于抬升“善”所导向的“仁”与德性之于人的内在规定性，而确立“善”的价值优先性并不意味着排斥“美”，事实上人们在追寻“善”与“意义”、“仁”与“德性”的过程中，总会获得一些精神层面的愉悦感、思想层面的充实感以及生命层面的崇高感，这也是审美的一种，也具备了美学的属性。比如一篇抒发济世抱负的文章，自然会在现世的治理上有一定的指导作用，但不可否认的是，只要文章本身是有真挚情怀的、有意义指向的、有思想高度的，人们就会感受到一种意义之美、价值之美乃至崇高之美。因此，在最根本的意

① 陈嘉映：《何为良好生活》，上海文艺出版社，2015，第202页。

义上，可说好的文章、好的音乐、好的作品乃至一切的美学形式、审美表达大约都有一种“尽善尽美”的意义指向。一篇好的文章可以做到既有崇高、深远的思想意义，又有将这种意义本身所带有的美学属性表达出来的文学技艺，其他的美学形式如音乐、舞蹈、绘画、雕塑等也是如此。

儒家文化继承和发展了周代的礼乐之制，除了寻求社会秩序、社会结构的确定性，还格外注重人的内在德性的养成。这一切都促使古典世界逐渐导向一种伦理型、道德型的文化形态。事实上，中国古典学术一直以来都有“得意忘象”“得象忘言”的倾向，即不满足于语言、文字层面的精致感与优美感，而是看重其语言、文字背后的价值和意义。至少在孔孟儒学那里，文学意义、审美德性远远超过文学技巧、审美能力，这也就意味着在“美善合一”的结构下，“善”的价值似乎超过了“美”，居于更为核心的位置，当然“善”的价值和意义本身也会带来美。因此，可说古典世界在美学传统上亦追求一种意义之美，例如德性的崇高感、品格的完备感、天地之间的庄严感等。如果说要对“意义”的讨论有所规定，那么古典世界所指向的“善”的意义以及“美善合一”的结构大概也可理解为一种对时间性的把握。意义这样一种时间性的视角，使得古代先民在面对终极问题时更多地呈现出对于永恒性的追求。

从美学的角度讲，“意义”之美也是一种美，人们亦可认为它是儒家“美善合一”结构下、农耕文化与中原文化交互氛围下独具一格的审美范式。事实上，不论是《论语》的娓娓道来，还是《孟子》的雄辩力论，都有文以载道的特点，它们在达到语言文字层面之形式美、文字美、节奏美的同时，往往更强调文字背后的思想力量、道德生命，而这样的文本也会给人带来心潮澎湃、沁人心脾的审美感受，很多时候它带给人们的审美愉悦还要大于一些韵律齐整、雕琢修饰的文学篇章。孔子微言大义式的精练格言、对于德性的要求中所体现出的崇高性、“知其不可为而为之”的孤注一掷之勇气，能够给人们的心灵带来如观览高山大河时的那种震撼和叹服；老子道论所描绘的天地大道的静默运行、自然世界的恍惚辽阔，能够帮助人们拓宽想象力、提升审美力从而建构人类的宇宙观；《周易》论述阴阳互生、阴阳互动，既以人道探问天地，又以天地警示人为，仿佛是古老中华大地上一道质朴的理性之光，它带给人们的审美感受是奇妙而壮阔的，既包含个体生命的感性直观，又时常超越现世之感性直观。显然，在古典世界的述古情境下，在求善与求真并存的文化氛围里，在追寻“意义”的永恒过程中，人们也就自然而然地获得了审美的体验与美学的升华。

在中国哲学尤其是在儒家学说的影响下，古典世界更多表现为一种伦理型、道德型的文化，在价值选择上既不单纯地追求“善”，也不纯粹地强调“美”，而偏向于“美善合一”的审美结构、伦理结构、文化结构。因为受儒家思想的影响，彼时的中国哲学与中国文化的书写也开始导向伦理型、道德型，专门讨论美学或者说愿意止步于审美层面而不上升至德性、修行、天道的文本少之又少。即便在文学艺术领域，纯粹的唯美主义也终究没有在古典时代成为主流。在很多文人墨客眼中，文章或音乐倘若不能上升到某种更高的“意义”，便觉有所缺憾而难登大雅之堂，距离“尽善尽美”也更遥远。追求“美善合一”，意味着对纯粹之美的探究会有所缺失，或者说为了追寻一种“意义”之美而不得不弱化本真之美的维度，这在另一方面也使得中国古人在生活方式、思维方式上带有现实主义与实用主义的总体倾向。

四、美学的当代演变与意义

时代在发展，哲学、文化在发展，作为人文学科的美学亦在发展。与鲍姆加登将美学理解为“感性学”有所不同，康德提出美学的主观性、普遍性两大原则并将美学界定为“审美学”，之后谢林又旗帜鲜明地提出“艺术哲学”的范式来重估美学。而今，关于美学以及审美活动、审美心理、审美机制的讨论，基本是从美学的对象、文本、作品出发，而最终无一例外地回归哲学层面之深度诠释，由此可说今时今日之美学研究俨然是关于“美的哲学”的研究。“美的哲学”即追问美是什么，分析美的本质是什么。从柏拉图到黑格尔，诸多西方先哲皆尝试回应并解决这一问题，而要想在根源处解答此问题，则必须将“美”视作一系统之概念而加以审思，如此一来，则美的本质问题也就变成了深刻的哲学问题。卡西尔从文化哲学的视角出发，认为凡是冠以文化之名的人、事、物都不可避免地染上了理性主义的色彩，然而审美活动及其背后所关联的审美文化却是较为特殊的，人类的审美文化可说在理性主义的色彩之外仍保留着浓郁的感性因素。进一步讲，人类文化史、文明史上的伟大美学作品往往是非凡的感性与充分之理性高度结合、融汇的产物。

20世纪以来，概念式的追问开始转向符号式的解读与逻辑式的分析，久而久之即形成现代西方学界美学研究之流派，就其学术之追求、研究之进路、思考之旨趣来看，或可称其为符号美学与分析美学。美学家苏珊·朗格认为，表现、创造、符号、意义、直觉、生命力和有机形式，构成了人们描述美学领域、理解审美活动的关键词[①]。当代美学家布洛克则说："美学涉及的，乃是我们一般情况下思考和谈论艺术的方式，它围绕着下述字眼如模仿、写实、再现、表现、内容与形式、直觉、意图、艺术品等去考虑艺术概念的问题，并且试图去理解和阐明艺术的概念和上述种种术语。"[②]今时今日之社会思潮总体呈现为多元化之态势，于是不论是生活领域，还是学术领域，人们对真、善、美的判定也都展现出多样化、多维度之特点。基于对外部世界的关注以及对自我的反省、审视，中外学者将美学的范畴、范围、范式逐步拓展，使得审美的问题跟政治、伦理、文化之关联更为绵密，于是便涌现出环境美学、身体美学、实践美学、生命美学、生活美学、意境美学、意象美学等直面现代性、折射现代性的现代美学内容与具体美学分支。

美究竟是主观的还是客观的？古今中外的哲学家、美学家、文学家一直以来争论不休。整个世界是美的，一朵小花也是美的，如何感知、如何判断？审美活动中的感知、判断，其标准又是什么？按照当代美学的一般说法，审美活动是人类主观的普遍感知，这意味着审美往往具有主观性、普遍性的双重特征。与此同时，较之"假""恶""丑"，亦可说"真""善""美"是人类在文明进化过程中的主观识别与文化联想。因此，泰山、黄河、长城、故宫对于人们而言，既是自然景观与文化遗迹，又是精神符号与审美意象。精神性的"真"、伦理性的"善"与艺术性的"美"在泰山、黄河、长城、故宫等物象那里获得了较好的统合。很多时候，人们过于愿意相信"黄河是黄的"这样一种事实性的判断，对"黄河是美的"这样一种价值性的判断则充满质疑，人们"理所当然"地认为"黄"作为一种颜色属性是可验证的、客观的，而认为"美"作为一种感受性的存在具有较强的私人性、主观性。实质上，"属性是客观的、无我的，而价

① 苏珊·朗格：《情感与形式》，中国社会科学出版社，1986，第3页。

② 布洛克：《现代艺术哲学》，四川人民出版社，1998，第9–10页。

值是主观的、有我的，这是一种比较表面的说法，价值固然与人的主体性、主观性有关，但属性又何尝不是科学的主体性、主观性的一种表现”[①]。科学对于宏观的宇宙世界、微观的物质世界的认知判断，虽然立足于客观性，但在其观念系统内部，其实一直都为主体性、主观性留下了一定的空间，正如“山河”“天下”的治理，既需要研究科学、发展技术、探索机制，也需要观照历史、考察文化、兼顾审美。

人类的审美活动既是主观的，又是普遍的。这意味着审美活动虽然是对生活世界的本真性揭示，但往往也需借由个人的体验、感受而展开，反之亦然。“黄河是美的”虽然是带有个体主观性的私语，但作为一种体验、感受，它是可以传达的、可以延伸的。如同发出“黄河之水天上来，奔流到海不复回”之惊世咏叹的诗人李白一样，只要我们承认并且接受我们共同处于生活世界的当下这一存在境遇，我们每个人都有可能成为“黄河之美”的体验者、感受者、见证者。

叶秀山曾说，如果哲学从古希腊以来就被理解为“元物理学”——形而上学，那么美学在当代亦可被称为“元艺术学”[②]。“元”即根本，因此“元物理学”“元艺术学”不同于具体的物理学科、艺术门类，它们的重点不在于解决具体的物理学问题，不在于体会具体的艺术作品，而在于探究物理学、艺术学背后的根本性原则、普遍性观念。在“元艺术学”的美学视域下的“人”，并非笛卡尔“我思故我在”意义上的那一冰冷的、静观的思维主体，而是生活世界里的活生生的、活泼泼的人。具有审美意识和审美能力的“人”，既不是盲目的、更多依靠本能行事的动物，也不是不食五谷、超然物外的神仙，既不是纯物质的，也不是纯精神的，而是既有物质的一面，又有精神的一面，二者融汇于真切的生活之中、交错于现实的生活场景之中。在这个意义上，可说审美活动具有“唤醒”的功能，它使“我”意识到自己是具体的人、是处于具体时空之中的人，它使“我”意识到此时此刻，“我”所生活的世界是有“美”可言的、是充满意义的，只不过很多时候人们被过去的阴影所支配、被未来的幻觉所牵引，反而“遗忘”了正在真实发生着的、尚未完成且具有多种可能性的当下世界。

---

① 叶秀山：《美的哲学》，北京联合出版公司，2016，第68页。

② 叶秀山：《美的哲学》，第3页。

“成”人意味着不断追求“至真”“至善”“至美”，可以是个人对自我的超越，也可以是个人对时代的超越。如果将“自我”的主体范围进一步扩大，便知泰山、黄河、长城、故宫以及它们所承载的文化基因与精神属性在某一时间节点、历史瞬间有超越它所处时代的可能性。倘若人类的思想、心灵在某一历史阶段暂时处于蒙昧、幽暗状态，那么彼时之“山河”将显示出它对于彼时之人的超越，它以它独有的方式保留了被人们所遗忘了的价值观念，这亦是“山河”作为主体性存在实现自我、超越自我的终极路径。

人在世上，必然思虑人与世界的关系。然而人与世界的关系是个抽象的哲学问题，总是很难直入其中，因此需要“物”与“环境”作为“中介”参与人与世界的“观照”活动。在“观照”世界的过程中，人的感性直观首先发挥作用，紧接着才是人的理性思维，于是哲学问题总是在生活世界中被转化为生动而具体的美学问题，“观世”之宏观也就逐渐变成了“观物”之微观。“观世”时，世界极大而自我极小；“观物”时，自我方才真情流露、与物共在。

在生活世界的意义上，人与物的关系更近，人与世界的关系反而更远。人与物构成了“生活”与“故事”，人与世界则构成了某种“事理”与“历史”。“事理”与“历史”需要通过“生活”与“故事”来展现。麦金太尔在《追寻美德：道德理论研究》中说：“我的生活故事始终内嵌在那些我由之获得自身身份的共同体的故事之中。”[①]感性地讲，每个人都是与众不同的，都是不一样的烟火，但理性地讲，个人又都生活在这样或那样的环境之中，这使得人与人所生活的环境之间其实构成了精神意义上的、文化意义上的乃至生命意义上的共同体关系。通过“物”与“环境”的连接，人们不断确证自我、不断调整自我、不断反思自我。在赖以生存的环境下，人们逐渐明晰自己的角色、身份、位置，一方面，作为“自我”的人是自在、自由的；一方面，人又是生活世界之一员。这意味着只知追求普遍性的原理、强调整全性的轮廓，便会遮蔽个体的努力与光彩，历史其实是需要被打开、被细化、被分析的，只有这样，《清明上河图》上面的一千六百个人物才能被看见，那些牛、骡、马匹、船只、桥梁、河流才能被看见，那些穿行在时光里的、艰辛地过着生活的、形形色色的自我才能被看见。

① 麦金太尔：《追寻美德：道德理论研究》，译林出版社，2003，第280页。

席勒认为，生活是严酷的，艺术是柔美的。在叶秀山看来，这是一种理想主义的美学观念。某种意义上也可以说，生活是复杂的，艺术是冷峻的。亚里士多德曾说，艺术具有疏导的功能，那么它疏导的是什么呢？毫无疑问，主要是人的内在情感与心灵世界。然而，如何确证人的内在情感和心灵世界是鲜活而自在的呢？这时往往需要美学的指引、一种唤醒或显现本心的美学机制。如果人们当下的生活状态是飘飘然的、是浮在空中的、是捉摸不定的，那么就需要艺术、文学与美学以它冷峻或温情的姿态将人们拽回生活的现实中来。如果人们此刻正承受着痛苦、忧愁与不幸，那么艺术、文学与美学也会提供释放、疏通抑或净化、升华的通道，使人重回充满诗意的生活怀抱。

艺术作品、审美对象的融入，有助于自我情感与自在本心的焕发。比如当“我”站在《自由引导人民》这幅作品前，如果内心感受到了某种强烈的震撼，那便是进入艺术场域的绝佳时刻。《自由引导人民》看似是要通过经典的历史事件来揭示某种深刻的历史性，但就艺术审美层面而言，可说它的真正魅力其实在于对鲜活的个体生命的刻画。多个渴望自由的民众走到一起，结成一个追求自由的群体，那种热情与勇气是自发的，那种力量与意愿也是本真的。与其说《自由引导人民》是在表达人民对自由的向往，不如说是在显示若干个被唤醒的自由意志，这是群体的行动，也是个体的闪光。又如《红楼梦》这部古典名著，即便我们带着当代美学的视角进入文本，也一定会被其中某个活泼、真挚、自在的情感生命所吸引。曹雪芹偏爱林黛玉，但在描述其外貌时却像创作写意画一般简约而又抽象，说她是“似蹙非蹙笼烟眉”，这如轻烟一般的眉毛究竟是个怎样的弧线？已然无从知晓。文本中类似“薄面含嗔”之类朦朦胧胧的描写还有很多，较之一对金镯子套在肌肤丰泽的雪白手臂上的宝钗，黛玉的面容在《红楼梦》世界里总是不那么真切，整个人更像是烟雨中的一个影子、人世间的一种情态。曹雪芹运用这样的描写手法，无非是为了凸显林黛玉不落俗套的“自我”特质。这就是《红楼梦》作为经典文学的魅力，它是多维的、敞开的，自我可以借由直观把握的审美方式去触摸最为炽热、感性、柔美的园中世界。从西方到东方，从《自由引导人民》到《红楼梦》，可知自我与他者的那种生活性的、基础性的交往关系，既是诗意的、审美的关系，又是历史的、文化的关系。

由上可见，审美的关键在于把握人类在某一文化传统与文明氛围中所形成的审美心理、审美机制与审美共识。在当代美学尤其是生活美学的视域下，人们亦可找到超越时空、与古代先民进行对话从而理解古代思想观念的钥匙。它可以是一条古老的河、一座高耸的山，也可以是一支乡间的歌、一首手抄的诗。生活的美学与美学的生活，可使人们的审美灵感、审美意识自在显现。

结　语

几千年来，为了获得更大的生存可能与发展契机，人类社会不断探索、不断向前。从实践到感知，从技术到思维，从蛮荒到文明，人类不仅获得了生活、实践、行动的能力与方法，而且形成了真、善、美的认识与观念。从观“物”到观世界，从观“己”到观心灵，东西方哲人逐渐获得了关于美、美感与审美的深刻理解与丰富体会。在西方，柏拉图的“理念”论与“模仿”说首次区分了事物的现象与本质，亚里士多德从“四因”说出发进一步讨论文艺作品中“形象”塑造的真实与虚构、必然与可能，康德基于普遍性、主观性的维度建立了艺术审美的意义准则，黑格尔则从“整体”与“个别”、“抽象”与“具体”的理论视角分析艺术作品与审美对象。由此可见，西方古典美学在话语表达和方法提炼上具有鲜明的本体论与形而上学色彩，在理论建构上既有典型的主客二分、物我二元倾向，亦有寻求共性与个性、一般性与特殊性相统一的尝试与努力。20世纪以来，受到现象学、阐释学、存在主义、实证主义、结构主义等哲学思潮以及印象主义、表现主义、超现实主义等艺术浪潮的影响，现代西方美学已然呈现出全新的面貌，在观念与风格上走向多元化、多义性与自由态。较之西方，以中国古典美学为代表的东方美学并不直接从物与物的概念出发去讨论审美问题，而是在天人关系的感应中把握外物的“形”“神”及其在自然之“境”、历史之“境”、文化之“境”中的态势与意义。老子论“大象无形”“道法自然”乃将“形”“象”之美与“天道”“自然”相连，庄子通过“是非”“美丑”“虚实”之观念相对与“道”之价值绝对将人的审美引向超越性层面，《文心雕龙》《诗品》等作品则为中国古典美学确立了“形”“神”“气”“韵”“感”

“诚”等核心美学范畴，后世的唐诗、宋词、元曲、明清小说等文学样式与绘画、书法、音乐、舞蹈等艺术形式的全面发展，可说是对古代哲人天人合一、物我合一、知行合一、形神合一的美学感悟之充分实践。

由于历史之演进与时代的发展，而今东、西方美学之间所进行的对话、联系与融通越来越多。关于美感、美学与美育，人们不再局限于对“物”的描述性分析、经验性把握，而更关注事物、对象、文本背后所关联的现实观念、文化内涵与审美机制。美学正在成为人们生活意义的重要源泉，形而上学化的美学形态日渐隐去。

推荐阅读

亚里士多德：《诗学》，陈中梅译，北京：商务印书馆，1996。
康德：《判断力批判》，邓晓芒译，北京：人民出版社，2017。
黑格尔：《美学》，朱光潜译，北京：商务印书馆，1996。
席勒：《审美教育书简》，冯至、范大灿译，北京：人民文学出版社，2022。
克罗齐：《美学原理》，朱光潜译，北京：商务印书馆，2012。
阿多诺：《美学理论》，王柯平译，上海：上海人民出版社，2020。
朱光潜：《西方美学史》，北京：人民文学出版社，2002。
宗白华：《美学散步》，上海：上海人民出版社，1981。
李泽厚：《美的历程》，北京：人民文学出版社，2021。
陈望衡：《中国古典美学史》，南京：江苏人民出版社，2019。
叶朗：《中国美学史大纲》，上海：上海人民出版社，1985。

第三篇

延伸篇

第十讲　应用伦理学

一、概论

2022年9月，国务院学位委员会、教育部印发了《研究生教育学科专业目录（2022年）》，哲学门类新增了一个专业学位类别：应用伦理。这是我国自1991年开始实行专业学位教育以来，哲学门类中设立的首个专业学位类别。

应用伦理学（applied ethics）是哲学诸领域中发展最快的一个方向。随着现代科学技术的不断发展，在现实生活中出现了很多道德冲突与道德难题，这些问题急需伦理学家给出答案。应用伦理学不同于传统的理论伦理学，理论伦理学不直接关注具体的道德问题，而较集中于道德形而上学、道德认识论以及道德的规范体系的研究。应用伦理学的兴起反映了伦理学领域近三十年来最大的发展，应用伦理学把视野投向了最具争议的现实道德生活领域，以直接研究具体的、在公共领域有争议的道德问题为其根本特征。相对于研究道德问题基本理论的伦理学原理，应用伦理学着重研究和回答现实生活各领域中具体的伦理问题和道德难题。应用伦理学中的“应用”主要是指将伦理学的理论、原则和规范运用于具体的道德生活领域，并在实践中验证和发展规范伦理学的理论、原则和规范，以推动伦理学的发展。应用伦理学学科研究的基本特征是：在学科对象上侧重研究现实生活各领域中具体的伦理问题和道德难题；在学科任务上以指导人类调节各社会生活领域的伦理关系和解决道德难题为目的，具有强烈的人文精神；在研究方法上以哲学价值论和伦理学原理为理论指导，主要采用实证方法、描述法和解惑法，注重伦理道德功能的发挥。

应用伦理学有广义和狭义两种含义。广义应用伦理学涉及人类生活的所有领域，包括个人生活、爱情婚姻家庭生活、职业生活、社会公共生活、社会经济生活、政治生活以及科技、教育、国际关系等诸多领域，凡在这些领域中产生并需要实际解决的伦理道德问题，都可以纳入应用伦理学的学科范围，形成应用伦理学的各分支学科。狭义应用伦理学是与爱情婚姻家庭伦理学、职业伦理学和社会公共生活伦理学相并列的伦理学类型，着重探讨现实社会生活中道德规范的具体应用。前者是目前应用伦理学研究的主流形态。关于什么是应用伦理学，在学术界有不同的理解。有人认为，应用伦理学是分析研究诸如动物权利、安乐死这样一些具体的、有争议的道德问题的伦理学分支。有人认为，应用伦理学是研究如何运用普遍道德原则和道德规范去解决具体道德问题的学问，是一种使伦理智慧通过社会整体的行为规则与行为程序得到实现的智慧。也有学者认为，根本不存在应用伦理学，伦理学就应该解决人们在实践中遇到的各种道德问题。

在西方，人们对应用伦理学的学科性质、研究方法和目的有不同的观点。有人认为，应用伦理学只是一个让信仰各异的人们就公共领域中出现的道德争议（如基因设计是否可接受）进行道德商谈以便达成道德共识的对话平台，道德共识就是应用伦理学的基本目标；后现代主义者认为，没有任何现成的道德原则可供我们直接应用，任何人都有权表达自己的价值判断，价值判断永远是多元的。应用伦理学没有什么基本目标，道德共识也不值得追求，因为道德共识会压制少数人的价值表达。在我国，应用伦理学运用马克思主义的基本原理，并吸收西方应用伦理学研究的成果，以中国特色社会主义理论为指导，根据中国国情，研究在公共领域引起争议的且迫切需要解决的一些重大道德难题。如当前中国的效率与公平、社会公正、社会保障、社会诚信、贫富分化、环保与发展的冲突、网络安全、教育公平，以及高新科技应用引发的道德问题等。希望通过应用伦理学的研究，努力推动社会各界达成道德共识，为公共政策的制定和立法提供应用伦理学的学理依据，以维护社会的稳定、和谐与进步。

总体来说，应用伦理学强调运用伦理学的基本原理来解决当今社会面临的一些道德困境和道德难题。在伦理学发展的历史上，大部分伦理学的理论都有非常强的实践指向，大都希望能够运用自己的理论来解决现实生活中遇到的难题。

二、应用伦理学的兴起与特点

应用伦理学兴起于20世纪60年代。随着科技的快速发展、现代化内生矛盾的日益尖锐和经济全球化，在经济、政治、生态、科技、网络、医学、教育、人口等领域的伦理道德问题日益突出。

如最先出现的堕胎、安乐死问题，以及试管婴儿、器官移植、干细胞研究、克隆人、基因设计等问题，随着社会的发展逐渐凸显的公平与效率、社会公正、分配正义、环境污染、动物保护、企业社会责任、商务诚信、网络安全、人口增长等问题，引起了伦理学的关注，产生了诸如经济伦理学、环境（生态）伦理学、生命（医学）伦理学、科技伦理学、人口伦理学、计算机（网络）伦理学等应用伦理学各分支学科。

世界著名的高校都建有一流的应用伦理研究中心，如哈佛大学的埃德蒙·J.萨夫拉伦理中心（Edmond J. Safra Center of Ethics），牛津大学的尤希罗实践伦理中心（Uehiro Centre for Practical Ethics），斯坦福大学的麦考伊家庭社会伦理中心（McCoy Family Center for Ethics in Society），普林斯顿大学的大学人类价值中心（University Center for Human Values），纽约大学的生物伦理中心（Center for Bioethics），哥伦比亚大学的W.莫里斯·杨应用伦理中心（W. Maurice Young Centre for Applied Ethics），等等。这些世界一流的应用伦理研究机构汇集了世界优秀的应用伦理研究学者，为应用伦理专业教育和专业实践提供了大量一流的研究成果和相关课程。许多研究成果还转化成公共政策惠及相应的行业和人群。20世纪80年代末以来，随着我国改革开放、社会主义市场经济的深入发展，应用伦理学研究也日益发展。1995年，中国社会科学院和复旦大学分别成立了应用伦理学研究中心。随后，北京大学、中国人民大学、中山大学等学校分别成立了应用伦理学研究中心。

随着网络新媒体、大数据、基因、纳米、人工智能、机器人、虚拟现实、神经科技等新兴科技的普遍应用，科技创新和应用的不确定性后果与深远社会影响日益凸显，带来了诸多不容忽视的价值冲突与伦理争议，成为公众、企业、机构和管理部门普遍关注的话题。2021年3月，国家卫健委发布《涉及人的生命科学和医学研究伦理审查办法（征求意见稿）》，要求所有涉及人的生命科学和医学研究活动均应当接受伦理审查。2021年9月25日，国家新一代人工智能治理专业委员会发布了《新一代人工智能伦理规范》（以下简称《伦理规范》），旨在将伦理道德融入人工智能全生命周期，为从事人工智能相关活动的自然人、法人和其他相关机构等提供伦理指引。在数据伦理方面，《中华人民共和国个人信息保护法》于2021年11月1日起施行。法律明确不得过度收集个人信息、大数据杀熟，对人脸信息等敏感个人信息的处理做出规定，完善个人信息保护投诉、举报工作机制等，充分回应了社会关切，为破解个人信息保护中的热点难点问题提供了强有力的法律保障。这一系列政策的出台表明，我国当前的国家治理体系越来越重视伦理学对相关科学研究和技术开发的指导作用。中共中央总书记、国家主席习近平于2021年12月17日主持召开中央全面深化改革委员会第二十三次会议，会议审议通过了《关于加强科技伦理治理的指导意见》。2022年3月20日，中共中央办公厅、国务院办公厅印发了《关于加强科技伦理治理的意见》，要求各地区、各部门结合实际认真贯彻落实。这些都是应用伦理在国家治理体系与治理能力现代化方面发挥作用的重要方面。

再从研究的面向来看应用伦理学的特点、特征与领域。应用伦理学主要是指研究如何运用道德理论去分析解决具体的、有争议的道德问题的学问。通过这一定义，我们可以发现应用伦理学有以下三个研究特点：

第一，应用伦理学是哲学伦理学的一个分支，而不是一门实证科学。

第二，应用伦理学直接关注现实具体的道德问题，就此而言，它不同于理论伦理学。

第三，应用伦理学特别关注那些在大众和社会各界有明显争议的道德问题。

应用伦理学有以下三个研究特征：

第一，在学科对象上侧重研究现实生活各领域中具体的伦理问题和道德难题。

第二，在学科任务上以指导人类调节各社会生活领域的伦理关系和解决道德难题为目的，具有强烈的人文精神。

第三，在研究方法上以哲学价值论和伦理学原理为理论指导，强调伦理的作用和功能的发挥。

应用伦理学有以下四大研究领域：

第一，应用伦理学导论或理论的应用伦理学。

第二，应用伦理学发展史或应用伦理学史。

第三，应用伦理学分论或应用伦理学分支学科。

第四，应用伦理学方法论。

三、应用伦理学的领域与主要课题

朱贻庭教授主编的《应用伦理学辞典》列举了经济伦理学、企业伦理学、公司伦理学、商业伦理学、环境伦理学、生态伦理学、生命伦理学、生物医学伦理学、医学伦理学、科技伦理学、科学伦理学、技术伦理学、计算机伦理学、社会伦理学、制度伦理学、政治伦理学、行政伦理学、行政管理伦理学、法伦理学、管理伦理学、教育伦理学、职业伦理学、体育伦理学、恋爱婚姻家庭伦理学、性伦理学、人口伦理学、军事伦理学、军人伦理学、国际政治伦理学等应用伦理学的主要领域与主要课题。这些应用伦理学的主要领域有部分存在交集，比如经济伦理学、企业伦理学、公司伦理学和商业伦理学等。当然，也有一些应用伦理学还没有涉及的新兴领域，比如农业伦理学。以下对应用伦理学领域的介绍，主要参考了朱贻庭教授主编的《应用伦理学辞典》。

（一）经济伦理学（economic ethics）与企业伦理学（business ethics）[①]

经济伦理学是应用伦理学的分支学科，也是伦理学与经济学的交叉学科。研究社会经济领域中经济行为主体的道德和伦理问题，以揭示经济与伦理的内在联系为立论前提。一般分为三个研究层面，即宏观制度层面、中观组织（公司、企业）层面和微观个人层面。企业伦理学涉及经济伦理学的中观层面兼及

① 朱贻庭主编《应用伦理学辞典》，上海辞书出版社，2013，第9-10页。

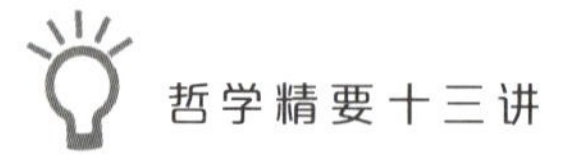

微观层面，亦称“公司伦理学”“商业伦理学”。

经济伦理涉及制度伦理、企业伦理、管理伦理、市场道德、金融道德、营销道德、广告道德、消费道德、员工道德、经理道德等。研究的问题有：以“义利之辨”为基本问题，包括制度、体制、政策的“合义性”评价，以及分配与公正、效率与公平、竞争与垄断、交易与信用、利润与责任、求利与互利、权利与义务、企业与环保、管理与伦理、职业与职责、节俭与奢侈，等等。涉及一系列经济学与伦理学交叉性的学科概念，如“经济正义”“社会责任”“公平与效率”“道德权利”“互利原则”“共生”“竞合”“完整性”（也称“廉洁”“诚实”或“道德自律”）等。经济伦理思想古已有之。自近代英国伦理学家兼经济学家亚当·斯密以后，各种经济学说都含有丰富的经济伦理思想，但作为一门独立的学科，直到20世纪70年代初，应整肃企业界的伦理行为之需，经济伦理学才在美国创立，以后又随着经济全球化、知识经济发展以及贫富两极分化加剧、生态环境恶化、自然资源短缺、市场竞争激烈等各种挑战而迅速发展。自80年代以来，从美国到欧洲、亚洲、大洋洲、拉丁美洲及非洲，相继成立经济伦理的研究机构和研究网络，出版大量专著，发行多种刊物。以美国为代表，各工商管理学校和工商管理硕士学位教育普遍开设这一课程，并已先后举办多次研讨经济伦理的国际学术会议。

企业伦理学是以企业为行为主体，以企业经营管理的伦理理念为核心，研究企业处理内外利益相关者关系的伦理原则、道德规范及其实践的理论体系。内容包括：企业的效益追求与社会责任、市场竞争与竞争道德、商品营销与顾客服务、企业管理与管理伦理、利益分配与公正原则，以及员工的工作伦理和企业家的人格塑造等。探讨有关企业行为的伦理原则和道德规范，如社会责任、环境保护、绿色营销、顾客至上、以人为本、诚实守信、公平公正、竞争合作等等。作为一门新兴学科，以1971年11月全美第一届企业伦理学讨论会为标志，企业伦理学在美国正式诞生。随着市场竞争加剧、生态环境恶化、自然资源短缺、贫富两极分化，以及经济全球化、信息产业和知识经济的发展，企业伦理学作为企业经营管理实践的指导，其重要性日益突出，因而受到了世界各国政府、企业界和学术界的重视，企业伦理学与经济伦理学相交叉而迅速发展，并丰富了企业文化学的内容。

在中国，自20世纪80年代末以来，一些高校和科研机构成立了“经济伦理”研究所或研究中心，开展对经济伦理与企业伦理的研究。

（二）环境伦理学（environmental ethics）[①]与农业伦理学（agriculture ethics）[②]

环境伦理学亦称“生态伦理学”（ecological ethics），是研究人与自然环境关系中的道德问题的学科。从20世纪初叶起，由于西方工业化发展引起的自然环境的破坏，人与自然交往中的道德问题逐步引起人们的重视。1923年，法国哲学家施韦泽在《文化与伦理》一书中提出了“敬畏生命的伦理学”思想。1949年，美国环境保护工作者利奥波德的《沙乡年鉴》出版，该书第四部分《大地伦理》一节提出尊重、保护生命共同体的生态伦理思想。《沙乡年鉴》被称为“现代环境伦理学的经典之作”。20世纪70年代以后，人与自然的冲突加剧，出现了全球性的环境危机，这迫使人们对人与自然关系的传统价值和行为方式进行认真的道德反思。20世纪70年代是环境伦理学理论逐步确立的时期。这一时期的代表作有：辛格的《动物解放》（1975年）、帕斯莫尔的《人对大自然的责任：生态问题和西方传统》（1974年）、罗尔斯顿的《存在一种生态伦理学吗？》（1975年）、纳斯的《浅层与深层、长远生态运动：一个纲要》（1973年）、巴博尔的《西方人与环境伦理学》（1973年）、洛夫洛克的《盖娅：对地球上的生命的新理解》（1979年）等。这一时期，国际环境伦理学专业杂志《环境伦理学》（*Environmental Ethics*）也在美国创立发行。到80年代，环境伦理学理论有了进一步的发展。这一时期的代表作有：泰勒的《生物中心主义的平等》（1981年）、曼尼的《环境伦理学与罗尔斯的正义论》（1981年）、里根的《为动物权利的辩护》（1985年）与《根植地球：环境伦理学新论》（1984年）、迪伏和塞逊斯的《深生态学》（1985年）和《尊重大自然的伦理学》（1986年）、罗尔斯顿的《环境伦理学：大自然的价值以及人对大自然的义务》（1988年）等。欧美一些国家已把环境伦理学引进学校教育计划，不少大学开设了专门课程。美国、澳大利亚等国还制定了《工程师环境

① 朱贻庭主编《应用伦理学辞典》，第10-12页。

② 任继周主编《中国农业伦理学概论》，中国农业出版社，2021，第5页。

伦理准则》《林业工作者大地伦理准则》等。从20世纪80年代起，中国哲学、伦理学界开始关注和重视对环境伦理学问题的理论研究，出现了一些有影响的论著。

开展环境伦理学研究的目的，是要用人类特有的道德自觉精神协调人与自然的关系以及人与自然关系背后的人与人之间的利益关系，保护自然环境，维护地球生态系统的动态平衡，促进人与社会、环境的协调与可持续发展。研究的主要内容包括：人类在自然界的地位和作用；自然界的价值与权利；当代人对未来世代人在环境保护上的责任；保护生态环境的一般道德原则和具体行为规范；环境道德的评价标准；环境问题上的国际公正等。在当代汉语语境中，“环境伦理学”与“生态伦理学”同义。但在英语世界，人们较多地用environmental ethics，它既指直接援引生态学的、反对人类中心主义的环境伦理学，也指不援引生态学的、坚持人类中心主义或个体主义的环境伦理学。直接称自己的理论是ecological ethics的思想家，往往自觉地援引生态学理论，以论证自己的整体主义和非人类中心主义观点。美国哲学家里根认为自己研究环境伦理，但不认为自己的理论是生态伦理学，因为他虽突破了人类中心主义的视界，但拒不接受生态学中的整体主义。

提到环境伦理，应该还要提及国内近年来由任继周院士提倡与发展的农业伦理学，其为中国环境伦理面向的重要议题。简言之，农业伦理学是研究农业行为中人与人、人与社会、人与生存环境发生的多维结构、功能关联的道德认知，并进而探索农业行为对自然生态系统与社会生态系统的道德关联的科学。对这类关联进行道德范畴的解读，亦即对农业行为的对与错、善与恶、美与丑、公正与偏私、正义与邪恶、和谐与抵牾等进行道德认知，是农业伦理学的任务。

（三）医学伦理学（medical ethics）与生命伦理学（bioethics）①

医学伦理学以医疗实践和医学科学研究活动中的道德规范、道德关系为研究对象。内容包括医学道德的作用、意义和发展规律，医学道德规范，各门医学学科的道德原则，医生与患者、医生与医生、卫生部门与社会团体之间的伦

① 朱贻庭主编《应用伦理学辞典》，第12-13页。

理关系等。中国古代已有丰富的医学伦理思想，《黄帝内经》中的《疏五过论》和《征四失论》、汉代张仲景《伤寒杂病论·自序》、唐代孙思邈《千金要方·大医精诚》等均为医学伦理学的经典文献。在欧洲，医学伦理思想萌芽于古希腊。这一时期产生的《希波克拉底誓言》长期以来成为医务工作者的伦理准则。第二次世界大战中，德国纳粹的暴行使医学伦理遭到严重践踏。1948年世界医学协会发表日内瓦宣言，规定医生的伦理道德规范，这是医学伦理学诞生的标志。1964年，世界医学协会在芬兰赫尔辛基举行第18届会议，对医务人员的责任、义务和道德规范做了具体规定；后又于1975年，在日本东京的第29届大会上做了修订，使现代医学伦理学日臻完善。由于医学伦理学研究的不断深化，产生了许多分支学科，如临床医学伦理学、护理伦理学等。随着社会的发展和科学技术的进步，特别是生物医学科学技术的突飞猛进，现代医学伦理学已扩展成为生命伦理学。中国医学伦理学的兴起始于20世纪80年代。

生命伦理学亦称“生物医学伦理学”（biomedical ethics），以生物医学技术发展和卫生保健领域所产生的伦理问题为研究对象。“bioethics”由希腊文“bios”（生命）和“ethikos”（伦理学）构成，由美国学者波特在《生命伦理学：通往未来的桥梁》一书中首次使用。作为一门学科，生命伦理学产生于20世纪初，形成于20世纪70年代。1969年，在美国纽约建立了社会、伦理学和生命科学研究所。1971年在美国华盛顿大学建立了肯尼迪伦理学研究所，1978年由该所编写的四卷本《生命伦理学百科全书》出版。1981年美国出版《生物医学伦理学》，其内容包括：生物医学伦理问题的伦理学理论，医患关系，病人的权利和医生的义务，人体实验中的伦理问题，健康、疾病的伦理关照，非自愿的民事关押和行为控制，自杀和拒绝抢救，安乐死，成人和有缺陷新生儿，人工流产和胎儿研究，遗传学人类生殖和科学研究的界限，社会公正和卫生保健等。此后，在北美、西欧等大学中出现大量的生命伦理学研究中心，举行众多生命伦理学的学术会议、专题学术讨论会和研究会。生命伦理学现已成为医学家、哲学家、生物学家、社会学家、宗教界人士、新闻界人士、立法决策者和公众共同关心的问题。生命伦理学与生物学、医学、人类学、社会学、法学、心理学等密切相关，是一门多学科交叉的边缘学科。基因技术伦理已经成为现代生命伦理学研究的一个突出领域，推进了现代医学伦理学的发展。生命伦理学提出关爱生命的四大伦理原则——尊重自主、行善、不伤害和公正，体现了维护人的权益、尊重人的价值的人文精神。

（四）科技伦理学（ethics of science and technology）、科学伦理学（ethics of science）、技术伦理学（ethics of technology）①

科技伦理学是随着科学技术发展形成的科学技术活动中的伦理问题以及科技道德中一系列理论和实践问题而产生的学科，英国哲学家斯蒂芬首先提出了“科学伦理学”的概念。苏联科学家、宇航学的创始人齐奥尔科夫斯基于1930年出版了《科学伦理学》一书。此后，许多哲学家和科学家就科技伦理提出了一系列思想。1948年，世界科学工作者联合会通过了《科学家宪章》，这推动了该学科的发展。科技伦理学以科技道德为研究对象，主要内容包括：科技发展与道德进步的内在联系；当代科学技术革命中提出的一系列新的伦理道德问题，如试管婴儿、器官移植中的伦理问题，遗传工程、环境污染中的伦理问题，计算机应用中的伦理问题等；科技道德的本质、特点和功能；科技工作者应当遵循的道德规范和应当具备的道德品质，科技工作者的社会责任、自我道德修养、科学良心和科学荣誉；科技道德建设等问题。

科学伦理学是一门新兴的学科，其范畴和体系目前尚无统一的表述，然亦随着科学的发展和职业伦理学的建立而逐步形成和发展。科学伦理学与科学哲学、科学社会学有密切关系，特别是与技术伦理学的研究内容存在交叉。科学伦理学的研究内容主要包括：科学发展与伦理道德之间的内在联系、互动规律，如科学发展对人类道德观念变革的影响，社会道德对科学发展的制约作用及控制的必要性，科学应用的道德原则；科学活动中科研人员应当遵循的道德行为规范，科学家对社会的道德责任，科学家的科学良心和科学荣誉；科学道德的本质、特点和社会功能；科学家的品德结构及其对科学家成长、科研成果取得的作用；具体科学中的伦理学问题，如优生学的伦理道德意义、性医学与性道德问题、生态学与环境道德问题、遗传工程学中的伦理学问题；科学道德的建设和科学道德教育。

技术伦理学是一门研究人类技术应用活动中的伦理问题、道德准则和行为

---

① 朱贻庭主编《应用伦理学辞典》，第13–15页。

规范的学科，它与技术哲学、技术社会学、科学伦理学等密切联系。20世纪中叶以来，技术已成为改造人类自身、改造自然和改造社会的巨大力量，涉及技术与伦理道德关系的问题日益突出。技术伦理学由此应运而生，成为一门新兴的交叉学科，研究内容主要包括：当代新技术革命中提出的一系列新的伦理道德问题，如试管婴儿、代孕、基因设计、克隆人、器官移植、安乐死中的伦理问题，遗传工程环境污染中的伦理问题，计算机应用中的伦理问题等；确立人类使用技术改造世界的道德标准，如新技术应用于改造自然的价值标准，技术应用于人类社会的善恶标准，技术应用于改变人类自身的道德界限，技术应用于战争的人道与非人道、正义与非正义的道德界限，技术发展和应用过程中动机与效果的道德评价等；技术发展与道德进步的相互关系，如技术进步对人类道德视野扩大和观念变革的影响，社会道德对技术发展、应用的制约和控制；工程技术人员的道德行为规范，工程技术人员对社会的道德责任以及个人应具备的道德品质；技术道德的建设，技术道德与技术立法的关系，技术高度发展时代的技术道德教育。目前技术伦理学虽然没有形成稳定的学科体系，但在技术的社会价值取向上取得了进展，形成了不同的学派。技术乐观主义认为技术进步会带来新的价值观和伦理的革新，将会克服种种社会矛盾；而技术悲观主义则认为当代技术与道德处于对立状态，形成了种种不可调和的矛盾。为了全人类的共同利益，人们必须正视新技术革命中出现的各种新的伦理道德问题。

总而言之，科技、科学、技术伦理学的发展都与当代科学技术的飞速发展息息相关，彼此之间也多有交叉，对科学与科技工作者、高工程技术人员道德素质的提升有积极作用，对科学技术与自然、社会的发展与协调有重要意义。

（五）计算机伦理学（computer ethics）①

计算机伦理是当代科学、技术伦理范畴中很重要的一环，随着计算机信息与网络技术的发展与应用而形成，主轴在于研究计算机的开发和应用以及信息生产、储存、交换和传播中的伦理道德问题。1985年，美国哲学杂志《形而上学》10月号同时发表了贝奈姆的《计算机与伦理学》和摩尔的《什么是计算机伦理学》两篇论文，这是西方计算机伦理学兴起的重要标志。此后，随着计算

① 朱贻庭主编《应用伦理学辞典》，第15-16页。

机信息技术的进一步发展，特别是90年代国际互联网（internet）的出现，计算机技术应用中的社会伦理问题日益成为伦理学界、科技界和全社会关注的一个热点，其中较有影响的有：欧曼等著的《计算机、伦理与社会》（1990年）、罗伊等著的《信息系统的伦理问题》（1991年）、约翰逊的《计算机伦理学》（1994年）、斯平内洛的《信息技术的伦理方面》（1995年）、[illegible]的《信息与计算机伦理》（1997年）。同时美、英等国家先后成立了全国或国际性的计算机伦理专门学术研究机构，定期召开各种地区或国际性的学术研讨会。高等学校普遍开设各种计算机伦理课程，推动了计算机行业职业道德规范和信息网络技术行为准则的确立。

计算机伦理探究在使用计算机时，如何做出选择和采取行动才是正当的或善的，研究具体行为的规范性指导方针，以解决信息技术带来的一系列具体道德问题。斯平内洛提出了计算机伦理的三条规范性原则：

自主原则：尊重自我与他人的平等价值与尊严，尊重自我与他人的自主权利。如，当计算机技术被用来侵犯他人的隐私权时，便侵犯了他人的自主权。

无害原则：人们不应该用计算机和信息技术给他人造成直接的或间接的损害。这一原则又被称为“最低道德标准”。

知情同意原则：人们在网络信息交换中，有权知道谁会得到这些信息以及如何利用它们，没有信息权利人的同意，他人无权使用这些信息。

计算机伦理研究中比较集中的现实道德问题有：计算机信息技术（包括软件硬件、网络、专家系统）的知识产权问题；计算机犯罪、“黑客”与网络安全问题；信息与网络时代的个人隐私权的保护问题；信息技术产品对消费者和社会的责任问题；信息网络技术使用者个人的自由权利与道德责任问题；为控制国际互联网“色情音像”“攻击言论”“虚拟伤害”而建立审查制度的问题；企业的信息技术与反不正当竞争的问题等。随着中国计算机信息技术的发展与广泛应用，计算机伦理已引起我国学术界和全社会的广泛关注。

（六）社会伦理学（social ethics）①

社会伦理学有两种含义：第一，相对于个人美德伦理学而言，它是以社会

① 朱贻庭主编《应用伦理学辞典》，第16页。

伦理关系及其结构状况、社会公正及其实现条件为研究对象的伦理学类型。社会伦理学主要研究社会关系及其结构的价值合理性根据，社会存在方式及其伦理秩序，社会成员的基本权利与义务的合理分配及保障，社会普遍行为规范及其合理性根据等，并从社会伦理生活的角度认识与理解个人美德现象。第二，它是一种以客观的方法研究道德现象的方法论范畴。在对人类道德现象进行观察研究时，不是立足于个体、主观的立场，而是立足于社会客观的立场，将这些现象视为客观事实，实证地加以研究，是一种将社会学方法引入伦理学领域并用来研究道德现象的方法。

（七）制度伦理学（institutional ethics）、政治伦理学（political ethics）、行政伦理学（administrative ethics）[①]

制度伦理学是关于制度的伦理属性及其伦理价值的理论学说。制度伦理学在价值理性与工具理性双重意义上考察制度的合理性，既对制度的本质及其合理性根据做理论分析，亦对制度的具体结构、运行机制及其过程做实证分析。善政、善制、善治构成制度伦理学内容的三个基本方面。制度伦理学内在地包含政治、行政、政党伦理等重要内容。在某种意义上，制度伦理学即政治伦理学。制度伦理学研究制度性安排对于社会伦理风尚习俗与道德价值精神的意义，并从制度的维度观照个人美德问题，这种观照主要来自两个方面：一方面，公民美德精神对于正义制度建立与稳固的基础性意义；另一方面，正义制度对于公民美德精神形成与培育的伦理环境意义。

政治伦理学是伦理学与政治学的交叉学科。它关注政治活动领域中各种道德现象的产生、本质、作用以及演变发展的规律；研究政治制度、体制和各种政治行为的道德价值与道德评价。内容涉及政治道德的基本理论、道德与政治行为、德治与法治、权利与义务、目的与手段、政治道德规范理论、政府（国家）道德、从政者道德、公民政治道德、国际政治道德以及政治道德的评价标准等问题，为政治建设、政治活动和政治行为提供伦理支持。“政治道德”是一定阶级和政治集团用来处理政治关系的道德原则、规范及其实践的总和。其要害在于与政治权力的直接相关性，政治道德的状况直接关系到权力存在的性质、

① 朱贻庭主编《应用伦理学辞典》，第16–18页。

目的是否合“义”和权力行使是否正当，即所谓权力和权力行使的“道义性”，进而直接关系到一个阶级和政治集团政治生命的生存与延续。自阶级产生以来，社会各阶级，尤其是统治集团，都十分重视政治道德的倡导和建设，十分关注对政治道德的研究，各自提出了政治道德思想理论。在中国，儒家创立了延续两千多年的“仁政”“德治”学说；在西方，从古希腊亚里士多德的《政治学》到近代洛克的《政府论》，直至现代罗尔斯的《正义论》，都包含了丰富的政治伦理思想，形成了以“正义”“平等”“自由”“民主”“权利”“义务”等范畴为内容的政治伦理思想传统，并建立了“政治伦理”学科。尼布尔的《道德的人与不道德的社会》(1932年)、劳斯编的《政治伦理学与投票人》(1952年)、理奇特的《道德政治学》(1964年)、哈登海默编的《政治腐化比较分析文选》(1970年)以及雷甘的《政治上的道德尺度》等著作、文集，系统地反映了现代西方政治伦理学的研究成果。

行政伦理学又称“行政管理伦理学”，是对公共行政领域的伦理问题进行专门研究的新兴学科。它由政治伦理和行政学分化而来，产生于20世纪中叶的西方社会，形成于70年代。在我国，直到20世纪90年代以后才确立。行政伦理学与政治伦理学、政治学和行政学等有密切联系，又有明显的区别，这主要体现在它的研究对象和内容方面。行政伦理学的内容主要有：行政机关及公职人员应当对谁负责、对什么负责的问题；行政领导、行政决策、行政协调、行政控制和行政监督等的正当性问题；与内部控制相关的公职人员的价值观和道德观问题；与外部控制相关的伦理法则确立的问题；公职人员的职业伦理标准和职业美德及其培训问题；行政伦理的调控机制问题；行政腐败的防治问题等。

在中国，对于制度、政治、行政伦理的关注与建设，则始于20世纪80年代以马克思主义为核心的建构。

(八) 法伦理学 (ethics of law)

法伦理学是法学和伦理学相结合的一门边缘学科和综合性学科，以法伦理或法道德为研究对象。以解决法和道德的关系问题为中心，研究在整个立法、执法、司法、守法和护法过程中所包含和涉及的各种伦理关系和道德问题，揭示其本质和规律，从而为法律的创制和实施过程提供价值评价的依据和标准，论证法的合理性。在西方法学史上还表现为法和正义、理性及人性的关系问题，并以对这些问题的不同回答为分水岭，演化形成了不同的法学流派。在涉及作用和功能的问题上，法与道德的关系也是中外法学发展史上一个经久不衰的理论和实践课题。在西方，既有主张法律与道德分离的，也有主张法律与道德融合为一的，还有主张将两者统一的。在中国，礼与法、德与刑之争一直贯穿于法制史和法伦理思想史的整个历程，但因儒家学说被统治者所推崇，在历史上形成的是德主刑辅的传统。中西在法律与道德关系问题认识和实践上的区别，启示人们必须正确认识和解决法律与道德的关系问题，在治国方略上做到法治与德教相结合，在社会发展战略上使法制建设和道德建设同步发展。

（九）管理伦理学（management ethics）[①]

管理伦理学以管理伦理为研究对象，旨在揭示和探究管理活动过程中的伦理与管理的复杂关系，伦理道德在管理活动系统中的存在方式、地位、作用及其途径和方法，包括道德在决策、计划、组织、指挥、协调、控制过程中的作用，总结人类社会管理过程中的伦理道德现象、评价体系及其发展规律。1974年11月，美国堪萨斯大学召开的第一届管理伦理学研讨会上发表的《伦理学、自由、经营和公共政策：企业中的道德问题》论文集，标志着管理伦理学作为一门新型学科的诞生。其研究范围不局限于经济领域，而是涉及社会生活中一切领域的管理，包括经营管理伦理、企业管理伦理、行政管理伦理、公共管理伦理、政党管理伦理、人力资源管理伦理、环境管理伦理、军事管理伦理、科技管理伦理、家庭管理伦理等。从其学科内容构成而言，管理伦理学包括管理伦理文化、管理伦理思想史、比较管理伦理、应用管理伦理等。在市场经济条件下，由于企业和企业管理在社会生活中的重要地位，企业管理伦理在现代管理伦理学的体系中显得格外突出和重要，因此国内学者将“business ethics”（企业伦理学或商业伦理学）翻译成管理伦理学。

---

① 朱贻庭主编《应用伦理学辞典》，第18-19页。

（十）教育伦理学（educational ethics）[①]

教育伦理学在伦理学上有两种含义：第一，属于应用伦理学分支学科，是一门研究教育过程中的道德及其发展规律的学科。其基本任务是：研究教育过程中的道德问题，揭示教育活动的道德价值和道德功能；研究教师劳动中特有的道德意识，揭示教师道德的本质、特点和作用；研究教育活动中的道德体系，概括和阐发教师道德的基本原则和主要规范；研究教师道德的实践活动，阐明教师行为选择和道德评价的特点；研究教师道德品质和理想人格的形成和发展规律等。中外教育史和伦理思想史积累了极为丰富的教育伦理思想，为现代教育伦理的研究提供了不可或缺的宝贵的思想资料。第二，研究道德教育的专门理论。内容包括道德教育的一般理论和原则、过程及方法，教育活动的道德规范等，与心理学密切相关。西方20世纪的皮亚杰、科尔伯格等人对此做出了重要贡献。

（十一）职业伦理学（professional ethics）[②]

职业伦理学亦称“职业道德学”，有广狭两义。广义指研究人们在职业活动中的一切道德关系和道德现象的学科；狭义专指研究各行各业道德规范和准则的学科，如教师伦理、医务伦理、军事伦理、商业伦理、律师伦理、科技伦理等。一般说来，只有那些与人打交道并会碰到较复杂的道德问题的职业，才有相应的职业伦理。作为一门学科，它是在资本主义时代才逐渐形成和发展起来的。它研究职业道德形成和发展的规律、职业的良心和规范、职业的理想和修养，以及职业道德的教育、评价和实践等等问题。通常，某项职业从业人员的道德问题亦包括在职业伦理或职业道德的范围之内。随着社会生产力的不断发展，社会分工的内容和形式日益丰富，职业伦理也将不断发展。在当代中国，以马克思主义道德学说为指导，加强职业伦理研究，在全社会进行职业责任、职业道德和职业理想的教育，对于物质文明、精神文明、社会文明和生态文明建设以及树立良好的社会道德风尚具有重要的意义。加强食品业、医药业等行业的职业伦理建设，事关社会稳定和公众基本生活的安全。

---

① 朱贻庭主编《应用伦理学辞典》，第19页。

② 朱贻庭主编《应用伦理学辞典》，第19–20页。

（十二）体育伦理学（sports ethics）[①]

体育伦理随着体育活动成为经济体制中的重要环节，亦成为应用伦理学中很受关注的部分。体育伦理学作为应用伦理学的一门分支学科，产生于20世纪中叶，20世纪60年代以前，体育伦理问题与体育教育理论、体育哲学、体育美学等学科联系在一起进行研究。20世纪70年代初期至80年代，西方和苏联一批学者相继撰写和出版的一系列论文和专著为体育伦理学的形成奠定了基础。20世纪80年代以后，随着体育事业的发展，拓展并深化了对体育运动的价值审视，体育伦理问题日益凸显，从而推动了体育伦理学的研究和发展。中国从20世纪80年代初开始，开展了体育伦理学的研究和建构。1985年，中国体育科学学会把体育伦理学作为一门学科列入了发展规划，并成立体育伦理学学科组，由此开启了体育伦理学学科的发展。

体育伦理学以体育领域的伦理道德现象为研究对象，揭示体育伦理道德的本质和发展规律，引领体育事业健康发展，规范教练员、运动员、裁判员及体育工作者的行为方式。广义的体育伦理包括体育运动伦理、体育科学伦理、体育产业伦理和体育教学伦理四大组成要素；狭义的主要指体育运动伦理，或仅指竞技体育伦理。体育伦理学的理论视界广阔，其研究内容主要包括：体育运动领域所面临的具体问题，如公平竞赛问题、服用违禁药品问题、暴力行为问题等；体育伦理关系，如竞赛对手之间的关系、运动员与教练员之间的关系、体育与国民精神之间的关系等；体育伦理基本原则和规范，如集体主义、公平竞争、顽强拼搏等，并通过这些研究揭示体育道德和体育道德观的形成、发展和演变规律；体育活动参与者的道德品质修养、体育道德观念的养成和人格的提升；体育道德与社会生活的互动等。

（十三）恋爱婚姻家庭伦理学（ethics about love marriage and family）与性伦理学（sexual ethics）[②]

自古以来，中西方思想家就对婚姻、爱情、两性关系进行了许多探索，

---

① 朱贻庭主编《应用伦理学辞典》，第20页。

②朱贻庭主编《应用伦理学辞典》，第20–22页。

两性与家庭关系可说是伦理关系的根本，且随着社会变革而突显出其重要性和社会价值。

恋爱婚姻家庭伦理学属于应用伦理学的一般理论与方法，是研究恋爱、婚姻、家庭中的道德现象及其道德关系的学科，是恋爱学、婚姻学、家庭学与伦理学的交叉学科。自人类产生家庭以来，恋爱婚姻家庭伦理就一直存在，但是作为一门独立的学科，它还在逐步形成和完善中。恋爱婚姻家庭伦理学的主要目的是通过研究爱情婚姻家庭道德的本质、作用和形成发展规律，积极回应恋爱婚姻家庭生活提出的道德问题，探究适应现代社会发展和促进婚姻家庭幸福的道德规范体系。研究内容主要包括：爱情与道德的关系；婚姻的道德关系和道德基础；家庭的伦理本质和家庭中的人伦关系；恋爱婚姻家庭道德与法律之间的关系；中西方爱情婚姻家庭伦理思想的演变与发展；恋爱婚姻家庭伦理学的发展趋势等。

性伦理学以性道德为研究对象，其内容主要有：关于性道德的理论，包括性道德的起源、本质、结构、特性、功能、社会作用、历史演变、发展规律等；关于性道德的原则和规范，包括性道德的基本原则、性道德的一般原则，以及择偶、恋爱、婚姻和两性交往中的性道德规范等；关于性道德实践中的诸问题，包括性道德评价、性道德选择、性道德教育、性道德修养以及各种性关系中的伦理问题，如同居、同性恋、婚外性关系、性暴力等。

在古希腊时期，许多思想家就对婚姻、爱情、两性关系进行了探索，形成了主要以自然主义为特点的直白、开放、享乐的性伦理观，成为西方性伦理学的思想发端。中世纪在基督教神学统治下，人性受到压制，情欲受到贬抑，性愚昧、性禁锢充斥整个社会，形成了以“原罪说”为核心的禁欲主义伦理观，并通过宗教神学家的阐发成为一种理论化的宗教性伦理观。资产阶级启蒙思想家在反对封建主义的斗争中，以自然人性论为思想武器，对禁欲主义性伦理观进行了猛烈抨击，肯定情欲和性权利的人道性和合理性，形成了理论化、体系化的性伦理观，促进了西方现代性伦理学的产生。19世纪末20世纪初，一批专家学者如德国医学家布洛赫、美国性学家金赛、英国性学家马林诺夫斯基等开创了性科学研究的先河，为现代性伦理学奠定了科学基础。英国心理学家霭理士、奥地利精神病学家弗洛伊德、英国哲学家罗素等对性伦理和性道德问题进行了专门研究，阐发了对性与性关系、爱情与婚姻、生育与子女、性权利与性教育等诸方面的理论观点，形成了以性科学和人性论为基础的西方现代性伦理学。中国古代也早有关于两性关系的伦理思考。在最早的诗歌总集《诗经》中，就有许多关于爱情、婚姻、两性关系的诗篇。随着封建社会的建立和发展，封建主义的性道德思想理论逐渐形成，以“夫为妻纲”、男尊女卑为根本原则，宣扬性神秘和性禁锢，同时主张对婚姻和两性关系的严肃谨慎态度和责任义务，强调女子对自己贞操的自珍自爱，形成了中国传统性伦理观。

我国现代性科学、性道德的宣传和研究产生于20世纪初的五四运动时期，一批先进的知识分子如鲁迅、陈独秀、李大钊、胡适等在新文化运动中，在批判旧道德、宣传新道德的道德革命中，批判了封建主义的性道德观，开创了我国现代性伦理学的思想先河。新中国成立后，党和国家十分重视妇女解放和婚姻家庭问题，取缔了一夫多妻、包办买卖等封建婚姻和腐朽婚俗，确立了男女平等、一夫一妻的社会主义婚姻制度，形成了以男女平等为特征的社会主义性伦理观，为性伦理学的产生和发展奠定了思想基础。80年代以来，随着改革开放的深入发展，婚姻、家庭问题以及性伦理问题的研究蓬勃兴起，大批论文、专著、调研报告的发表，为我国新时期性科学的发展和性伦理学的建立提供了丰富的思想资料，奠定了良好的理论基础。

（十四）人口伦理学（population ethics）[①]

人口伦理学是由人口科学与伦理学交叉融合而形成的，以人口道德为研究对象。从人口运动与伦理道德相互影响的角度探寻人口道德产生和发展的历史过程及其规律，揭示人口道德对人口运动的能动的反作用，并在此基础上概括确立和论证人口问题的道德评价标准和行为准则，为解决人口问题上的道德冲突、摆脱人口困境、提高人口素质提供有益的理论指导。人口道德的思想源远流长，中国历史上的以孔孟为代表的儒家，西方历史上的柏拉图、亚里士多德等人都有丰富而深刻的人口伦理思想。近代西方的重农学派以及英国经济学家马尔萨斯提出了颇富特色的人口伦理思想理论，但作为一门系统的伦理学理论，

① 朱贻庭主编《应用伦理学辞典》，第22页。

人口伦理学是20世纪70年代以后才形成和发展起来的。现代的“人口转变论”“人口爆炸论”“适度人口论”和“人口零增长论”等理论，推动了人口伦理学科的形成。

（十五）军事伦理学（military ethics）与军人伦理学（ethics of soldiers）①

军事伦理学研究军事道德现象、揭示军事实践活动中主体与客体的伦理关系和行为准则。军事是一切直接有关国防武装力量建设和战争活动事项的总称，凡是同平时和战时军事活动有关的集团和个人，都是军事道德的主体。军事道德产生于军事活动的各个领域和各个阶段，并从人与人的伦理关系，扩展到人与武器、人与自然物、人与宇宙空间之间的道德关系，贯穿于战前、战中、战后的全过程，渗透到军事资源、军事环境等战争要素之中，涉及对生命的杀伤和对环境的破坏。其内容在世界军事思想发展史上都有所反映。如中国古代的“义战”理论，欧洲中世纪的“骑士”精神，及近代以来对战争正义性和非正义性的认识等。

20世纪80年代起，军事伦理学得到蓬勃发展，以《军事伦理学：战争与和平指南》和《军事伦理学：展望未来》为代表，相继出现了一批研究军事伦理的专著。军事伦理学的功能在于鉴别因军事力量的运用而引发的道德冲突与道德选择，并对正当的军事行为做出辩护。以科学的战争和军队学说为指导，为国家、军队和军人的行为提供正确的价值导向，是军事伦理学的基本任务。该学科还借鉴核伦理的理论，认识和处理核时代的国家关系及其正当实施核威慑军事战略行动。现代军事伦理学重点关注的问题是：对战争与和平的伦理认识，如战争观、和平观、国防建设的道德价值、军事伦理原则及其在军事活动中的地位等；战争道德，如战争主体之间的伦理关系、战争决策道德、战争动员道德、战场选择道德、武器尤其是核武器运用中的道德、医治战争创伤的道德等；军人道德，包括现役军人和预备役军人道德等。军事伦理学坚持时间维度与社会维度相结合的研究方法，在时间维度上，既研究战前时期、战争时期、战后时期的军事道德现象，又研究和平时期的军事道德现象；在社会维度上，既研

① 朱贻庭主编《应用伦理学辞典》，第22-24页。

究军队活动中的道德现象，又研究其他社会群体乃至普通公民在和平与战争中的作用。军事伦理学还结合军事战略学、军事管理学、军事社会学、军事教育学、军事心理学、军事人才学、军事文学、军事美学等军事人文学科，开展军事伦理道德研究，以推进现代军事伦理道德理论与实践的发展。

军事伦理学包含军人伦理学，形成以军人道德为研究对象的职业伦理学。军人伦理学是关于军人道德的产生、本质特征、地位作用及其发展规律的学科，是一门阶级性很强的学科，为一定阶级的利益服务。其目标在于帮助军人确立正确的价值观，正确处理军人与军人、军人与军事集体、军人与国家、军人与民众、军人与社会、军人与家庭等伦理关系。为军人平时和战时提供切实可行的行为准则和规范，最终实现加强军队建设、赢得战争胜利的目标。作为一门交叉学科，军人伦理学与其他军事学科如军队思想政治工作学、军队管理学、军事人才学等密切联系，共同发展科学的军人伦理学是马克思主义伦理学的重要组成部分，其研究任务在于：探讨军人道德形成和发展的规律及其社会作用，阐明革命军人的道德原则和规范；抵制和批评各种腐朽思想、道德意识的侵蚀和影响，提高军人道德评价和选择的能力；研究军人道德实践的途径和方法，为培养具有高尚品德的新一代军人提供理论指导；批判地继承军人伦理史上一切有价值的东西，丰富和发展军人道德理论。早在20世纪中叶，苏联就开始比较系统地研究军人道德问题，并建立了以军人道德为研究对象的军人伦理学。我国的军人伦理学在20世纪80年代得到蓬勃发展。加强军人伦理学研究，系统地学习和宣传军人伦理，不仅是中国人民解放军广大指战员掌握马克思主义伦理学的基本理论、提高军人道德水平的需要，而且对于加强军队革命化、现代化、正规化建设，对于推进全社会物质文明、精神文明、政治文明建设，都具有重要的现实意义。

（十六）国际政治伦理学（international politics ethics）[①]

在“地球村”时代，国际交往（经济、政治、文化等）日益频繁，国际政治的道德维度日益受到重视，国际政治伦理学因此以国际关系之道德向度为研究对象。20世纪下半叶以来，西方国际关系学者围绕国际政治与伦理价值、女

① 朱贻庭主编《应用伦理学辞典》，第24页。

权主义与国际政治伦理、全球问题与生态伦理等国际性问题，展示了独特的伦理关怀精神，极大地丰富了国际关系理论，逐渐形成了国际政治伦理理论。世界不同地区、不同国家之间的贫富差距问题，文化趋同和文化多样性保护问题，国际人权问题，国际制裁问题，战争问题，经济发展与环境保护问题，环境正义问题等，都是国际政治伦理学研究的重要问题。

结　语

随着科学技术的不断发展、社会的不断变迁、人类文化的不断交流，人们对于很多新兴事物和新的行为方式产生了怀疑，不知道以何种方式面对这些新兴的事物和新出现的行为。在这样的背景下，出现了专注于将伦理学的理论运用于现实生活中道德难题、道德困境的学问。为了更好地应对现代社会出现的各种道德困境和道德难题，应用伦理或应用伦理学应运而生。在现代社会，我们已经有了各种各样的应用伦理学分支学科，比如环境伦理学、政治伦理学、医学伦理学、科技伦理学、经济伦理学等。这些应用伦理分支学科的出现都是为了应对各个不同领域中所出现的各种道德难题和道德困境，实现人们对于美好生活的向往。

推荐阅读

陈金华：《应用伦理学引论》，上海：复旦大学出版社，2015。

甘绍平、余涌：《应用伦理学教程》（第二版），北京：企业管理出版社，2017。

卢风：《应用伦理学概论》（第二版），北京：中国人民大学出版社，2015。

雅克·蒂洛等：《伦理学与生活》（第九版），北京：世界图书出版公司，2008。

Jeffrey Olen and Vincent Barry，*Applying Ethics*（7th Edition）（Belmont，CA：Wadsworth Group，2002）.

Keith Goree，Nicholas Mannias，Jane E. Till，*Ethics Applied*（6th Edition），（New York：Custom Publishing，2008）.

Peter Singer，*Applied Ethics*（Oxford：Oxford University Press，1986）.

第十一讲　科学哲学

一、概论

科学哲学（philosophy of science）是以科学为对象的哲学分支，是关于由科学引发的哲学问题的反思。科学哲学关注的核心问题有：科学的资格（如什么是科学，什么样的理论是科学理论），科学理论的可靠性（如科学理论何以被确证和接受），科学的发展模式（如科学知识增长及变迁的模式），科学的最终目的（如科学是否追踪真理）等。显然，科学哲学所关注和讨论的上述问题与知识论、语言哲学、形而上学等哲学分支有诸多关联。

科学（science，来自拉丁语scientia，原意为“知识”）一词可以从广义和狭义两个层面来理解。广义上，科学可指人类任何试图认识和理解自然的活动及其结果，从这个意义上来讲，世界各地所存在的不同文明在一定程度上拥有科学。狭义的科学则指经由欧洲16世纪的科学革命而产生的近代科学及其现代发展。现当代科学哲学的研究多采用科学的狭义理解。

进一步，按照习惯用法，如果“科学”前面不加限定词，那么它指的是自然科学，所以在不加限定的情况下，科学哲学即指关于自然科学的哲学。而针对社会科学和形式科学展开的科学哲学研究，其名称一般会更加具体，比如社会科学哲学、数学哲学等。另外，依据所研问题关涉到的学科范围，科学哲学还可以分为一般科学哲学（general philosophy of science）和分支科学哲学（philosophy of the specific sciences）。一般科学哲学关注的是所有科学共同具有的哲学问题，分支科学哲学（如物理学哲学、生物学哲学、认知科学哲学）关注的则是各门科学特有的哲学问题。本讲主要介绍的是关于自然科学的一般科学哲学。

哲学与科学的关系密切而久远。科学是从哲学中分化出来的，即在近代科学的理念、方法还未出现前，哲学承担着思考和解释整个世界的任务。从泰勒斯对世界本原的讨论，到柏拉图的拯救现象、亚里士多德的运动理论等，都体现了哲学解释自然世界的努力。而当近代科学出现并成长后，哲学便如孙正聿所言，才能把包括科学的认识成果在内的人类认识作为自己再思想、再认识的对象，并明确提出和探讨自己的基本问题——思维和存在的关系[①]。科学的研究活动以及在此过程中获得的知识也持续为哲学的这种反思活动提供材料。此外，与哲学对思维和存在间关系的持久关注和反思不同，思维和存在的统一性往往被科学研究活动当作不自觉和无条件的前提[②]。从这一点上讲，科学是需要哲学的。科学理论与经验证据间的关系是怎样的，科学共同体在其中起什么作用；科学理论为什么会发生变迁，又如何变迁；科学是否受到社会建构，科学能否达到追踪真理的目标等，都需要从科学之外的维度来审视和反思。加之，作为现代人类与世界打交道的主要手段和方式，科学支撑着人类的物质生活，构成了人们认识和理解世界的基础，因而也会极大地影响人类的未来发展。这种重要性进一步加强了对科学进行反思的必要性。而科学哲学便是从事此类反思的专业领域。

本讲首先介绍逻辑经验主义、常识科学观、证伪主义、范式理论，展示科学哲学对科学理论与经验间关系、科学的资格、科学知识的增长模式等问题的探讨，接着引入学界关于科学知识的社会建构的反思，最后介绍科学实在论，即科学是否追踪真理的讨论。

---

① 孙正聿：《哲学通论》，北京师范大学出版社，2020，第101页。

② 孙正聿：《哲学通论》，第108页。

二、科学哲学的开端：逻辑经验主义

20世纪二三十年代，随着逻辑经验主义（Logic Empiricism）的活跃，科学哲学兴起并成为哲学的一个独立分支，而促使逻辑经验主义关注科学的一个重要契机便是16世纪科学革命以来连续几个世纪科学的飞速发展。一方面，科学在经验上的巨大成功引发了逻辑经验主义对科学所用的研究方法的关注。科学所彰显的经验和实证特点与彼时欧洲的唯心主义哲学传统间的鲜明对比，还激起了逻辑经验主义对形而上学的反抗。另一方面，随着科学研究及相关技术的发展，科学理论谈论的对象（如电子、基因）已然超越了肉眼甚至光学显微镜观察的范围。在这种情况下，知识如何被经验论证就成为需要回答的问题，并被逻辑经验主义竭力探究。当然，逻辑经验主义的研究活动不只是被科学的发展所激发，在方法论上也受到了实证主义、数理逻辑，以及后期维特根斯坦提出的新哲学观的影响。

逻辑经验主义有时也被称为维也纳学派（Vienna Circle），它以罗素、维特根斯坦为先驱，石里克为创始人，卡尔纳普为代表人物。逻辑经验主义哲学的特征之一是反形而上学。逻辑经验主义者坚持意义的可证实原则，即一个命题的意义就是证实它的方法，并同时认为只有两种有认知意义的命题——分析命题和综合命题。其中，分析命题的真值只依赖于语词的意义，由逻辑分析即可证实（如数学命题和逻辑命题），综合命题则需由经验检验来证实（如经验科学命题）。于是，当通过逻辑或经验都不能证实某命题时，该命题便是无意义的，逻辑经验主义因此将形而上学视为是无意义的。

在拒斥了形而上学的同时，逻辑经验主义主张建立一种科学的哲学（scientific philosophy）或者说科学哲学，并宣称只存在这一种哲学。又因为他们称逻辑为哲学的方法，于是，逻辑经验主义所说的科学哲学在某种程度上就是对科学语言进行逻辑分析。

实现这种分析的方法，同时也是逻辑经验主义为理论还原为经验寻找通路的努力，又以他们对观察语言（observational language）和理论语言（theoretical language）的严格区分为前提[1]。逻辑经验主义指出，科学语言是由观察和理论这两个层次的语言构成的。处于下层的观察层次包含关于可观察或可测量现象或变量的陈述，位于上层的理论层次则包含关于不可观察或不可测量的对象或变量的陈述。连接理论语言与观察语言的是对应规则（correspondence rules）。通过对应规则，观察语言为理论语言传递了经验意义，此外，观察层次的陈述也为理论层次的陈述提供了检验基础。因此，科学理论便可与可观察的具体现象建立联系，因而也具有经验意义并可被经验判定真假。

从某种程度上来说，逻辑经验主义的上述努力是要更精确地阐述经验主义的基本主张。经验主义的共识是，人类知识的起源是经验。也就是说，心灵所感知的一切（包括科学理论）都直接或间接地来自经验，而所有经验最终都来自直接的观察。逻辑经验主义者期待通过对科学研究中所用命题（理论命题、观察命题，以及两者间的关系）进行逻辑分析，来呈现和规范科学方法，表达科学中的经验主义。

因此，接下来的两节，将介绍一些围绕科学理论与经验间关系展开的讨论，以及它们遇到的问题。

三、常识科学观与归纳问题

（一）常识科学观

自科学革命，尤其是牛顿范式成功以来，科学便成为人类获取知识的主要方式。继而，一种被后人称为常识科学观的方法在18、19世纪成为主流的科学观和科学方法论。简言之，常识科学观认为科学是从经验事实中推导出来的知识。科学首先开始于对世界仔细和无偏见的观察，它构成了科学可靠和客观的基础。然后是用归纳法从这些观察事实中推导出一个一般命题，也就是假说（hypothesis）。接着再借助演绎法从这个假说中推出后承（consequences）或检验蕴涵（test implication）。最后，针对该蕴涵做进一步的观察或实验检验，若

① 亨普尔：《经验主义的认识意义标准：问题与变化》，载洪谦主编《逻辑经验主义》，商务印书馆，1982，第102-127页。

通过检验，就推定假说成为被证实的理论。

那么这种科学观是否正确，它是否能带领人们通达真理呢？

（二）观察是否完全客观

常识科学观认为，科学首先开始于对世界仔细和无偏见的观察。这里有两点需要考察：所观察到的就是真实的吗，即符合世界本来面目吗？观察是无偏见的吗，即观察是发生在观念或理论之前并且独立于理论的吗？

首先，观察是可错的。观察并非完全可信，尤其是人在用肉眼观察时，会受到观察者视力、精神状态、环境光线等因素的影响，由此得出错误的观察判断。比如在黑暗的背景中测量较小光源的大小时，以及试图观察金星或火星视直径的变化时，肉眼都不是可靠的途径。对此，人们发明了仪器（如光学望远镜、射电望远镜）来辅助肉眼进行观察，那么如何判断这类仪器是可靠的呢？如何判断它们展示出的物像确实还原了物理世界中的相应对象呢？

其次，观察不完全由观察物所决定。一个说明这一陈述的事实是，对于同一个观察物，不同观察者观察到的结果可能是不同的，同一个观察者在不同时间观察到的结果也可能是不同的。比如查尔默斯举出的楼梯的例子（图3–1），以及著名的鸭兔图（图3–2）。

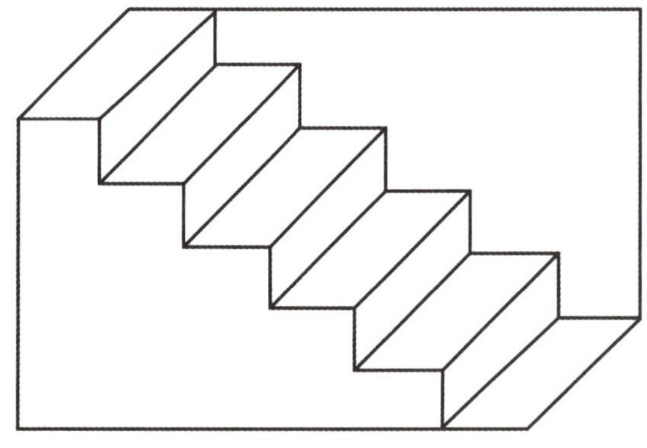

图3–1① 楼梯上下表面

① Chalmers A. F.，*What Is This Thing Called Science?*（Queensland：University of Queensland Press，2013），p.6.

图3-2[①] 鸭兔图

根据视点的变化，观察者A看图3-1时，一时看到的是梯级下表面的楼梯，一时看到的是梯级上表面的楼梯；看图3-2时，一时看到的是闭着嘴巴的兔子，一时看到的是张着嘴的鸭子。但对于来自非洲某部落的不懂透视画法的观察者B来说，他很难把图3-1看作一个楼梯。还可以想象，对于没有见过鸭子或兔子的观察者C，他对图3-2所做的观察判断会与观察者A不同，他也许只会说这是一只兔子或一只鸭子。可见，观察判断并非完全由观察者视网膜上的视觉映像所决定，或者用汉森的话来说"看不仅仅是与眼球的相遇"[②]。

据此，汉森提出了一个著名的论断——观察渗透理论，亦即观察是理论负担的（theory-laden）[③]。这反驳了常识科学观所坚持的观点：观察在理论之前并且独立于理论。观察渗透理论主张，在某种意义上，观察会受到观察者过去的经验以及所拥有的信念的影响，亦即观察在某些理论或观念之后并受之影响。比如科学家在进行观察或数据搜集时会被他们对相关问题的先前认识或预期所

① Jastrow J.，*Fact and fable in psychology*（Boston and New York：Houghton，Mifflin and Company，1900），p.294.

② Hanson N. R.，*Patterns of Discovery：An inquiry into the conceptual foundations of science*（New York：Cambridge University Press，1965），p.7.

③ 详见 Hanson N. R.，*Patterns of Discovery：An inquiry into the conceptual foundations of science*（New York：Cambridge University Press，1965），Ch.1.

引导。观察不一定先于理论，不一定独立于理论，因此也不一定是“无偏见”的。从另一个角度说明这一点的经验还有：人必须通过学习才能成为一个合格的观察者。试想，在一堂初中生物课上，你是否能够在无人指导也没有关于显微镜和细胞的先前理论或经验的情况下操纵显微镜并观测到洋葱的表皮细胞；你可能无法正确调整仪器，也可能即便在视野中看到了某些形状，也无法辨认它们；更有甚者，对于视觉经验的口头或文字表达也要依赖观察者具有的概念框架。这都说明，一定的知识是阐述观察命题的前提条件，观察并非完全客观的，它受到先天认知框架、既有知识体系、观察视角或偏好等因素的影响。

（三）归纳问题

虽然观察不一定是完全客观和无偏见的，但因为目前人们没有其他更好的选择，同时也为了继续后面的讨论，我们姑且先将这些问题搁置。接下来，谈谈常识科学观所使用的推理方法。常识科学观认为，可用归纳法从这些观察事实中推导出一个假说；接着再借助演绎法从这个假说中推出后承或检验蕴涵；最后，针对该蕴涵做进一步的观察或实验，若该蕴涵通过检验，就推定相应的假说通过检验得到了证实。其中涉及两种推理方式：一是归纳法，二是演绎法。其中存在问题的是归纳法。

在前几讲的介绍中，我们了解到归纳是一种从特殊到一般的推理。休谟以“对超出我们当下的感觉和记忆之外的事实的推理是一种什么样的推理”对归纳法提出疑问，并借助其知觉理论以及对观念命题和事实命题的区分得出结论：归纳推理不基于任何理性的过程，而是基于习惯。在推理的有效性上，归纳法面临多重诘难。首先，作为一种由特称命题推向全称命题的推理，归纳因其结论超出了前提的范围，所以是不保真的。即我们无法从“过去观察到的n只天鹅都是白的”有效地推出“所有的天鹅都是白的”。同时，归纳推理的逻辑也无法被证明，因为其底层逻辑——将来会与过去相似（自然齐一性原则）——是一个事实命题，它是无法被理证担保的，只能诉诸经验，而为自然齐一性原则提供证明的尝试都以循环论证的谬误收场。最后，归纳推理也无法被所谓的因果机制担保，因为因果是一个没有对应印象的观念，存在的只有恒常联结（constant conjunction）。

也许有人会说，虽然归纳法是不保真的，但常识科学观并不停留在通过归纳所得的一般命题上。常识科学观还要求借助演绎法从这个一般命题中推出后承或检验蕴涵并付诸检验，如果通过检验，才说该一般命题得到了证实。

然而，这种做法依然难以摆脱归纳问题。因为新的观察或实验提供的依然是个别的经验，而个别的经验无法证明全称命题的正当性。认为全称命题或科学定律可以通过检验得到确证的思想实则是犯了肯定前件（modus ponens）的谬误。而肯定前件律，即“p→q，q∴p”，在演绎上是无效的。

总之，不论是从观察概括出全称命题，还是对全称命题的经验检验，都无法为科学理论的真值担保。科学观迎来了确定性丢失的时代。

四、证伪主义与整体论

（一）证伪主义

推崇归纳法的学者期望以围绕理论被确证程度展开的讨论回应归纳问题。即虽然经验检验无法证实相应理论是绝对为真的，但可以根据多次的经验检验推定相应理论是近似为真的，或者在某个概率上被证实了。

然而，当归纳主义者还期望以上述讨论挽救常识科学观在逻辑上的合法性时，逻辑经验主义的著名学者波普尔却指出，不仅不能以重复观察个例为确定的信念辩护，也不能为或然的信念辩护，因为相比于未来可能进行的无限次检验来说，现有的检验次数无限趋近于零。也许，应当换个角度去挽救归纳问题造成的确定性丢失。

波普尔点明，对于挽救确定性而言，人们有两个方向：确定的真，以及确定的假。所以，休谟的疑问可以用另一种说法表达：“可以逻辑上有效地从我们已经验的个例来推断关于相应理论的真或假吗?”波普尔随即指出，我们不能从个例去推断相应理论的真，但却可以从反例去推断相应理论的假。比如，我们不能从“过去观察到的n只天鹅都是白的”推断“所有天鹅都是白的”这一命题为真，但可以从“观察到一只天鹅是黑的”推断“所有天鹅都是白的”这一命题为假。这里依据的是肯定前件律和否定后件律（modus tollens）的逻辑不对称性。因为与肯定前件律不同，否定后件律是演绎上有效的。

$p \to q$，$\neg q \therefore \neg p$（否定后件律）

正是源于这种逻辑上的不对称性，波普尔在《猜想与反驳》（*Conjectures and Refutations*）[①]一书中阐述了证伪主义的思想。波普尔主张理论检验的关键不在于其是否被确证，而在于其是否被证伪（否证，falsify）。因为推断相应理论的假才是人们在检验中唯一能获取的确定性。同时，从这个意义上来讲，所有理论都是可错的或可被证伪的（falsifiable）。而一个随时存在被证伪的可能的理论，按照波普尔的话说，都是猜想性的。

由此，波普尔还提出了他对科学理论的资格要求，亦即科学的划界问题。划界问题关心的是什么样的理论是科学的理论。波普尔认为，既然确证是不可能的，证伪才是人们通过经验唯一能把握的确定性，那么理论就必须是可证伪的。换言之，理论必须体现禁止，即理论禁止某种情况发生。这样，当理论所禁止的情况实际出现时，该理论就被确定地证伪或反驳了。比如，“所有的天鹅都是白的”就禁止了任何一只天鹅是除白色以外的其他任何颜色的情况，观察到一只黑天鹅，就确定地反驳了“所有的天鹅都是白的”这一全称命题。并且理论禁止的情况越多，理论的经验内容或信息内容就越多，理论就越好。对此，波普尔引入了可证伪度的概念来描述一个理论被可能的可观察的情景证伪的程度。通常，一个可证伪命题的普遍性越强、表述越精确，那么它的可证伪度就越高。比如，“所有的天鹅都是白的”要比“所有的天鹅都是白的或黑的”禁止了更多的事情。反之，一个不能被任何可设想的证据反驳的理论就不是一个科学的理论。比如，阿德勒心理分析理论中的某些原则就被认为是不可证伪的[②]。通过理论是否有潜在的被证伪的可能，波普尔将具有经验内容的理论与不具有经验内容的理论，也就是经验科学理论与非经验科学以及伪科学进行了区分。

最后，波普尔给出了科学发展或者说科学知识增长的模式：猜想与反驳间的交替。在此，波普尔提出了另一个不同于常识科学观的主张（第一个主张是

---

① Popper K.，*Conjectures and Refutations：The Growth of Scientific Knowledge*（London：Routledge，2014）.

② Chalmers A. F.，*What Is This Thing Called Science?*（Queensland：University of Queensland Press，2013），pp.59-60.

用否证代替确证）：科学并非开始于观察，而是开始于问题。即科学开始于问题，然后为了回答这个问题，科学家进行大胆的猜想，之后再对该猜想性假说进行小心的检验，当其被证伪时，就放弃这个理论，转而提出新的问题和猜想。而如果这个猜想性假说通过了检验，也不代表它就被当作真的，那只能表示这个假说或理论暂时还没有被证伪。在波普尔的理解中，科学知识的增长是通过不断排除错误的理论来实现的，这与常识科学观呈现出的“科学是被确证的理论不断积累”的进步观有着明显的不同。

波普尔的科学哲学思想也遭到了一些质疑。其中一个问题是，在抛弃确证观念的情况下，如何决定和解释实际生活中应用科学理论的行为。难道人们不相信某科学理论为真，却又会将之运用在一些性命攸关的场景中，以及认为证伪主义过于理想，无法在科学实践中运用的质疑[①]，这就关联到下面一个问题——假说检验的整体论问题。

（二）整体论

先来总结证伪一个假说的基本逻辑形式，H表示所提出的并将受检验的假说，I表示从H中推出的可直接检验的陈述，即假说H的检验蕴涵，那么证伪一个假说的基本逻辑形式是：

H→I（如果H是真的，那么I是真的）

¬I（证据表明I不是真的）

¬H（H不是真的）

问题的关键在于，如果H单独就蕴涵I，而经验检验表明I是假的，那么依照否定后件律，H必定也是假的；而在绝大多数情形下，被检验的假说要与其他的假定相结合，才能推出可以直接检验的蕴涵。这些其他的假定被称为辅助假定或辅助假说（auxiliary hypothesis）。比如，几乎所有检验都会用到“其他条件不变”（ceteris paribus）的辅助假定。于是，当遭遇反例时，哪个部分应当为之负责呢？人们应当选择抛弃该假说，还是质疑辅助假说呢？

① Godfrey-Smith P., *Theory and Reality: An Introduction to the Philosophy of Science*（2nd edition）（Chicago and London: University of Chicago Press, 2021）, pp.87, 91.

这就是法国物理学家、哲学家迪昂所说的假说检验的整体论（holism）。迪昂指出，孤立的假说不能诉诸检验，只有一群假说（a whole group of hypotheses）才能诉诸经验的检验[①]。即一个假说只有与辅助假说相结合，才能推导出可以检验的蕴涵。当遭遇反例时，能断定的只是被检验假说错了或某个辅助假说错了。此时，没有逻辑依据可以告知人们具体是哪里出错了。科学家完全有可能通过不断修正或增加辅助假说来挽救被检验的假说，使之不被证伪。如此一来，波普尔以猜想与反驳间的交替为动力的科学发展就无法实现了。

美国哲学家奎因将上述假说检验的整体论扩大化，主张只有人的整个信念系统作为整体才能面对经验的审判[②]。于是假说检验的整体论论题也常被称为迪昂—奎因论题（Duhem-Quine Thesis）。迪昂和奎因都认为，在假说检验的整体论问题面前，没有一般的规则可以告诉科学家在面对反例时应该怎么做。科学家依靠的是良知，或者是某些方法上的约定，比如最小伤害原则、简单性原则等来做决定。

除了假说检验的整体论以外，迪昂还讨论了判决性实验以及证据对理论的亚决定论题。简单来说，迪昂认为不存在判决性实验（crucial experiment），因为判决性实验的成立至少需要满足两个条件（一是实验结果构成了对对立假说的直接否证，二是待判决的假说穷尽了关于某现象所能设想的所有假说的可能性），而这两个条件往往无法达成。证据对理论的亚决定论题（underdetermination thesis）则指，面对同样的证据，能够说明此证据的理论可能有多个，所以，证据本身无法决定哪个理论为真。这些观点连同假说检验的整体论一起动摇着逻辑经验主义通过探寻经验与理论间逻辑关系来完成科学哲学研究的理想。科学哲学即将迎来新的一页。

---

① Duhem P., *The Aim and Structure of Physical Theory* (Princeton: Princeton University Press, 1954).

② Quine W. V., "Two Dogmas of Empiricism," *Philosophical Review* 60, no.1 (1951): 20-43.

五、科学哲学的社会历史转向

上一节讨论到，在假说检验的整体论的影响下，科学家是依靠良知或者约定来做出有关科学决定的。而良知和约定与逻辑显然是不同类型的概念，后者是分析的，前者则可能是经验的、心理的或社会的。这为以科学活动为对象展开的分析工作引入了一个新的要素——科学共同体（scientific community）。如果科学理论产生的过程中不仅仅有经验世界对理论的判决，而是需要科学共同体协商、约定的话，那么对科学的分析就不仅仅是逻辑的分析。同时，囿于理论和证据间关系的传统科学哲学研究被认为与科学发展的实际情况不相符。于是，另一种观念被提出，即不应脱离实际的科学实践去谈科学方法，对科学的分析应当贴近科学史。这些为科学哲学的发展提供了转向的种子，而库恩就是让这颗种子萌芽的那个人。

（一）库恩及其思想背景

库恩是理科出身，本硕博专攻物理学专业，在哈佛大学任教后开始思考和研究科学史、科学哲学领域的问题，代表作是出版于1962年的《科学革命的结构》[①]，后面对库恩科学哲学思想的介绍就是以此书为基础的。

在科学编史学的启发及20世纪以相对论和量子力学的兴起和确立为标志的近代物理学革命的背景下，同时也是在哲学上汉森的观察渗透理论、心理学领域中格式塔心理学（gestalt psychology）等学说的影响下，库恩产生了对于科学的别样思考。首先，库恩认为，科学理论无法直接面对自然并接受自然的判决，某些观念或理论是先于事实的，这些理论或规则在理论的拒斥或接受中扮演着重要角色。其次，常识科学观和否证主义展现出来的都是，科学通过不断的积累（前者是确证的积累，后者是否证的积累）来认识和把握世界，但库恩反对线性积累进步观。他基于科学发展的历史指出，科学理论的发展不是连续的而是断裂的，科学是有革命的。库恩强调，科学哲学对科学的观点和理论应当更

① Kuhn T. S.，*The Structure of Scientific Revolutions*（Chicago and London：The University of Chicago Press，1962）.

加符合科学史，也就是科学发展的实际情况。随后，库恩便着手讨论科学发展过程中理论变迁的原因和机制。

（二）范式理论

简言之，科学发展的动力学过程表现为借由科学革命展开的常规科学间的新旧交替：前科学—常规科学—危机—科学革命—（新的）常规科学。同时，库恩提出了一个重要的概念：范式（paradigm）。

库恩注意到，在一个学科中，存在一些主导性的观念或理论，它们对于该学科的发展有特殊的重要性。这些主导性的观念、理论等的集合被库恩称为范式。范式的具体内涵是一个比较复杂并且争议较大的问题，这里仅做一些粗略的介绍。一般而言，范式可能被认为包括：（1）抽象的理论或原理（比如牛顿的运动定律）；（2）成功运用前述抽象理论或原理的范例（比如牛顿运用万有引力定律分析行星运动）；（3）必需的仪器制造和使用技术（比如望远镜）；（4）一般世界观、方法论和价值观层次上的共识（比如牛顿时代的机械自然观）等等。

常规科学是遵循范式或由范式制约的科学。而是否形成了一个能对该学科提供支持的范式，是区分一个学科是处于前科学阶段还是常规科学阶段，以及区分科学和非科学的标准。在常规科学阶段，科学家的基本活动是解谜（solve puzzles），即以范式为基本规则去解决自然所提出的难题（比如牛顿范式下，为牛顿定律在流体运动方面的应用所做的工作）。借此，范式会被拓展用于新领域，学科的理论会得到丰富和深化。

常规科学是在范式的约束下去解决难题，在解难题的过程中不能轻易挑战范式本身。为了理解这一点，可以将常规科学类比为一个智力游戏。要玩好游戏，就必须遵循规则；如果在遵循规则的情况下解决不了难题，只能说玩家自己的能力有问题，而不能挑战游戏规则。同样，在遭遇反例或失败时，常规科学下的科学家也不轻易挑战范式本身。在这个意义上，常规科学是保守的。不过，库恩在一个积极的意义上理解这种保守性，他认为这恰恰是科学成功和进步的秘诀。因为这种保守性保证了研究能深入、细致地开展，范式的潜能得到更大可能的发挥。

当然，范式与游戏有一个关键的区别，那就是常规科学可能会遭遇危机。在现有范式的指导下总也解决不了的难题被称为反常，反常的积累就会导致危机。危机指的是科学共同体对范式的信任危机，即不再坚信范式是不可置疑的。危机的持续会促使部分共同体成员放弃范式并寻求新的范式，而新范式取代旧范式的过程就是科学革命（scientific revolution）。当科学共同体的绝大部分从旧范式转移到新范式，那么革命就成功了。之后，科学家将在新范式的指导和约束下，继续常规科学的解难题活动，直到下次危机的到来。

（三）范式转移与相对主义批评

在描述范式转移时，库恩用了一个引发了很大讨论的比喻。库恩将科学家抛弃旧范式转向新范式的过程类比为宗教上的改宗，以及格式塔的转换。首先库恩认为，难以在逻辑上对科学家抛弃旧范式转向新范式的行为做充分解释。因为在科学革命阶段，刚刚被提出不久的新范式还是欠发达的，它也许不能解决所有旧范式能解决的问题。哥白尼的日心说模型在预测精度上并不比第谷的地心说模型优越，也就是说，在当时，没有完全的逻辑论据可以迫使一个有理性的科学家选择日心说范式。因此，在新旧范式的转移过程中，社会因素、文化因素、同行的选择，以及科学家个人心理因素的作用都是不可忽视的。其次，库恩还提出了不可公度性（incommensurability）的概念，并认为旧范式与新范式间在语义、价值标准、经验基础等方面是不可公度的。所以，旧范式与新范式无法被放在一个平台上比较。然而，如果无法将新范式与旧范式进行比较的话，那么如何确定科学通过革命在进步呢?

库恩因此陷入了被指认为是相对主义者的局面，虽然他本人并不认为自己是相对主义者。库恩依然强调，尽管在范式转移的选择上没有明确和逻辑的规则，但这并不意味着科学家的选择就完全没有道理可言。总体上，新范式解难题的能力要强于旧范式，库恩不准备完全消解科学进步的观念，而是希望消除人们在谈论科学进步时所带有的目的论倾向。但无论库恩如何评价自己，不可否认的是，他的学说实际上启发了一些学者走向相对主义。

六、科学知识社会学与对科学的批评

20世纪下半叶，伴随科学哲学研究的进展、科学理论的变迁，以及科学对社会生活越发深远的影响，关于科学的传统观念面临更多难题和质疑。人们开始思索如何更恰当地理解、从事和应用科学，以及如果科学知识是可以变动和更改的，那么对待科学的方式似乎可以和对待其他研究领域（如文化研究、社会研究）一样。这些思考及衍生的讨论随之构成了对科学的传统观念的挑战，库恩可以算是这个方向的先驱，而科学知识社会学则是其后继者之一。

（一）科学知识社会学

库恩的工作似乎揭示了科学的本质方式实际上是社会学的，由此，一种用社会学方法解释科学知识的学说诞生了。20世纪70年代，以英国为中心兴起的科学知识社会学（sociology of scientific knowledge，SSK），便是其中的先锋和代表。

由布鲁尔等主导提出的科学知识社会学坚持一种强纲领（strong programme）立场。所谓强纲领，是与知识社会学（sociology of knowledge）中一种较弱的立场相对的，后者将自然科学排除在知识社会学的研究范围之外，认为科学知识这种真或理性的信念不需要说明，错或非理性的信念才需要被追加社会维度的解释。布鲁尔反对这种观点，他在著作《知识与社会意象》[①]中指出科学知识的生产中有社会过程，比如在特定社会环境下考虑不同科研选择的利害得失的过程，科学家之间的互动、协调、合作和集体行动的过程等，社会因素影响了所有的知识，并非只有错的信念才需要社会学说明，真的信念也需要加以社会学的解释。

基于此，布鲁尔进一步给出了强纲领研究的四个原则或四个信条：因果性原则、无偏见原则、对称性原则、反身性原则。因果性原则指，强纲领要为信念或知识给出因果解释，即追究产生各种信念和知识状态的条件。无偏见原则

① Bloor D., *Knowledge and Social Imagery*（2nd edition）（Chicago and London：University of Chicago Press，1991）.

指，强纲领在面对真理或谬误、理性或非理性、成功或失败的二分时将是无偏见的，对二分法两边的信念都会给予解释。对称性原则指，在给予解释时，强纲领所诉诸的原因的类型是对称的，而非为真实的信念提供一种类型的原因，为错误的信念提供另一种类型的原因。反身性原则指，强纲领的解释模式必须适用于社会学本身。

在上述观点和原则下，科学知识社会学试图把科学的认识过程展现为一个社会过程，把科学的知识成果展现为共同体在一个社会过程中建构出的成就。

（二）无政府主义

科学的社会学研究进路崛起，科学的客观性、优越性、进步性被进一步解构，以逻辑经验主义为代表的传统科学哲学以及对科学的朴素理解遭到了重大的挑战和打击。有言论称，库恩的学说宣告了科学哲学的“死亡”，然而库恩自己坚称他是科学进步的坚定信仰者。下面，我们来看一个新的人物，他实实在在地主张：科学没有方法，也不比其他形式的知识优越。

费耶阿本德受到了库恩的影响，但相比之下更加激进，他否定了为科学发展寻找一种理性方法论支撑的努力，主张科学不应该有任何限制（如范式、方法、规则）。这种反对方法的观点可见于他的著作《反对方法：无政府主义知识论纲要》[①]。费耶阿本德主张，证据都是被理论“污染”的，不存在中立于理论的事实。他以伽利略对天文学和物理学的发展为例，分析了以肉眼观察为依据的地球静止不动的框架与以望远镜观察为依据的地动说框架，指出这两个框架是相互排斥、不可公度的。费耶阿本德认为，上述理论间失去比较标准的问题并不能被库恩提出的科学共同体的共识（共同体选择某个范式并遵循它）解决，因为科学实践中并不总是一个理论一枝独秀，而是同时存在多个互相竞争的理论。基于此，费耶阿本德称，科学不存在所谓被事实证明或与事实相符的特征，也无法通过诉诸共识建立规则，科学没有所谓的方法，科学家应当抛弃所有方法论的限制，遵循他们的主观愿望，也就是怎么都行（anything goes）。如此一来，科学也就并不比其他形式的知识更优越，费耶阿本德主张，现今人们高度

① Feyerabend P., *Against Method: Outline of an Anarchistic Theory of Knowledge*（London: New Left Books, 1975）.

尊重科学的做法是有问题的，一个人应当有自由在科学与其他形式的知识间进行选择。

（二）女性主义对科学的批评

在20世纪后期，随着科学和以科学为基础的技术对人类生活的影响和改变日益深远，科学技术与政府等组织的关系日益广泛，尤其是当科学技术被世界战争裹挟，以及部分科学技术的不当应用危害人类的生活环境时，人们对科学的态度便产生了转变，批评科学的声音渐渐出现。其中，一部分声音主张当前科学方法、实践和建制中存在问题，以至于它们维持或加强了一些不合理的现状。这一态度最显著地表现在对科学的女性主义哲学思考上。

首先，对科学的女性主义哲学思考一般会同意科学是社会建构的产物。即认为科学知识是在特定的社会和文化背景下形成的，不存在完全客观和中立的评价科学的标准。这点与库恩以及科学知识社会学等的立场是一致的。只是，女性主义在此基础上会更关注科学研究中存在的性别歧视和性别偏见。某种程度上，正因为科学不再被理解为是绝对客观的，而是可以被阐述为一种在特定的社会和文化背景下建构的知识生产活动，女性主义对科学的相关思考和批评才得以建立。

女性主义指出，科学本身以及关于科学的观念和理论中存在对女性的歧视和偏见。在对思想史和科学史的分析中，劳埃德指出在西方哲学中总是把理性与男性联系在一起，而与女性相关联的则是与理性相对比的心理特征，比如直觉、感情、同情等[①]。也有一些深入科学内部的研究认为，科学在提出问题、实验研究、分析结论等环节中都存在对女性的性别偏见。比如有意无意他将女性相关问题排除在研究范围之外，将女性排除在调查范围之外，诋毁女性的认知风格，弱化女性在科研工作中的角色等。这些显见或隐蔽的偏见被认为维持甚至加强了男女性别的不平等。

在此基础上，女性主义者进一步主张科学中存在的上述偏见是损害科学的。这一方面是因为科学需要多样性，而排除或限制女性的参与会损害科学的多样

---

① Lloyd G., *The Man of Reason: Male and Female in Western Philosophy* (Minneapolis: University of Minnesota Press, 1984).

性。女性主义认为科学知识在本质上是一个社会产物，是科学家在公开讨论中达成一致看法的结果。既然科学客观性是在多种视角的协商和对话中达成的，那么多样化视角将有助于达成科学客观性。所以，更多的女性参与是有益于科学的。一些学科的个案支持了这个想法。比如20世纪60年代，灵长类学领域的绝大多数研究者是男性，他们当时主要关心、观察、研究的是这些动物群体的雄性成员之间的互动；70年代，女性开始加入这个领域，并关注到更广泛的问题，比如雌性与雌性之间、雌性与幼崽之间以及雌性与雄性之间的互动。已知在一些学科中，女性的进入促使了新的问题、理论、方法和发现的产生。另一方面，女性主义者还尝试论证，是女性独有的认知价值在这些转变中发挥了因果作用（区别于单纯的多样性的增加）。持这类女性主义观点的有女性主义立场理论（feminist standpoint theory）等。它们从处境知识（situated knowledge）等概念出发，主张女性具有特别的认知优势①。

七、科学实在论

科学实在论（scientific realism）问题是关于科学理论的目的，以及科学理论作为认识成就是否揭示了世界本来面貌的争论。有关科学实在论的争论是现代科学哲学的一个重要问题，它随着逻辑经验主义科学哲学正统地位的衰落，以及科学及其技术应用上所取得的巨大成功而被重新讨论。这些争论涉及对可观察对象以及不可观察对象的区分，此处暂以是否可用肉眼或光学手段观察到作为是否可观察的标准。于是，相关争论的焦点可被阐述为：不可观察的对象真实存在吗？描述不可观察对象的理论是对世界的真实描述吗？

（一）科学实在论

科学实在论采取的是对科学理论认知地位的积极态度，主张科学理论的目标是真理，现在最好的科学理论提供一个关于世界本来面目的字面上为真的故事，无论理论涉及的是世界可观察的方面还是不可观察的部分。可以将科学实

① Haraway D.,“Situated Knowledges: The Science Question in Feminism and the Privilege of Partial Perspective,” *Feminist Studies*, 1988（14）: 575-599.

在论的主张拆解为两个部分：一是对科学理论的目标的主张，即科学实在论主张科学理论的目标是追踪并揭示真理。二是对科学理论的目标与科学业已取得的成就之间关系的主张，即科学实在论认为科学业已取得的成就，也就是现有的最好的那些科学理论达成了追踪真理的目标。在第二点上，又可将科学业已取得的成就区分为理论涉及的实体（比如电子、基因）以及对这些实体的结构、性质、规律、过程、关系等的描述（比如对基因结构、性质、复制过程、所遵循规律等的描述）。有一部分实在论者，如哈金支持的实体实在论（entity realism）[①]，仅认同理论所设定的对象或实体是实在的。

为了更好地与反实在论的立场相对照，科学实在论也可从以下三个维度来理解：形而上学的维度，语义学的维度，认识论的维度。在形而上学的维度上，科学实在论坚持存在独立于心灵的世界，该世界即人们所经验的世界，科学以之为对象展开研究。这个维度是科学实在论与我们后面将谈到的建构主义反实在论间的重要区别所在。在语义学的维度上，科学实在论同意科学理论应按字面意思来理解，无论其中提及的对象、性质、过程、关系等是可观察的还是不可观察的。在认识论的维度上，科学实在论主张科学理论给出了一个关于世界本来面目的字面上为真的故事，不仅主张科学理论所谈论的对象或实体的存在，也主张科学理论是对这些对象的真实描述，无论这些对象及过程是否可观察。后面两个维度是科学实在论与我们后面将谈到的工具主义反实在论间的重要区别所在。

需要明确的是，即便是科学实在论也认为科学理论是尝试性的，也就是允许科学理论发生调整或变更，因为科学研究的相当一部分工作就是改进理论。但这种调整或变更一般来说是细节上的，理论的核心部分应当大致正确。

（二）有关科学实在论的论证

对科学实在论的论证基本上是最佳说明推理（inference to the best explanation）式的，没有奇迹论证（no miracle argument）就是其中之一。普特南曾依此

① Hacking I., *Representing and Intervening*（New York：Cambridge University Press，1983），201ff.

类逻辑为科学实在论辩护[①]。没有奇迹论证开始于科学理论在经验中取得了巨大成功，这是一个令人惊讶的事情，并需要被说明。实在论者主张，相比于认为这些成功是奇迹，认为科学理论是真的或近似真的才是对科学之所以如此成功的更好的（或者最好的）说明。而按照最佳说明推理，最好的说明就是最可能为真的，因此，科学实在论是被辩护的。

没有奇迹论证面临着很多质疑。比如，是否有必要对科学的成功进行解释？科学实在论是对科学经验成功的最佳说明吗？此外，没有奇迹论证也因最佳说明推理自身未得到良好辩护而遭到反对，对最佳说明推理的质疑主要是：最好的说明就是最可能为真的吗？说明方面的性质如何与真理联系起来？[②]

（三）反实在论

与科学实在论相对的是反实在论（anti-realism）。反实在论的思想来源有对实在论及其论证的不满，对科学史上实际出现的科学理论的变迁（即一种理论曾经被认为是非常成功的，后来却被新的理论所取代）的考虑，以及彻底的经验主义的影响等。

反实在论在科学是否以真理为目标，科学理论是不是对世界的真实描述等问题上持否定的态度。其中，工具论（instrumentalism）认为，首先，科学的目标不是真理，而是以尽可能简洁和系统的方式统筹现象。其次，科学理论也不能按其字面意思理解，科学理论中出现的理论词项只是理论构建的一种手段，本身并不指称独立存在的实体或对象。最后，工具主义的主张暗示科学理论只是为了解释现象而“虚构”出来的，所以在认识论维度上，科学理论很可能没有达到追踪真理的目标，但它可以达到解释现象的目标。劳丹就支持工具论，他从科学史上的事例出发，认为科学理论在预测上的成功并非真理的可靠指标，比如托勒密行星模型也能进行成功预测，但它却被认为是错误的[③]。

① Putnam H.，*Mathematics*，*Matter and Method*（2nd edition）（New York：Cambridge University Press，1979），p.73.

② 有关最佳说明推理的讨论可参见 Lipton P.，*Inference to the Best Explanation*（2nd edition）（London：Routledge，2004）.

③ Laudan L.，“A Confutation of Convergent Realism，” *Philosophy of Science*，1981（48）：19-48.

构造经验论（constructive empiricism）有时被划归到工具主义反实在论下，但它与上面所讲的工具主义立场还是有所区别的。构造经验论由范·弗拉森提出。在语义维度上，这一学说与科学实在论一样，都同意以字面意义理解科学理论。但弗拉森认为只有在可观察的层面上，科学理论才达成认识论上的目的，符合世界本来面目，只不过弗拉森并不使用真理的概念，而代之以经验恰当性（empirical adequacy），即一个理论对世界上可观察到的事物和事件的描述是真实的。弗拉森认为理论的目的是经验恰当性，从某种意义上说，构造经验论是把实在论限制在可观测的世界，至于不可观测的情况，则持不可知论[1]。此外，弗拉森对最佳说明推理的反驳也是相当著名的，可见其著作《定律与对称性》[2]。

建构主义反实在论（constructivist anti-realism）否认了科学实在论的形而上学论题。建构主义反实在论认为，我们经验的世界（无论其是否可观察）并非独立于心灵的，而是由科学范式、社会因素等结构化了的。科学术语的提出和理论的接受是在共同体的协商以及其他社会因素的影响下进行的。以这些信念为基础，也就无从谈论科学理论是否收敛于那个所谓独立于心灵的世界的本来面目了。

结　语

20世纪初期以降，科学哲学逐渐成为哲学的一个重要分支，并随着科学的不断发展，持续开拓自身的问题域。本讲首先讲解了科学哲学的基本内涵，进而介绍逻辑经验主义对科学哲学的贡献，接着讨论常识科学观所遭遇的挑战，证伪主义对此的回应，并以库恩的范式理论呈现了科学哲学的社会历史转向，最后引入科学知识社会学与其他一些理论视角下对科学的反思，以及科学实在论与反实在论的争论。限于篇幅，本讲只选择性地介绍了近一个世纪内科学哲学领域的一些经典议题和理论，以期为初入该领域的读者提供一点帮助。

---

① Van Fraassen B. C.，*The Scientific Image*（Oxford：Oxford University Press，1980），12ff.

② Van Fraassen B. C.，*Laws and Symmetry*（Oxford：Clarendon Press，1989），142ff.

推荐阅读

Bloor D., *Knowledge and Social Imagery* (Chicago and London: University of Chicago Press, 1991).

Chalmers A. F., *What Is This Thing Called Science*? (Queensland: University of Queensland Press, 2013).

Feyerabend P., *Against Method: Outline of an Anarchistic Theory of Knowledge* (London: New Left Books, 1975).

Kuhn T. S., *The Structure of Scientific Revolutions* (Chicago and London: The University of Chicago Press, 1962).

Godfrey-Smith P., *Theory and Reality: An Introduction to the Philosophy of Science* (2nd edition) (Chicago and London: University of Chicago Press, 2021).

Popper K., *Conjectures and Refutations: The Growth of Scientific Knowledge* (London: Routledge, 2014).

洪谦主编:《逻辑经验主义》,北京:商务印书馆,1982。

第十二讲　政治哲学

一、概论

近年来，政治哲学日益成为国内哲学研究的显学。从学术方面来讲，一方面得益于罗尔斯《正义论》出版所引发的西方政治哲学的复兴和繁荣；另一方面则得益于国内一些学者引进施特劳斯的古典政治哲学。从更深一层原因来讲，国内政治哲学热与20世纪90年代以来中国在经济、社会和政治等方面的改革密切相关[①]。

2024年1月，中国学位与研究生教育学会受国务院学位办委托发布了《研究生教育学科专业简介及其学位基本要求》，其中最大的变化就是，政治哲学正式成为哲学一级学科下的二级学科，与马克思主义哲学、中国哲学、外国哲学、逻辑学、伦理学、美学、宗教学和科学技术哲学并列。在此之前，国内很多大学的哲学系、政治学系开设有政治哲学课程，并且培养政治哲学专业的研究生。2013年，中国人民大学哲学院获准设立全国第一个政治哲学博士点，编写出版了政治哲学丛书，即《西方政治哲学史》（三卷本）、《中国政治哲学史》（三卷

① 段忠桥：《古典政治哲学与现代政治哲学》，《四川大学学报》（哲学社会科学版）2015年第4期。

本)、《马克思主义政治哲学史》[①]。2023年7月22日，中国辩证唯物主义研究会马克思主义政治哲学专业委员会成立。显然，政治哲学具有学科交叉性，它既是哲学的一个分支学科，也是政治学的一个分支学科，同时也跨哲学内的部分二级学科，比如根据《研究生教育学科专业简介及其学位基本要求》，政治哲学的主要研究方向包括马克思主义政治哲学、中国政治哲学传统、西方政治哲学史、当代西方政治哲学等。

二、何谓政治哲学

从字义来看，对“政治哲学”(political philosophy)这一表述的理解涉及对政治与哲学的关系的理解[②]。有学者指出，施特劳斯对二者的关系有两种理解：一方面，在《什么是政治哲学》中，施特劳斯把“哲学”理解为处理的方式，即作为方法、手段、视角，哲学本身意味着探究知识和智慧，而作为一种处理方式它“既追根究底又包罗万象”，即追求普遍性和整全性；“政治”则表示主题、对象、内容，即与政治生活相关的诸如正义、自由、民主、国家等政治事宜[③]。在这种理解中，“政治哲学”表示用一种关联政治的哲学方式研究政治问题[④]。另一方面，在《僭政论》和《法拉比的柏拉图》中，施特劳斯则把“政治”理解为处理方式，“哲学”是对象、内容和目的，由此“政治哲学”就是指

① 这套政治哲学史丛书由中国人民大学哲学院张志伟、韩东晖、干春松主编，于2019年在中国人民大学出版社出版。

② 段忠桥在《古典政治哲学与现代政治哲学》中指出，国内学者关于“什么是政治哲学”这一问题的讨论文章有百余篇，其中比较知名学者的论文，如任剑涛：《政治哲学的问题架构与思想资源》，《江海学刊》2003年第2期；万俊人：《关于政治哲学几个基本问题研究论纲》，《天津社会科学》2004年第2期；陈晏清、王新生：《政治哲学的当代复兴及其意义》，《哲学研究》2005年第6期；韩水法：《什么是政治哲学》，《中央党校学报》2009年第2期；姚大志：《什么是政治哲学》，《光明日报》2013年9月24日第11版。

③ 施特劳斯：《什么是政治哲学》，李世祥等译，华夏出版社，2014，第2页。

④ 侯才：《政治哲学：政治的理性和良心——兼评施特劳斯的“政治哲学”概念》，载侯才《哲学的涅槃》，中国社会科学出版社，2022，第474页。

用政治的方式来处理哲学问题，或者说，用政治的方式让人们走进哲学[①]。简言之，前者是用哲学的方式来研究和处理政治问题，后者则是用政治的方式来研究和处理哲学问题。显然，对政治哲学的这两种理解是相互抵牾的，是一种悖论。对此有学者指出：“用哲学的方式处理政治问题与用政治的方式处理哲学问题是相互依赖、互为条件的，它们两者共同反映和体现了哲学和政治的相互关系，一方面，哲学需要通过政治的中介成就其反思性，需要政治为自己提供政治上的支持和辩护；另一方面，政治也需要哲学探究共同体的基础、共同体成员的权利和义务、共同体之间的关系等诸问题，提供有关完善的政治秩序、美好的生活、公正的治理的指南，以及关于‘正当性’（Richtigkeit）的答案。”[②]这种理解看似很辩证地解决了上述悖论，但显然也遮掩了其中存在的问题。其实大多数学者把“政治哲学”理解为以哲学的方式讨论政治问题，而很少理解为以政治的方式讨论哲学问题。

此外，也应该从实践哲学的角度去理解政治哲学。众所周知，亚里士多德首次创立了学科意义上的实践之学，它的研究对象是实践活动，与之相对的是理论之学和制作之学，二者的对象分别是理论活动和制作活动[③]。其中，理论之学就是亚里士多德所说的哲学（爱智慧），是比技术更高一级、探究最普遍的原因和原理的学问，包括数学、物理学和形而上学。制作之学属于技术或技艺的层次，研究生产技术和文学艺术。实践之学介于理论之学和制作之学之间，研究伦理、经济、政治、军事、演讲修辞等，以促进人的德性和城邦的正义为主要目的[④]。理论知识与实践知识是“两种性质不同的知识，两种不同类别的知识”[⑤]。因此，从实践哲学的视角看，“政治哲学”属于实践哲学，是实践哲学

① 侯才：《政治哲学：政治的理性和良心——兼评施特劳斯的“政治哲学”概念》，第474-475页。

② 侯才：《政治哲学：政治的理性和良心——兼评施特劳斯的“政治哲学”概念》，第476页。

③ 亚里士多德：《形而上学》，苗力田译，中国人民大学出版社，2003，第119-121页。

④ 徐长福：《实践哲学的术语考释与学科素描》，《天津社会科学》2020年第5期，第28页。

⑤ 黄颂杰：《思辨与实践：解读西方哲学的重要进路》，载徐长福主编《实践哲学评论》第2辑，中山大学出版社，2015，第227页。

的一个部分。但严格从亚里士多德对“哲学”的用法上来看，“实践哲学”本身就存在着理论和实践之间的张力，同样“政治哲学”本身也是内含着理论和实践张力的一个学科。

施特劳斯对政治哲学的理解存在的问题恰恰在于：他要从严格意义上的哲学（即作为探究最普遍的原因和原理的学问）角度（如他所秉持的知识—意见框架）对政治进行规定，要得出关于政治的绝对的、普遍的知识。而根据亚里士多德的划分，政治本身属于实践之学的研究对象，因为政治本身是特殊的、经验性的，而非普遍的、绝对的。可以说，施特劳斯对政治哲学的理解主要还是一种柏拉图式的[①]。如果把“知识”理解为某种具有客观性的东西，或者某种具有规律性的东西，那么施特劳斯关于知识的强调是可以理解的，相信很多人也不会否认这一点。但对知识—真理过强的界定（本质主义的界定，绝对的界定）会得到相反的结果，所有东西都要以它为标准，这就容易出现悖论。为了克服这种不足，就要警惕本质主义，尤其要注意理论和实践之间的异质性区分。靠着“知识—意见”这种框架，施特劳斯严格区分了政治哲学与一般的政治思想：“政治思想对意见与知识的差别漠不关心；但政治哲学则有意识地、连贯并不懈地努力用有关政治基本原则的知识取代有关政治基本原则的意见。”[②]

三、政治哲学、政治科学与历史唯物主义

根据《研究生教育学科专业简介及其学位基本要求》，政治哲学是一门反思人类政治生活的本质与规律的学科。从内涵上来看，政治哲学主要研究政治价值和政治实质，是关于根本性政治问题和政治发展规律的理论[③]。因此，政治哲学主要是一种规范性和评价性研究，这一点使它与政治科学相区别。政治科学是随着近代自然科学的兴起而发展起来的一门独立学科，它试图按照自然科学

① 国内对施特劳斯观点的分析和批判有很多，其中一种批判可以参看段忠桥：《古典政治哲学与现代政治哲学》，《四川大学学报》（哲学社会科学版）2015年第4期。

② 施特劳斯：《什么是政治哲学》，第3-4页。

③ 俞可平：《权力与权威——政治哲学若干重要问题》，商务印书馆，2022，第1-2页。

的方式对政治事物和政治现象进行经验性研究，尤其是量化研究[①]。政治哲学与政治科学的区分可简单归结为“应当（价值）”与“事实”之间的区分。施特劳斯非常关注政治哲学和政治科学之间的关系，并对近现代政治科学进行了非常严厉的批判。施特劳斯的说法有其特别的问题意识，即强烈反对近代以来相对主义、历史主义、实证主义、虚无主义等所导致的价值相对化和虚无化[②]。

在施特劳斯那里，政治哲学与政治科学之争其实可以归结为对“知识”的理解之争：政治科学追求关于政治事实的普遍性知识，但它必须采用类似于自然科学的模式，这种知识是一种经验性、实验性的知识；而政治哲学所追求的知识则与之不同，这种知识可被理解为哲学知识，更准确地说是一种形而上学的知识、本质主义的知识、思辨的知识，这在科学主义盛行的当代显然是不能被接受的。但持平而论，我们可以从异质性哲学的二阶指谓和三阶指谓的区分角度来看待政治科学和政治哲学的关系。在异质性哲学中，二阶指谓是“主词和谓词都表实在意义的符号指谓”，如“人是动物”；三阶指谓是“谓词表范畴意义的符号指谓”，如“苏格拉底是第一实体”“人是第二实体”“个别事物是实体”。一般意义上的科学（如政治科学）运作的是经验概念、概念化的实在词，因此属于二阶指谓；而哲学（如政治哲学）运作的是纯粹概念、概念化的范畴词，因此属于三阶指谓[③]。尽管二者各有其真理性限度和适用性限度，但因为二者并不属于同一层级，所以不能在对立关系上来理解二者的关系。

理解了政治哲学与政治科学的关系之后，我们也可以进一步思考马克思主义哲学研究中关于政治哲学与历史唯物主义之间关系的争论。虽然政治哲学在当前马克思主义理论界是热点问题，但“马克思主义政治哲学”这种称呼本身也是存在争议的，毕竟马克思和恩格斯已经在《德意志意识形态》中把哲学（当然也包括政治哲学）作为需要否定的意识形态来看待，而在人类进入真正的历史（即资本主义之后的社会主义时代）之后，唯一的科学是历史科学。马克

① 俞可平：《权力与权威——政治哲学若干重要问题》，第2-3页。

② 施特劳斯：《什么是政治哲学》，第5-6页。关于自然科学范式对近现代人文社会科学的影响以及当代哲学家对实证主义的反思和批判（宽泛来说，这是施特劳斯政治哲学和罗尔斯政治哲学共同的思想背景），可参见沈清松：《近五十年来中西哲学的回顾与展望》，载《沈清松自选集》，山东教育出版社，2005，第4-23页。

③ 徐长福：《拯救实践》，重庆出版社，2012，第227页，第338-354页。

思和恩格斯在《德意志意识形态》中言："我们仅仅知道一门唯一的科学，即历史科学。历史可以从两方面来考察，可以把它划分为自然史和人类史。但这两方面是不可分割的，只要有人存在，自然史和人类史就彼此相互制约。自然史，即所谓自然科学，我们在这里不谈，我们需要深入研究的是人类史，因为几乎整个意识形态不是曲解人类史，就是完全撇开人类史。意识形态本身只不过是这一历史的一个方面。"①后世学者常常把历史唯物主义看作这种历史科学的表现。

段忠桥认为，"马克思的政治哲学"实际上并不存在，因为"马克思和恩格斯从未提出和使用过政治哲学概念，更无专门论述政治哲学问题的文章或著作"；而唯物史观则是一种"通过对社会结构和历史发展的考察以揭示人类社会发展一般规律"的实证性的科学理论，而且它也不包含与规范性政治哲学相关的内容②。很明显，段忠桥不仅否认了马克思政治哲学的实际存在，而且也否认了唯物史观包含政治哲学，这显然是一种比较极端的看法。大多数学者既承认存在马克思的政治哲学，又强调马克思的政治哲学与唯物史观有密切联系，比如王新生认为，唯物史观是"同时包含以规范性方式考察问题的历史观和方法论……唯物史观是一种考察社会理论的总的方法论，在这一总的方法论下，认知性考察方式和规范性考察方式在其中是内在统一的。马克思政治哲学就是在这一意义上有其独立存在价值的"③。李佃来认为，"历史唯物主义不仅是一种指导人们理解历史的认识论，同时也是一种具有强烈规范性意蕴的政治哲学理论"，"历史唯物主义并非排拒规范性的事实性学说，而是与作为规范性理论的政治哲学有一种相激互融的关系"，"政治哲学与历史唯物主义在马克思那里乃是不可分解的一体之两面"④。徐长福通过对马克思《黑格尔法哲学批判》的考

① 《马克思恩格斯文集》（第1卷），人民出版社，2009，第516-519页。

② 段忠桥：《政治哲学、马克思政治哲学与唯物史观》，《社会科学辑刊》2020年第4期，第35页。

③ 王新生：《马克思政治哲学研究》，科学出版社，2018，第61-62页，转引自段忠桥：《政治哲学、马克思政治哲学与唯物史观》，第34页。

④ 李佃来的《马克思主义政治哲学研究中的三个理论问题》《关于历史唯物主义与正义兼容的三重辩护》和《中国化范式与重写马克思主义政治哲学学术史》等文，转引自段忠桥：《政治哲学、马克思政治哲学与唯物史观》，第34页。

察指出：“正是基于‘物质国家’决定‘政治国家’的政治哲学命题，马克思才在《黑格尔法哲学批判》之后进一步得出了物质生活的生产决定政治和法律制度的唯物史观命题。”这两个命题既存在重大差别，也具有内在关系。其差别在于：“政治哲学命题属于实践性命题，是对集体意志的应然性价值规定，而唯物史观命题属于科学性命题，是对社会历史的实然性事实描述。”其内在关系在于：“既然国家物质客观上制约着国家理性，物质国家事实上决定着政治国家，再说这种情况在价值上是应该的，也就显得多余。就此而言，马克思政治哲学的价值命题在唯物史观中不是被排除了，而是被内化了。”①

四、政治哲学的基本问题

虽然学者们对何谓政治哲学这一问题存在不少分歧，但政治哲学的基本主题或问题大致是确定的：权力、权威、国家、主权、法律、正义、平等、权利、财产权、自由、民主和公共利益等②。这与《研究生教育学科专业简介及其学位基本要求》中的相关论述类似：政治哲学主要研究关于国家、政府、权威、正义、自由、平等、义务、财产等政治现象的内容与形式。

对于这些核心概念或基本主题的关系，杰弗里·托马斯在《政治哲学导论》第二章至第四章前面的说明非常富于启发性。该书第二章讨论了权力、权威、主权、法律与国家等主题，他说：“在政治体系里，也许存在一个最终决定者，即一个最高强制力。然而，该权力有可能在毫无权威、毫无任何命令资格的情形下得以行使。我们在把权力和权威这两个概念结合起来时，便在一个初步近似的意义上得到了主权的概念。不过，人们普遍认为主权是国家的根本特征，虽然这两个概念之间的逻辑关系远远不是那么简单。主权的概念通常和法律相联系；根据某个理论，法律是统治者的命令；法律是国家行为的主要中介。”③

① 徐长福：《“政治国家”与“物质国家”的辩证法——马克思政治哲学范式的发生学考察》，《马克思主义与现实》2020年第3期，第45页。

② 杰弗里·托马斯：《政治哲学导论》，顾肃、刘雪梅译，中国人民大学出版社，2021，第44页。

③ 杰弗里·托马斯：《政治哲学导论》，第44页。

该书第三章讨论的核心概念是正义、平等、权利和财产权，对于这些概念之间的关系，杰弗里·托马斯说："正义至少是一个类似平等对待的话题，尽管平等作为一个具体的社会目标涵盖了更多的内容。我们将看到，诺齐克把追求平等看成一个实际上与正义不协调的目标。平等通常被声称为一种权利，对权利的侵害往往被视为侵犯了正义。还有一种普遍存在的观点：人们有获得财产的权利；在允许拥有财产的制度下，人们对自己所拥有的东西具备正当的要求。"[①]该书第四章为"自由、民主与公共利益"，杰弗里·托马斯指出："民主的正常运转要求在背景制度上提供相应的自由；但是，多数人的暴政同样也会殃及自由。透过多数人统治的公式，民主看起来是促进了'最大多数人的最大利益'，增进了优势利益（对公共利益存在于何处的一种理解）。"[②]可以说，杰弗里·托马斯所说的这几段话已经勾勒出了政治哲学的基本结构和问题框架。

与杰弗里·托马斯类似，乔纳森·沃尔夫在《政治哲学》中也是从政治哲学的主要问题展开对政治哲学的分析的，讨论的起点同样是政治权力，即"发号施令的权利"。沃尔夫从对自然状态的讨论切入这个主题，以此来回答"为什么有的人有权利颁布法律来规制其他人的行为?""假定没有谁有这样一种权利，生活会是什么样子呢?"在解释了政治权力之后，紧接着需要讨论政治义务问题或国家的证成问题，社会契约论代表一种证成方式。国家的证成问题解决后，就要思考国家的组织问题，尤其是涉及政体问题，就当代而言，最重要的无疑是民主问题。政治权力、政治义务和民主背后的目的都应该是公民自由，这也涉及国家权力与公民自由之间的关系问题，并进一步涉及财产和分配正义等问题[③]。戴维·米勒的《政治哲学》也很类似，谈论的话题主要是：政治权威、民主、自由与政府的限度、正义等[④]。

需要指出的是，一般经典政治哲学著作大都会讨论这些主题，比如柏拉图的《理想国》、亚里士多德的《政治学》、马基雅维利的《君主论》、霍布斯的《利维坦》、洛克的《政府论》、卢梭的《社会契约论》、黑格尔的《法哲学原

① 杰弗里·托马斯：《政治哲学导论》，第145页。

② 杰弗里·托马斯：《政治哲学导论》，第219页。

③ 乔纳森·沃尔夫：《政治哲学》，毛兴贵译，中信出版社，2019，第xvii-xviii页。

④ 中译本见戴维·米勒：《政治哲学与幸福根基》，李里峰译，译林出版社，2013。

理》、密尔的《论自由》、罗尔斯的《正义论》等。这些经典文本也是我们运用分析的方法讨论政治哲学的思想史基础。

近代以来，社会生活的变化产生了许多新的政治哲学问题，对于人的权利、国家权力以及现代政治行为有了许多新的思考，形成了自由主义、保守主义、社群主义、社会主义、工团主义等众多政治哲学理论。限于篇幅，下面将仅围绕社会契约论、自由主义、社会主义和正义论等主题以及代表人物进行概述，里面也会涉及上面所提到的部分政治哲学主题。

五、社会契约论

社会契约论是政治哲学中非常经典的理论，多数读者耳熟能详，代表人物包括近代的霍布斯、洛克、卢梭、康德以及当代的罗尔斯等。以下扼要介绍社会契约论的几个主要内涵：社会契约论要解决的问题是什么？社会契约论有多少形态？社会契约论的核心概念是什么？

社会契约论的构造涉及政治权力的来源、政治权威的基础、主权的归属、法律的制定和国家的具体运作等问题。比如洛克在《政府论》中就明确说："为了正确地了解政治权力，并追溯它的起源，我们必须考究人类原来自然地处在什么状态。"[①]尽管社会契约论有不同的形态，但坚持这种理论的思想家大都认为，在政治状态之前人类生活在自然状态，只有通过社会契约，人类才从自然状态进入政治状态，由此权力、权威、主权、法律和国家等政治事物才正式出现。正是在对这些核心概念的不同理解和规定基础上，社会契约论的不同形态就出现了。

自然状态，顾名思义就是政治社会出现之前人类所处的状态。尽管霍布斯、洛克、卢梭、康德、罗尔斯等都提到了"自然状态"，但自然状态并不一定是人类在历史上真正存在过的一种状态，而更主要是一种思想实验。当然，卢梭相信他所处的时代仍有生活在自然状态下的实例，洛克也认为17世纪在美洲生活的很多群体都处在自然状态下，但康德和罗尔斯都明确说原初契约仅仅是一种

① 洛克：《政府论》（下篇），叶启芳、瞿菊农译，商务印书馆，1996，第5页。

假设[①]。

（一）霍布斯的社会契约理论

霍布斯的社会契约理论主要体现在《利维坦》第一部分（“论人”）第13章（“论人类幸福与苦难的自然状态”）和第14章（“论第一与第二自然法以及契约法”）中。在霍布斯那里，自然状态更多是他对当时英国内战的类比，自然状态就表现为战争状态，“每个人对每个人的战争”。之所以自然状态是战争状态，是因为霍布斯对人性的几个假定：在自然状态下，人在体力和脑力上是平等的，这进一步使得人们达到目的（如自我保全、自己的欢乐）的愿望是平等的，在达到这些目的的过程中，人本性中的竞争、猜疑和荣誉造成人与人之间的争斗[②]。由此，霍布斯得出结论：“在没有一个共同权力使大家慑服的时候，人们便处在所谓的战争状态之下。”[③]为了摆脱这种人人为战的自然状态，霍布斯提出通过相互订立信约、转让权利而形成一个主权者，霍布斯称其为“利维坦”，“把大家所有的权力和力量托付给某一个人或一个能通过多数的意见把大家的意志化为一个意志的多人组成的集体。这就是说，指定一个人或一个由多人组成的集体来代表大家的人格，每一个人都承认授权于如此承当本身人格的人在有关公共和平或安全方面所采取的任何行为或命令他人作出的行为，在这种行为中，大家都把自己的意志服从于他的意志，把自己的判断服从于他的判断。这就不仅是同意或协调，而是全体真正统一于人格之中；这一人格是大家人人相互订立信约而形成的”[④]。通过订立这一社会契约，人们就从自然状态进入了政治国家，也由此确立了主权者的权力和权威。

（二）洛克的社会契约理论

洛克和卢梭对自然状态的规定与霍布斯对自然状态的规定大相径庭。在洛

① 康德：《道德底形上学》，李明辉译，联经出版事业股份有限公司，2016，第163、195页；罗尔斯：《正义论》（修订版），何怀宏、何包钢、廖申白译，中国社会科学出版社，2023，第10页。

② 霍布斯：《利维坦》，黎思复、黎廷弼译，商务印书馆，2010，第92–94页。

③ 霍布斯：《利维坦》，第94页。

④ 霍布斯：《利维坦》，第131–132页。

克看来，在自然状态下，人是自由而平等的，且享有自己的财产："那是一种完备无缺的自由状态，他们在自然法的范围内，按照他们认为合适的办法，决定他们的行动和处理他们的财产和人身，而毋需得到任何人的许可或听命于任何人的意志。这也是一种平等的状态，在这种状态中，一切权力和管辖权都是相互的，没有一个人享有多于别人的权力。"①自然法统治着自然状态；自由、平等和财产都是人们的自然权利。但自然状态在保护这些自然权利方面存在很多缺陷，如"缺少一种确定的、规定了的、众所周知的法律，为共同的同意接受和承认为是非的标准和裁判他们之间一切纠纷的共同尺度"，"缺少一个有权依照既定的法律来裁判一切争执的知名和公正的裁判者"，"缺少权力来支持正确的判决，使它得到应有的执行"②。通过社会契约所建立的政治社会、公民社会的目的就是"避免并补救自然状态的种种不合适的地方"③，而政治社会、公民社会建成之后，个人的一切自然权利，如自由、平等，特别是财产权利，都仍然保留着。在这一点上，洛克也与霍布斯有所不同。

通过自然状态和社会契约，洛克论证了政治权力的来源、性质和目的："政治权力就是为了规定和保护财产而制定法律的权利，判处死刑和一切较轻处分的权利，以及使用共同体的力量来执行这些法律和保卫国家不受外来侵害的权利；而这一切都只是为了公众福利。"④具体到政治权力的划分和关系上，洛克提出了立法权和行政权的分立，但司法权属于行政权⑤。同时洛克强调了对外权，即"战争与和平、联合与联盟以及同国外的一切人士和社会进行一切事务的权力"⑥。

（三）卢梭的社会契约理论

卢梭在《社会契约论》第1卷要探讨的是人类怎样通过契约由自然状态过

---

① 洛克：《政府论》（下篇），第5页。

② 洛克：《政府论》（下篇），第77-78页。

③ 洛克：《政府论》（下篇），第55页。

④ 洛克：《政府论》（下篇），第4页

⑤ 洛克：《政府论》（下篇），第143-144、153页。

⑥ 洛克：《政府论》（下篇），第146页。

渡到政治状态。在卢梭看来，“每个人都生而自由、平等”[①]，这也是人在自然状态中的特征[②]。但与霍布斯和洛克不同的是，卢梭既否认自然状态中人与人的关系是战争关系，也否认自然状态中存在财产权等[③]。人们之所以要从自然状态进入政治状态，是因为“当时自然状态中不利于人类生存的种种障碍，在阻力上已超过了每个个人在那种状态中为了自存所能运用的力量。于是，那种原始状态便不能继续维持；并且人类如果不改变其生存方式，就会消灭”[④]。在卢梭看来，通过社会契约转让权利后，人们就进入了政治状态，国家、主权、政权、人民、公民、臣民等事物都随之出现了[⑤]。关于社会契约转让权利的多少，卢梭自己的说法也有些不同，在《社会契约论》第1卷中强调“每个结合者及其自身的一切权利全部都转让给整个集体”[⑥]，这与霍布斯的说法是一致的；而在第2卷中则说“每个人由于社会公约而转让出去的自己的一切权力、财富、自由，仅仅是全部之中其用途对于集体有重要关系的那部分”[⑦]，这种表述与洛克的观点又有类似之处。卢梭在《社会契约论》第2卷讨论了立法，主要包括主权、法律、立法、人民；在第3卷讨论了政府的形式。

（四）罗尔斯的社会契约理论

从思想史角度看，社会契约论取代了过去以神权来论证政治权威的方案，契约论在根本上是一种同意理论，并试图通过契约来保障同意[⑧]。上面所提到的霍布斯、洛克和卢梭都是传统契约论的代表，罗尔斯则是当代社会契约论的代表。

罗尔斯自己曾言他一直试图做的就是要“进一步概括洛克、卢梭和康德所

---

① 卢梭：《社会契约论》，何兆武译，商务印书馆，2005，第5-6页。

② 卢梭：《论人类不平等的起源和基础》，李常山译，商务印书馆，1997，第96-97页。

③ 卢梭：《社会契约论》，第13页。

④ 卢梭：《社会契约论》，第18页。

⑤ 卢梭：《社会契约论》，第20-21页。

⑥ 卢梭：《社会契约论》，第19页。

⑦ 卢梭：《社会契约论》，第38页。

⑧ 杰弗里·托马斯：《政治哲学导论》，第99-103页。

代表的传统的社会契约理论，使之上升到一种更高的抽象水平"[①]，也就是说，罗尔斯的正义论是在传统契约论基础上发展而成的。与传统契约论中的"自然状态"概念类似，罗尔斯提出了"原初状态"（original position），这是其正义论的理论原点，所有人在这种状态中平等地参与制定正义原则："所有人在选择原则的过程中都有同样的权利，每个人都能参加提议并说明接受它们的理由，等等。"[②]而且，在原初状态下，立约者被一层"无知之幕"（veil of ignorance）遮去了所有有关他们的个人资料，包括他们的天赋能力、所属的阶级及社会地位、各自特定的人生观等，这样显然就保证了立约的公平，也保证了立约的普遍有效性。

六、自由主义

自由主义是读者们耳熟能详的术语，但从研究角度来说，自由主义理论是异常复杂的，不仅代表人物众多，而且自由主义谱系上的观点也纷繁杂陈，以下我们对其代表人物和典型特征进行梳理。

（一）自由主义的含义

杰弗里·托马斯指出了自由主义的四种含义。第一种含义是历史上特殊的自由主义，特指西班牙19世纪初自由派人士的观点，寻求英国式的立宪和议会政府。第二种含义是争辩意义上的自由主义，是指"对生活和社会的一种相对主义的、纵容性的态度"。第三种含义是经济自由主义，主要指自由放任主义（laissez-faire），其核心观念是："除了（一方面）最低限度地符合人道主义灾难事件中的同情心，以及解决（另一方面）在公共益品的提供上的市场失灵以外，政府不应当干预经济。"[③]这种经济上的自由放任主义影响深远，在西方近代和当代都展现了强大的生命力。第四种含义则是作为一种普遍观念体系的自由主

① 罗尔斯：《正义论》（修订版），何怀宏、何包钢、廖申白译，中国社会科学出版社，2023，第2页。

② 罗尔斯：《正义论》（修订版），第18–19页。

③ 杰弗里·托马斯：《政治哲学导论》，第305页。

义，也是政治哲学中真正要讨论的自由主义，其代表人物包括洛克、斯密、康德、边沁、密尔、贡斯当、托克维尔、格林、鲍桑葵、哈耶克、罗尔斯、德沃金等。

（二）作为一种普遍观念体系的自由主义的特征

一般认为，作为一种普遍观念体系的自由主义具有以下典型特征：个人主义、普遍主义、平等主义、改良主义、理性主义。自由主义的个人主义的第一个原则是："个人是道德价值的最终单位。"康德的道德律和格林所强调的作为最终价值标准的个人价值理想等都是对此原则的阐发，洛克的自我所有权也被看成是这一原则的推论。自由主义的个人主义的第二个原则是："社会拥有作为恰当目标的对于个人的益处，不存在超越或凌驾于个人益品之上的社会益品。"这个原则被认为是同强调社会作为个体之目的的主张相对立的。第三个原则是："个人的福利需要人们尽可能地作出自己的选择。"这与作为政治权威基础的同意原则有关，因为二者都强调个人选择。第四个原则是："个人是自然权利或人权的拥有者。"①

自由主义的普遍主义的主要内容是："人是自利的功利最大化者"；"人是内在地竞争性、获得性和占有性的"；"人基本由趋利避害的动机所驱动"；"人是理性的、自我决定的、自由的选择者，对自己的行为负责"；"人是生活计划的自由、平等和理性的选择者"②。这些内容被认为是自由主义的普遍主义的心理维度，并进一步表现在伦理和政治维度上。这些内容与作为政治权威基础的同意原则以及契约论相契合，同时也构成消极自由的理论基础。

自由主义的平等主义可粗分为两大类型：一类是抽象个人主义的自由主义，即持抽象的个人观点的自由主义（以哈耶克的理论为代表）。这种自由主义的平等主义的内容主要是形式或抽象的平等，如法律面前人人平等，人人享有普遍和平等的选举权，强调追求福祉上的机会平等。法律的一般性和抽象性要求"省去所有提及具体的人物、地点或对象的话语"，这可能造成一些问题，比如某人践行某种行为使他人不快，仅仅根据法律并不容易判断这种行为是否算作

① 杰弗里·托马斯：《政治哲学导论》，第308–310页。

② 杰弗里·托马斯：《政治哲学导论》，第310–311页。

对他人的行为[①]。另一类是社会自由主义，即持情境化个人观点的自由主义（以英国观念论者为代表，比如格林和鲍桑葵等）。这种自由主义的平等主义的主要内容是强调要注意“个人是相互区别地情境化于文化和社会组织之中的……人们被不平等地置于其地位之上，以满足其自身的善的观念，甚至考虑范围广泛的公共观念”[②]。比如不同主体所承担的社会角色和义务是不同的，比如我们作为父母、教师、医生、律师、会计师等不同角色所承担的道德义务是不同的。

另外，19世纪的自由主义坚持进步观念，如技术进步、民主进步、物质社会福利进步和道德进步等，这显然与启蒙思想密切相关。同时，自由主义还坚持改良主义，即“社会是可以无限地改善下去的”[③]。与马克思主义的社会主义诉诸暴力革命不同，自由主义多持渐进的改良。同时，这种渐进主义与理性主义是兼容的。

七、社会主义

说起“社会主义”，我们一般马上会想到马克思和恩格斯，并把他们所创立的马克思主义与社会主义和共产主义三者看成同一个东西。但事实并非这么简单。

（一）社会主义的起源

根据考证，“社会主义”一词有两种起源：一者来自英国欧文主义者（1827年），它“意味着合作，合作原则是新社会的基础”；一者来自法国圣西门主义者，即1832年勒鲁在其编辑的一本杂志中所使用的，其意思是指：“社会是、或应当是其个人成员的目的，这些个人的利益因而完全从属于集体的利益。”[④]这两种起源其实分别代表了英国和法国社会主义的早期特征，并且应该都是对当时资本主义的反思和批判的一种思想表现。其后，社会主义思想和流派发展

① 杰弗里·托马斯：《政治哲学导论》，第130–131页。

② 杰弗里·托马斯：《政治哲学导论》，第312–313页。

③ 杰弗里·托马斯：《政治哲学导论》，第314页。

④ 杰弗里·托马斯：《政治哲学导论》，第322页。

更为庞杂。密尔在《政治经济学原理》中分析批判私有制原则的两种类型时曾提到了社会主义和共产主义，并指出这类批判“要求生活和享乐的物质手段的分配绝对平均”[①]。密尔强调，这种主张的代表是欧文及其门徒和卡贝，显然就是指当时的社会主义和共产主义学说[②]。密尔还就社会主义和共产主义之间的关系做了区分，即共产主义“此词源自大陆，最近才传入英国。社会主义一词是英国共产主义者创造的，用以称呼他们自己的学说，但目前在欧洲大陆，它的意义比较广泛，不一定是指共产主义，或完全废除私有制，而是指主张土地和生产手段不应为私人所有，应为公社或社团、或政府所有的思想体系”[③]。密尔也强调这套体系的两个典型理论形态是圣西门主义和傅立叶主义，并认为圣西门主义对后世社会主义形态的形成和发展影响巨大，但并未提及马克思主义的社会主义。

（二）社会主义的类型

社会主义的发展可概括为四个广泛区别的阶段或类型。第一种类型以欧文主义者、圣西门主义者、傅里叶和卡贝等人为代表，其理念是“在现存社会中创造各种合作中心”，这种社会主义大多被马克思和恩格斯称作“空想社会主义”。第二种类型是马克思和恩格斯创立的“科学社会主义”，常常被等同于马克思主义，本书马克思主义哲学一讲中有详尽介绍，在此不再赘述。第三种类型是“国家社会主义”，其代表有法国的布朗、德国的罗德布特和拉萨尔以及英国的费边社等。这种社会主义“强调国有化、经济计划和高度的社会福利”。第四种类型是所谓的“市场社会主义”，其主张是“生产资料也许可由工人生产者合作社拥有或租用，这些合作社可在市场条件下相互竞争”[④]。杰弗里·托马斯认为，“市场社会主义”的观念可以追溯到密尔的《政治经济学原理》第四编

---

① 约翰·穆勒：《政治经济学原理》（上卷），赵荣潜、桑炳彦、朱泱、胡企林译，商务印书馆，1991，第230页。

② 约翰·穆勒：《政治经济学原理》（上卷），第230页。

③ 约翰·穆勒：《政治经济学原理》（上卷），第230页。

④ 杰弗里·托马斯：《政治哲学导论》，第322–323页。

(社会进步对生产和分配的影响)第七章(论劳动阶级的可能的未来)[1]以及密尔的《论社会主义残章》[2]，但并没有具体解释与“市场社会主义”的关系。

从社会主义的两种起源来看，社会主义显然早于马克思主义，而马克思主义的社会主义是众多社会主义流派中的一个。马克思和恩格斯在《共产党宣言》等文献中都对此有所探讨，尤其是在《共产党宣言》中他们曾对不同的社会主义流派做了批判性分析，分为三类，第一类是“反动的社会主义”，包括封建的社会主义、小资产阶级的社会主义、空想社会主义、“真正的”社会主义；第二类是“保守的或资产阶级的社会主义”；第三类是“批判的空想的社会主义和共产主义”[3]。因此我们应该把社会主义理解为复数，而非单数，而且这些社会主义思想和流派并不因马克思和恩格斯的批判而消失，这也是后世得以区分社会主义与共产主义差异的根源。20世纪，随着西方马克思主义与苏联共产主义之间冲突的加剧，以及第二次世界大战后冷战的发展，社会主义与共产主义有了特别的区分。社会主义一般指西方资本主义社会中左翼的理念，而共产主义则特指当时以苏联、中国等为代表的国家所采用的制度。

(三)社会主义的特征

社会主义有四种特征：作为正义要求的平等主义；解放理论；理性主义；社群主义和公共参与。许多人会区分自由主义最为强调自由，而社会主义最为强调平等，但这仅仅是一般的看法。事实上，自由主义也强调平等，社会主义也强调自由。与自由主义的平等主义多是形式的、抽象的法律平等、政治平等不同，社会主义的平等主义多强调实质的平等，即更为详细地分析人们的财富、特权、地位等的差别以及如何消除人为的不平等。马克思在这方面的突出贡献是关于剥削、剩余价值的理论。

与批判资本主义制度不平等和剥削相关，社会主义还强调人的解放，这种

① 约翰·穆勒：《政治经济学原理》(下卷)，胡企林、朱泱译，商务印书馆，1991，第324-364页。

② 参见密尔：《社会主义残章》，载《密尔论民主与社会主义》，胡勇译，吉林出版集团，2008，第294-349页。

③ 《马克思恩格斯文集》(第2卷)，人民出版社，2009，第54-64页。

解放涉及政治、经济和道德心理等各个方面。在这个特征上，最为人所熟悉的是马克思在《论犹太人问题》和《1844年经济学哲学手稿》中所提出的“人的解放”和“异化”等理论。20世纪，与苏联马克思主义不同，西方马克思主义继承和发扬了马克思的解放理论和人道主义理论，20世纪80年代后对中国也产生了深远的影响。同时，社会主义的解放理论对拉美地区也产生了很大的影响，出现了诸如解放神学等思潮和运动。

社会主义的理性主义特征主要表现在社会主义的社会改造和革命构想上，“社会改革的工程是可以通过可靠的预测、大规模的事先计划，并通过连续的步骤来实施的……对社会是可以按照计划进行自觉的、有效的改造的”[①]。基于这种理性主义构想，社会主义在经济方面提出了计划经济的制度，诸如“生产资料的公共占有”；“中央计划，控制经济增长的规模和方向”；“一种消费品的市场由中央计划机构规定价格”等[②]。市场社会主义对此做了修正，其内容是：“抛弃中央计划，从而没有中央计划机构来规定价格；生产资料仍然是公共所有，但把生产资料出租给工人生产者合作社，他们竞争于一个消费者产品的市场。”[③]

社会主义的社群主义特征和公共参与特征都强调个人的社会情境性以及对公共事务的参与性[④]。这个特征表明了社会主义（尤其是马克思主义的社会主义）与古典共和主义在思想上的类似性和紧密关系。现在越来越多的研究者认为，马克思自青年时期起（如在《莱茵报》时期的政论文章中）就具有很强的古典共和主义色彩，即强调集体性和公共性。这些思想也保留在他的共产主义构想中，如在讨论巴黎公社的文本中。其他社会主义流派也多少具有类似的思想。

---

① 杰弗里·托马斯：《政治哲学导论》，第336页。

② 杰弗里·托马斯：《政治哲学导论》，第337页。

③ 杰弗里·托马斯：《政治哲学导论》，第339页。

④ 杰弗里·托马斯：《政治哲学导论》，第350页。

八、正义论

在西方政治哲学史上，正义理论古已有之，因此学界常常有所谓古典正义论和现代正义论的区分。

（一）古典正义论

古典正义论的代表是柏拉图和亚里士多德。柏拉图在《理想国》一开始就提出了“正义”问题，并着重讨论了个人灵魂的正义与城邦的正义。当理性凭借协调得当的情感的帮助控制了欲望，个人灵魂的正义便实现了。与之类似，城邦中受理性支配的哲人王通过那些情感受到良好规制的护卫者的协助来统治诸如农夫、商人、手工业者等大批受欲望驱使的人，每个等级各守其分，这样城邦的正义就实现了。

亚里士多德在《尼各马可伦理学》中系统阐述了分配正义、矫正正义和交换正义，这对后世影响深远。分配正义涉及对“荣誉、钱物或其他可析分的共同财富的分配”[①]，亚里士多德强调分配要符合比例，即比率上的平等。正义有四个比例项，其中两个比例项是接受分配的主体，比如A和B两个人，另两个比例项是可析分的分配对象，即上面所提到的“荣誉、钱物或其他可析分的共同财富的分配”，如要分配的东西c和d。显然，亚里士多德并不要求各人在分配上的绝对平等，而是首先指出两人可能平等，也可能不平等。如果两个人平等，那两人就应获得相应物品平等的份额。而如果两个人不平等，那根据两人的差别比例分配相应的物品才能达到分配的正义。也就是说，分配的正义在于成比例[②]。矫正正义是涉及私人交易的公正，如果一方不当地损害了另一方的利益，那么矫正正义就要求损失必须得到补偿。在矫正正义中，不考虑主体之间的差别，仅仅考虑行为与结果，并使受损失一方获得补偿，恢复到原来的状态。在分配正义中，依循的是几何比例，而在矫正正义中，依循的却是算术原则。交换正义与交易有关系，主要是指出于意愿的私人交易中的公平交换问题，其

① 亚里士多德：《尼各马可伦理学》，廖申白译注，商务印书馆，2003，第134页。

② 亚里士多德：《尼各马可伦理学》，第135–137页。

原则是两人在交易过程中各自从对方所得到的产品在比例上相等。这种正义也被称为回报正义，因此一个人给对方产品后，对方也应该给予相同比例的东西进行回报。亚里士多德曾举过一个例子："假定A是建筑师，B是鞋匠，c是一所房子，d是一双鞋；现在建筑师必须得到鞋匠的鞋，同时也必须把自己造的房子给鞋匠。如果在这样的产品之间先确定好了比例等式关系，并且两个人都相互回报，那么我们刚才提到的结果就可以实现。"①

由上述可知，在柏拉图那里，正义主要体现为一种秩序，而在亚里士多德那里，正义主要用于人的行为。在近现代的西方思想家那里，正义概念越来越和财产、权利概念等相结合。以密尔为例，密尔在《功利主义》中指出了当时大多数人所理解的"正义"或"非正义"的各种行为模式和人类事务安排，计有：一是"正义就是对每个人的法定权利的尊重，非正义就是对任何人的法定权利的侵犯"；二是"可能存在着非正义的法律，所以法律不是正义的最终标准……非正义的第二种情况在于，剥夺了任何人对之具有道德权利的东西"；三是"正义在于每个人得到了自己应得的（无论是利还是害），非正义则在于每个人得到了自己不应得的福利或者遭受了自己不应得的祸害"；四是"守信这种正义性质的义务也不是绝对的义务"；五是"为人公正作为一种正义性质的义务，其意思是在处理眼下的特定情况时，只考虑那些被认为应当予以考虑的因素，而不受其他任何会导致不同决策的动机的影响"等②。由此，正义概念越来越多地被专门用作评价社会制度的一种道德标准，被看作社会制度的首要价值。罗尔斯强调："正义是社会制度的首要德性。"③同时，正义理论在现代主要表现为分配正义理论。

（二）功利主义的正义观

在西方近代，功利主义的正义观影响非常大。根据研究，功利主义传统开始于沙夫茨伯利的《德性与价值的探讨》（1711年）和哈奇逊的《道德善恶的探讨》（1725年），18世纪其他的重要著作还有休谟的《人性论》（1739年）和

① 亚里士多德：《尼各马可伦理学》，第143-144页。

② 约翰·穆勒：《功利主义》，徐大建译，上海人民出版社，2007，第44-46页。

③ 罗尔斯：《正义论》（修订版），第3页。

《道德原理探究》（1751年），亚当·斯密的《道德情操论》（1759年），边沁的《道德与立法原理》（1789年），19世纪则有密尔的《功利主义》（1861年）。罗尔斯把功利主义的正义观概括如下："如果一个社会的主要制度被安排得能够达到所有社会成员满足总量的最大净余额，那么这个社会就是被正确地组织的，因而也是正义的。"[①]功利主义在思维模式上是把一种个人效益最大化的原则扩大为社会效益最大化的原则，即"一个人类社会的选择原则就被解释为是个人选择原则的扩大"[②]。

密尔在《功利主义》一书第5章中曾专门讨论了功利主义与正义的关系。密尔所讨论的正义主要是指行动方面的正义，因此他主要考察了正义的两个要素，即行为规则和赞同行为规则的正义感[③]。杰弗里·托马斯认为，密尔对功利主义中的正义难题做了如下处理："不正义产生于权利遭受侵害之时。一项权利的存在必须满足四个条件：第一个是（1）存在一条与人们利益相关的规则。这些利益关涉到身体的安全、生理的或者其他的基本需要以及个性的发展和张扬……第二个条件是（2）已知的对该条规则的违反，引起了人们对惩罚的需要。第三个条件是（3）人们要求社会或政府保护个人免受这样的伤害。最后一个条件是（4）对这一保护主张的实现，即最大程度地满足了功利的要求。"[④]

（三）马克思的正义理论

在当代西方，最重要的正义理论则是罗尔斯在《正义论》中所提出的"作为公平的正义"，这既激发了政治哲学在当代的复兴，也促进了学界对不同正义理论的讨论，包括当代英美分析马克思主义者和国内学界对马克思正义理论的探讨。在当代英美分析马克思主义者以及国内学界中，马克思（马克思主义）与正义的关系是一个讨论较多的话题，与之类似的一个话题是马克思（马克思主义）与道德的关系。就后一关系而言，一方面马克思把道德看作"陈词滥调

① 罗尔斯：《正义论》（修订版），第18页。

② 罗尔斯：《正义论》（修订版），第19页。

③ 约翰·穆勒：《功利主义》，第44-53页。

④ 杰弗里·托马斯：《政治哲学导论》，第148页。同时可参考约翰·穆勒：《功利主义》，第55-65页。

的见解”和“关于权利等等的废话”[①]，另一方面马克思对剥削和剩余价值的讨论又包含了道德色彩[②]。一般认为，马克思的社会主义的正义包含不同阶段的内容，即在资本主义转变为社会主义这个阶段，社会主义的正义诉求是“对每个人按其恰当的劳动贡献进行分配”[③]；在转变为共产主义社会的高级阶段时，正义的内容则是“各尽所能，按需分配”[④]。

（四）罗尔斯的正义论

“正义”或“正义的”作为谓词是一种普遍谓词，其具体内容与主词相关，而且这些主词是很广的，罗尔斯明确提到的就有法律、制度、社会体系、决定、判断、责难、态度、气质以及人们本身。罗尔斯要讨论的是“社会的正义”，因此他将要讨论的正义的主词、主题或对象限定在“社会的基本结构”上，具体说是“社会主要制度分配基本权利和义务，决定由社会合作产生的利益之划分的方式”，其中社会主要制度则是指“政治宪法和主要的经济和社会安排”[⑤]。可以说，罗尔斯所要讨论的正义既没有像上面所提到的所有主词那么广，也没有像我们经常看到的一些研究性文献所分析的那样狭窄。因为，政治宪法和主要的经济和社会安排对于一个国家和社会来说是最根本的，在这个意义上，罗尔斯的《正义论》与《理想国》《政治学》《社会契约论》《法哲学原理》等经典著作在讨论的主题上是类似的。罗尔斯对社会主要制度的这种规定与他后面所提出的两个正义原则也紧密相关。

罗尔斯强调，与功利主义的正义理论不同的是，他要建构的是一种“作为公平的正义”理论[⑥]。为了建构这种理论，罗尔斯借鉴了洛克、卢梭和康德等人的传统社会契约论，同时将其更加抽象化。正如前述，传统契约论往往把原初

---

① 马克思：《哥达纲领批判》，载《马克思恩格斯文集》（第3卷），人民出版社，2009，第436页。

② 相关分析可参见杰弗里·托马斯：《政治哲学导论》，第329页。

③ 马克思：《哥达纲领批判》，载《马克思恩格斯文集》（第3卷），第434-435页。

④ 马克思：《哥达纲领批判》，载《马克思恩格斯文集》（第3卷），第436页。相关分析可参见杰弗里·托马斯：《政治哲学导论》，第331-332页。

⑤ 罗尔斯：《正义论》（修订版），第6页。

⑥ 罗尔斯：《正义论》（修订版），第3页。

契约的目标规定为从自然状态到社会状态、政治社会、国家或民主政体，而罗尔斯的原初契约的目标则是确认“适用于社会基本结构的正义原则”[①]。与传统契约论类似的是，罗尔斯假定了一种与自然状态类似的“平等的原初状态”，在这种状态中订立契约各方既处于一种“无知”之中，也处于“有理性的和相互冷淡的”状态。前者被称为一种“无知之幕”，意味着“没有一个人知道他在社会中的地位——无论是阶级地位还是社会出身，也没有人知道他在先天的资质、能力、智力、体力等方面的运气……各方并不知道他们特定的善的观念或他们的特殊的心理倾向”[②]。这样一来，就可以避免契约各方受自然或社会环境因素的影响，而保证契约的公平。“有理性的和相互冷淡的”状态意味着，契约各方既可以在狭窄的意义上理解合理性，也可以认识到各方精神目标可能存在的对立[③]。

在罗尔斯看来，只有在这些设定前提之下，契约各方才不会选择比如功利主义原则，而是要选择如下两个正义原则：“第一个原则要求平等地分配基本的权利和义务；第二个原则认为社会和经济的不平等（例如财富和权力的不平等）只有在其结果能给每一个人，尤其是那些最少受惠的社会成员带来补偿利益时，它们才是正义的。”[④]罗尔斯在该书其他地方对这两个原则的表述是：“第一个原则：每个人对其他人所拥有的最广泛的平等基本自由体系相容的类似自由体系都应有一种平等的权利。第二个原则：社会和经济的不平等应这样安排，使它们1.被合理地期望适合于每一个人的利益；并且2.依系于地位和职务向所有人开放。”[⑤]第一个原则被称为“平等自由的原则”，第二个原则则是“机会的公正平等原则和差别原则的结合”。二者处在一种“词典式序列”（lexical order）[⑥]，也就是说，第一个原则优先于第二个原则，而第二个原则中的机会公正平等原则又优先于差别原则。

简单来说，罗尔斯的正义论就是对原初状态和两个正义原则的叙述和论证。

---

① 罗尔斯：《正义论》（修订版），第9页。

② 罗尔斯：《正义论》（修订版），第10页。

③ 罗尔斯：《正义论》（修订版），第11页。

④ 罗尔斯：《正义论》（修订版），第12页。

⑤ 罗尔斯：《正义论》（修订版），第47页。

⑥ 罗尔斯：《正义论》（修订版），第32页。

这两个正义原则分别对应着社会基本结构的两大部分：一是有关公民的政治权利部分，一是有关社会和经济利益的部分。第一个原则要处理前一方面的问题，第二个原则则要处理后一方面的问题。

这也促使我们再回头关注罗尔斯的“社会”和“良序社会”概念。罗尔斯假定社会是一个“多少自足的联合体”，一个“合作体系”和“合作事业”，社会成员都承认这种社会具有约束力的行为规范，并遵循它们而行动，且这种体系旨在推进所有参加者的利益。这种社会同时具有利益一致和利益冲突的典型特征①。这种社会存在公平的合作原则要求社会成员有正义感。这构成了罗尔斯社会理论的出发点②。罗尔斯进一步提出了“良序社会”的概念：“1.每个人都接受、也知道别人接受同样的正义原则；2.基本的社会制度普遍地满足、也普遍为人所知地满足这些原则。”③同时，社会成员还“有一种按照正义原则的要求行动的强烈的、通常有效的欲望”，即具备正义感④。这种良序社会当然是罗尔斯的一种理想。可以说，这种良序社会理想也应当是大多数国家和社会的理想。

结 语

在本讲中，我们就何谓政治哲学、政治哲学与政治科学、政治哲学与历史唯物主义等几个方面对政治哲学进行了概述。政治哲学的基本主题是权力、权威、国家、主权、法律、正义、平等、权利、财产权、自由、民主和公共利益等，围绕这些概念，我们主要对社会契约论、自由主义、社会主义和正义论等主题以及代表人物做了简要介绍。

限于篇幅，本讲对政治哲学的论述是简略的，只对政治哲学本身以及部分主题做了提纲挈领式的论述。在研究方向上，主要涉及的是西方政治哲学史、

---

① 罗尔斯：《正义论》（修订版），第4页。

② 相关分析参见周保松：《罗尔斯〈正义论〉（1971）》，载应奇主编《当代政治哲学名著导读》，江苏人民出版社，2018，第7页。

③ 罗尔斯：《正义论》（修订版），第4页。

④ 罗尔斯：《正义论》（修订版），第359页。

当代西方政治哲学等，同时也简略提及了马克思主义政治哲学，而没有论述中国政治哲学传统。

需要指出的是，在一些学者看来，目前国内政治哲学的发展存在一些问题，如“高度碎片化，分散于哲学、政治学和马克思主义三个学科，三个学科的政治哲学学者之间很少交流，更缺乏整合”，“高度意识形态化”，“对现实的重大政治问题，缺少政治哲学的深入思考”等[①]。

最后，我们应着重思考中国政治哲学或中国马克思主义政治哲学的建构。无疑，中国政治哲学的建构既需要奠基于中国当前现实，同时也需要吸取西方政治哲学思想，尤其是当代西方政治哲学思想。比如关于罗尔斯政治哲学对中国社会建构的重要意义，段忠桥教授曾言：“与现今世界所有现代国家一样，当今中国社会面临的重大现实问题，也就是罗尔斯讲的如何保障公民的基本权利与自由的问题，尤其是与民主、自由、平等等政治价值直接相关的问题，尽管这些问题因我国国情的不同而具有特殊性。……如果说当今中国社会面临的重大现实问题是如何保障公民的基本权利与自由的问题，那就政治哲学在我国的建构而言，我们就不应追随施特劳斯而应追随罗尔斯。”[②]中国政治的进步以及中国政治哲学的建构正是我们学习和研究政治哲学所应努力达到的目的。

推荐阅读

亚里士多德：《尼各马可伦理学》，廖申白译注，北京：商务印书馆，2003。

霍布斯：《利维坦》，黎思复、黎廷弼译，北京：商务印书馆，2010。

洛克：《政府论》（下篇），叶启芳、瞿菊农译，北京：商务印书馆，1996。

卢梭：《社会契约论》，何兆武译，北京：商务印书馆，2005。

约翰·穆勒：《功利主义》，徐大建译，上海：上海人民出版社，2007。

罗尔斯：《正义论》（修订版），何怀宏、何包钢、廖申白译，北京：中国社会科学出版社，2023。

① 俞可平：《权力与权威——政治哲学若干重要问题》，第6页。

② 段忠桥：《古典政治哲学与现代政治哲学》，第35页。

第十三讲　马克思主义哲学

一、概论

21世纪，我们为什么更要阅读马克思以及如何阅读马克思？马克思的思想魅力和当代意义何在？马克思主义哲学如何切近社会现实和时代状况？这些追问带领我们走进马克思主义哲学。

（一）洞悉历史，洞察资本；切中社会现实，引领实践变革

马克思的著作与思想，其吸引力在很大程度上，源自对近现代社会历史境况的洞察和分析。马克思从社会历史发展的真实情况出发，运用内在批判的方法，批判各种主观观念或意识形态，探究近现代社会历史发展的客观基础、运行机制、内在矛盾与方法路径，建立作为"历史科学"的历史唯物主义，揭示作为资本主义社会秘密的"剩余价值学说"，尤其是对"资本原则"的深入阐发和深刻洞见，对于今天乃至未来的人们都有启发和指引作用。"马克思并不仅仅是研究19世纪欧洲资本主义的思想家，他还是研究资本主义本质的思想家。他将资本主义的基本要素——商品、货币、资本、劳动力、剩余价值、积累和危机——视为一个由它们彼此之间的关系以及它们的发展模式组成的经济体

制。”[①]马克思洞悉资本逻辑与剩余价值规律，既高度赞扬了资本主义诞生以来资本的伟大作用与世界历史进程，也深入揭示了资本的内在矛盾与有限性，阐发了扬弃异化和私有制以促进人的自由全面发展与人类解放的基本思想，论证了共产主义运动的历史必然性、基本路径和曲折进程。

19世纪下半叶以来，社会历史发展曲折复杂多变，科学技术不断革新，人类生存发展面临诸多风险与挑战，加之世界社会主义事业的曲折发展，这些对马克思主义提出了新挑战和新课题。在此背景下，国内外思想家们不断引入新的研究视角与方法，开拓新的研究领域与课题，积极开展相关研究，例如结合马克思主义“时代化与中国化”去阐发中国特色社会主义理论体系和探究中国式现代化道路，而国外马克思主义或马克思学则结合当代资本主义社会的状况（例如发达资本主义、资本的弹性积累机制、数字资本主义等）、当代人生存境遇中的多重风险与深层危机（例如经济金融危机、生态环境危机、科技风险、政治冲突与地区动荡等）、相关学科或专业（例如社会学、政治学以及文献学等），深入探究当代社会状况和当今人类生存处境，更加切近地去理解和领会马克思主义哲学的批判精神、深刻洞见和指引启示，并激发普通民众的阅读兴趣和探讨热情。上述研究激发人们去结合社会历史发展和时代新课题，进一步阅读马克思。

“凭着他对哲学提出的问题和他为哲学确定的概念，马克思不仅成为一座历史丰碑，而且还是一位现代作家”[②]，例如，马克思主义哲学的实践学说在哲学史上实现了全面而深刻的变革，有助于我们更好地理解时代之状况、历史之发展与人们之生存。“马克思主义哲学的生命，在于实践，在于马克思主义者批判、否定资本主义的实践……（进而）马克思主义哲学家，不论是马克思恩格斯，还是他们在东方国家或西方国家的后继者，研究的都是与社会主义革命（实践）中的现实需要有直接关系的哲学问题，即使是所谓纯学术研究，也无不

① 彼得·奥斯本：《问题在于改变世界：马克思导读》，中信出版社，2016，序言第Ⅻ页。

② 埃蒂安·巴利巴尔：《马克思的哲学》，中国人民大学出版社，2007，第1页。

以实践需要、政治需要为背景，是对实践提出的问题的理论回应。”[①]

马克思的理论或思想，并非以一种传统哲学形态出现，他甚至提出了“消灭哲学和实现哲学”这样看似矛盾的提法，他强烈反对作为独立观念形态存在的哲学及其活动，他要求转变哲学的功能与实践：洞悉现实生活的基础、社会历史发展的动力机制，认识世界、改造世界，促进人的解放和全面自由发展。正如《关于费尔巴哈的提纲》第十一条所言“哲学家们用不同的方式去解释世界，问题在于改造世界”。

（二）马克思思想的普遍性、全面性及其穿透力、吸引力

因为要洞悉历史、洞察资本，更好地去理解世界并推动实践变革，所以马克思的思想与行动不会局限于某一专业、领域，而是全面运用人文社会科学相关的理论与观点，进行批判性、综合性以及创造性的分析与研究。

马克思可谓是一位全人类的思想家、哲学家和社会学家，可谓是现代社会科学的创始人。“马克思对资本主义批判的影响、他的历史观、他关于人性和创造性劳动的概念，以及他关于理论和实践的关系的观点，都超出了学院哲学的范围而延伸到经济学、人类学、政治理论、社会学和伦理学等领域。”[②]正如阿塔利所言，马克思思想具有普遍性和全面性，“即使在他之前的多位哲学家已经从整体上思索人类，马克思依然是将世界理解为一个政治、经济、科学和哲学综合体的第一人”[③]。当今时代，马克思思想更具有吸引力，“马克思以他精准的思想、有力的辩证法、强大的推理、清晰的分析、激烈的批评、幽默的话语和明晰的构想深深吸引了我们。随着研究不断加深，我越来越感到有必要了解他对市场、价格、生产、贸易、不公平、异化、商品、人类学、音乐、时间、医学、物理、财产、犹太教和历史所持有的观念”[④]。

马克思思想的全面性、普遍性、穿透力与吸引力，与其哲学背景与洞见息

---

① 安启念：《新编马克思主义哲学发展史》（第3版），中国人民大学出版社，2015，第2-3页。

② 温迪·林恩·李：《马克思》，清华大学出版社，2019，序言第Ⅶ页。

③ 雅克·阿塔利：《卡尔·马克思：世界的精神》，上海人民出版社，2018，第2页。

④ 雅克·阿塔利：《卡尔·马克思：世界的精神》，第3页。

息相关。从哲学角度来看，马克思的贡献在于他关于现代世界的理论，更进一步说，他第一次把关注的目光聚焦于现代性的中心因素——现代社会发展运行所依赖的基础性的经济结构。马克思以历史唯物主义来洞悉现代社会历史发展的基础与规律（参看《德意志意识形态》），并深入分析了现代资本主义的内在机制、伟大历史作用与内在界限，积极开展政治经济学批判工作（参看《资本论》及其系列手稿），即“马克思关于现代资本主义的经济理论正因为其哲学背景才成为可能，而且与其哲学背景不可分离”①。

这蕴含着许多马克思主义哲学的基础主题，例如马克思与黑格尔之间的关系，我们可以说“马克思应对黑格尔的批判性努力，在本质上就是十九世纪最有权威的两种思想的概念碰撞的精彩例证……我们应当把马克思本人的学说看作是他毕生对黑格尔关于现代社会的最有意义的见解进行思考、反驳、批判、借鉴和进一步详细阐述以及贯彻的结果”②。对马克思而言，与黑格尔对话乃是一个永恒的维度和一项永无止境的任务。例如，黑格尔深刻的历史洞见深深影响了马克思对政治经济学的历史性批判；马克思对现代工业社会的描述与分析，奠基于资本主义私有制的历史性的暂时形式之上，而这是以斯密为基础并部分经过黑格尔发展的决定性洞见。马克思与黑格尔之间的关系，将在后文中进行较为深入的阐发。洛克曼从四个方面阐发了马克思对资产阶级登上历史舞台之后近现代社会历史的深入剖析，这充分显示了哲学在当代的重要性。这四个方面分别是：马克思的政治经济学批判、马克思对现代工业社会理论富有特色的系统阐述、马克思对黑格尔的批判、马克思的一般认识论。

（三）马克思主义哲学的丰富维度与内涵

通常，在马克思主义哲学原理、马克思主义哲学史、马克思主义哲学原著选读等相关课程中，我们将马克思主义哲学简要地概括为由“辩证唯物主义和历史唯物主义”构成的理论体系，它深刻揭示了自然、社会和人类思维的一般规律，是“自然科学、社会科学和思维科学知识的概括和总结，是无产阶级正

① 汤姆·洛克曼：《马克思主义之后的马克思——卡尔·马克思的哲学》，东方出版社，2008，第2-4页。

② 汤姆·洛克曼：《马克思主义之后的马克思——卡尔·马克思的哲学》，第9页。

确认识世界和改造世界的科学世界观和方法论”[①]。马克思主义理论研究和建设工程重点教材《马克思主义哲学》，结合社会历史发展和实践观点，从世界观、历史观、认识论、方法论、人生观和价值观等角度来全面阐发马克思主义的哲学观，既强调了世界的物质性、现实性，又突出了世界与实践之间的内在关联，既分析了世界的“联系与发展”这一基本特征及其运动规律，又阐发了社会历史发展基本规律和社会基本矛盾运动的规律，深入阐发生产力、人民群众和文化在社会历史发展过程中的重要作用，进而还揭示了认识过程、真理及其标准、价值以及价值观等重要内容，最终落脚于人类解放和人的自由全面发展这一根本主旨。

由于马克思、恩格斯本人并未对他们的哲学思想做过全面、系统的阐述，他们的阐发较为分散，甚至有时还显得相互抵触，而历史发展与时代状况又不断提出新挑战与时代课题，因此需要综合马克思主义哲学经典著作、发展历史与核心主题，积极回应实践需要、历史发展和时代课题，去完整和发展地把握马克思主义哲学的基本精神。

马克思主义哲学区别于其他哲学的一个显著特征是，它是服务于无产阶级革命实践的精神武器，它并非纯粹的学术研究，而是批判资本主义、开展无产阶级革命实践、追求人类解放的有力武器。马克思曾形象地分别称“哲学”和“无产阶级”为人类解放的“头脑”和“心脏”。验之于马克思主义发展史，马克思、恩格斯本人也积极参与和指导国际工人运动，撰写政治纲领，例如《共产党宣言》。列宁、毛泽东等革命领袖也都积极阐发马克思主义哲学，例如《唯物主义和经验批判主义》及《实践论》《矛盾论》；而西方马克思主义的代表人物例如卢卡奇、柯尔施、葛兰西等，既是欧洲各国共产党的领袖，又以理论方式参与各自国家的社会主义革命实践，展开理论反思，从社会文化批判角度对当代资本主义社会展开深入批判分析，激发无产阶级的革命意识，例如《历史与阶级意识》与《狱中札记》。

此外，马克思主义哲学具有很强的理论与实践相结合、与时俱进的特征，具体而言，马克思主义哲学需要与不同国家、民族和不同时期的革命和建设实践相结合，用以解决各自在实践中遇到的问题，并用自身的实践去检验和发展

① 黄楠森主编《马克思主义哲学史》，高等教育出版社，2002，第1–2页。

马克思主义哲学。从创始人马克思、恩格斯的哲学思想，到列宁主义、毛泽东思想、邓小平理论及至习近平新时代中国特色社会主义思想等，都与不同时代的无产阶级革命、社会主义建设以及社会历史发展任务紧密相关。

下面，我们将从实践观、历史唯物主义、辩证法、共产主义和资本原则等角度来阐释马克思主义哲学的丰富内容和深刻内涵。

二、实践观

实践概念，作为马克思主义哲学的核心范畴，是我们深入理解马克思主义哲学基本精神和理论特质的基础。实践，不论是扬弃了传统唯物主义和唯心主义从而展现人的生命力、创造性的“感性、对象性活动”，还是作为历史唯物主义之基础的“物质生产实践以及与之相应的交往活动”，抑或是推翻资产阶级、扬弃私有财产、争取人类解放、追求共产主义的无产阶级革命斗争实践，甚或作为“经济社会发展和生产力进步”之第一推动力的科学技术发展及其应用，都超越了对待世界的纯粹直观（如费尔巴哈）或理论态度（如黑格尔），不仅仅是像传统哲学那样去解释世界，而是更加积极地致力于改变世界，作为马克思主义哲学之首要和基本的观点，马克思主义哲学的实践观，可以说推动了近现代哲学的实践转向，开启了一场哲学革命。

吴晓明强调马克思的实践学说具有本体论意义，实践从“根本上来说，首先是关于存在与非存在、关于存在的现实性、关于自然界和人的现实存在的基本原则”①。要想彰显实践学说的本体论意义，就需要超越对于“实践”的狭隘理解（例如局限于经济活动、政治活动或认识论），超越旧唯物主义（例如费尔巴哈将感性世界仅仅视作感性直观的对象而非感性活动的产物），将其理解为“人的感性活动或对象性活动”。作为感性活动或对象性活动的实践，可以说在哲学领域造成了一次彻底的颠覆或革命，举例而言，“在所谓本体论的问题上，人和自然界的现实的、具体和有机的统一，正是通过‘对象性活动’而被真正

① 吴晓明、王德峰：《马克思的哲学革命及其当代意义——存在论新境域的开启》，人民出版社，2005，第263页。

的建立起来并使之得到合理的理解”[①]。正是在这一统一过程中，实践及其基础上的全部世界历史都可被视为“人通过人的劳动而诞生的过程，是自然界对人来说的生成过程”[②]。在马克思那里，实践学说的本体论意义构成了其全部哲学革命的基础，并超越和摆脱了各类意识形态的幻觉，“只是由于马克思，才通过‘生活’、‘实践’、‘工业’，真正揭示了人和自然界、历史和自然在本体论意义上的现实的和历史的统一”[③]。进而，我们才能超越对现当代社会生活与历史发展的关键要素——工业、科学——的狭隘、功利化理解（马克思称之为“外在有用性”），并从本体论层面，将“工业、科学”视为人的本质力量的公开展示，工业的历史及其成果（马克思称之为工业的已经生成的对象性的存在）“是一本打开了的关于人的本质力量的书，是感性地摆在我们面前的人的心理学”，“工业是自然界对人，因而也是自然科学对人的现实的历史关系。自然科学却通过工业日益在实践上进入人的生活，改造人的生活，并为人的解放做准备，尽管它不得不直接地使非人化（异化）充分发展”[④]。

在《1844年经济学哲学手稿》（以下简称《1844手稿》）中，马克思在反思国民经济学、黑格尔哲学，以及批判异化劳动和粗陋共产主义的过程中，从社会存在论等角度深入阐发了人的本质，有助于我们更加全面深入地理解“实践”概念的丰富内涵与鲜活特质，与之具有家族相似的概念有“有意识的生命活动、自由自觉的活动、感性/对象性活动”等。《1844手稿》中，马克思在对比人与动物的基础上，化用费尔巴哈的“类”概念，用“类存在物”“类生活”等带有某种哲学人类学意味的概念，进一步积极阐发人的本质，揭示人之存在的主体性、社会性和普遍性，强调人超出动物之处在于，人作为普遍的自由的存在物，可以开展自由的、有意识的活动，并能超越其本能活动进行创造性的谋划和实践；进而，马克思从人之存在的社会性、历史性和主体性等角度出发，进一步强调人作为有意识的类存在物，进行着有意识的生命活动，并将自身的

① 吴晓明、王德峰：《马克思的哲学革命及其当代意义——存在论新境域的开启》，第277页。

② 马克思：《1844年经济学哲学手稿》，人民出版社，2000，第92页。

③ 吴晓明、王德峰：《马克思的哲学革命及其当代意义——存在论新境域的开启》，第279页。

④ 马克思：《1844年经济学哲学手稿》，第88-89页。

生命活动变成自己意志和意识的对象，而“通过实践创造对象世界，改造无机界，人证明自己是有意识的类存在物”[①]。通过改造对象世界的生产活动，“自然界才表现为他的作品和他的现实。因此，劳动的对象是人的类生活的对象化”[②]，甚至于“整个所谓世界历史都不外是人通过人的劳动而诞生的过程，是自然界对人来说的生成过程”[③]，在这一过程中，工业和自然科学通过生产实践和对象化活动来展现其强大力量，“自然科学通过工业日益在实践上进入人的生活，改造人的生活，并为人的解放做准备……工业是自然界对人，因而也是自然科学对人的现实的历史关系”[④]；而且马克思还在阐发作为“私有财产和人的自我异化”之积极扬弃的“共产主义”思想时，进一步加深了对“人的本质”的理解，人们在扬弃私有制和异化劳动的时候，也需要扬弃对人的本质、生命及其成果的单纯的占有欲望和直接、片面的享受行动，而要以感性、对象性的活动去彻底解放人的一切感觉和特性，以其独特的对象化方式去确证其独特的本质力量。

马克思批判黑格尔在《精神现象学》中将人等同于自我意识，强调作为有生命力的自然存在物，人一方面是有生命力、积极能动的自然存在物，这些力量作为天赋、才能、欲望存在于人身上；另一方面人也是受动、受限制的存在物，作为有生命的自然存在物，他需要现实的、感性的对象来唤起和确证自己的生命力量。“人不仅通过思维，而且以全部感觉在对象世界中肯定自身”[⑤]，或者说，“无论是从理论方面还是从实践方面来说，人的本质的对象化都是有必要的”[⑥]。可以说，马克思在存在论层面突破了观念论的局限，强调人“作为对象性的存在物进行对象性的活动”，有助于我们深入理解“实践”概念的理论内涵。

在历史唯物主义的语境中，马克思主义哲学将物质生产活动或劳动当作人的第一个历史活动，作为实践的首要形式与基本内容。但随着历史的发展和时

① 马克思：《1844年经济学哲学手稿》，第57页。

② 马克思：《1844年经济学哲学手稿》，第58页。

③ 马克思：《1844年经济学哲学手稿》，第92页。

④ 马克思：《1844年经济学哲学手稿》，第89页。

⑤ 马克思：《1844年经济学哲学手稿》，第87页。

⑥ 马克思：《1844年经济学哲学手稿》，第88页。

代的进步，我们对于生产活动或实践的理解，不能过于狭隘。人们在劳动中，不仅生产出物质生活资料，也生产出人与人之间的感性交往，即生产关系，并间接生产出一切其他社会关系；劳动或实践既包括现实的行动本身，也包括行动之目的，而劳动或实践中的目的论设定，使得人超越本能活动或谋生活动而指向其生命活动本身，并且超越孤立、单个个体的生活，指向共同活动基础上的社会存在，以及人的感性存在基础上的交往特质。这一社会存在和感性关联基础上的交往活动，既构成了语言、思维的基础，也延伸出其他人类实践领域及其活动，如伦理生活、审美活动和政治实践等。借用卢卡奇晚年的观点，我们需要检审仅仅从自然存在角度去理解本体论和将马克思主义哲学主要归结为一种方法的局限，进一步拓展本体论的论域和恢复马克思主义哲学的本体论地位。卢卡奇在肯定“自然本体论/辩证法”的前提下，将本体论进一步拓展至社会历史领域，深入探讨近现代以来人类社会历史发展的基础与动力，确立实践范畴在社会历史领域的本体论意义，卢卡奇称之为“社会存在本体论”（亦是卢卡奇未竟之作的标题）。而随着社会历史发展，实践范畴进一步从物质生产实践向社会交往实践、精神创造或生产拓展或加深，从社会存在本体论角度来讲，交往实践越来越成为实践活动的基本形式。对劳动或实践中的交往关系和目的论设定的揭示，还激发了后来许多思想家的深入探讨，如哈贝马斯在《历史唯物主义重建》中对社会劳动概念的强调[①]。

在《关于费尔巴哈的提纲》和《德意志意识形态》等著作中，马克思在深入批判旧唯物主义、唯心主义的基础上，将哲学视角转向作为现存世界之基础的人类实践活动，强调全部社会生活在本质上都是实践的。区别于费尔巴哈直观唯物主义仅仅从感性、直观角度来看待感性世界，马克思把感性世界理解为工业和社会状况的产物、历史的产物、人们世世代代活动的结果，或者说感性活动、实践的产物，并站在现实历史的基础上，从物质生产实践这一最基础的实践出发来理解各种观念形态，从而也与唯心史观区别开来。

在《德意志意识形态·费尔巴哈章》中，马克思、恩格斯强调，对于“实践的唯物主义者”而言，全部问题在于使现存世界革命化。与之相应，共产主

① 这一段主要参考王德峰：《交往是实践活动的基本形式》，载吴晓明、王德峰《马克思的哲学革命及其当代意义——存在论新境域的开启》，第283-299页。

义既非单纯的伦理要求，亦非纯粹的理想状况，而是消灭现存状况的现实的运动。这一运动是以生产力的普遍发展和与之相应的世界交往为前提的，从根本上来讲，是以生产实践为基础的。在此基础上，马克思还阐发了这一过程中单个人的发展与世界历史发展趋势的一致之处，“单个人才能摆脱种种民族局限和地域局限而同整个世界的生产（也同精神的生产）发生实际联系，才能获得利用全球的这种全面的生产（人们的创造）的能力”[①]。这一论断所揭示出来的宏阔世界历史气象、积极有为的进取精神、全面生产的创造潜能，恰在今天全球化和科技革命深入推进的时代，才能得到充分的展现和真切的理解。《德意志意识形态》对于“实践”概念的理解，尽管以物质生产实践为基础，但不能局限于此，也鲜明地指向了极具创造性的精神生产和创造潜能；不仅仅强调生产实践，还强调交往实践。精神生产、交往实践，在全球化、科技化和现代化不断推进的当代社会历史进程和现实生活中，日益被人们所重视，并引发了深入的探讨和论争，如在现代科技革命推动下的数字化生存、智慧化生产、网络化生活、信息化社会与知识性经济。

“从哲学史上看，马克思第一次把实践提升为哲学的基本原则，从而创立了以实践为核心和基础的崭新形态的现代唯物主义哲学”[②]，可谓之“实践的唯物主义”。

当然，马克思主义哲学中作为基础的“实践或劳动”概念，随着历史的发展和时代的进步，尤其是随着现代科学技术、当代资本主义的发展，也面临着新的时代课题乃至挑战。国外学者对此进行了批判性的思考和分析，激发我们结合历史发展和时代课题，深入思考如何推进马克思主义的时代化。例如，哈贝马斯通过区分在“工具—目的性”基础上的生产劳动与在语言交往基础上的交往行动，而提出其“交往行动理论”；鲍德里亚追问：“在消费社会中，以生产理论为基础的马克思哲学批判理论，能否实现对当代社会的批判？”[③]他从当代资本主义的社会转型——从组织化资本主义到消费社会——出发，认为从生产出发来批判当代资本主义社会的理论，依然是资本主义意识形态的另一种反

① 马克思、恩格斯：《德意志意识形态》（节选本），人民出版社，2003，第33页。

② 吴倬主编《马克思主义哲学导论》，当代中国出版社，2002，第46页。

③ 鲍德里亚：《生产之镜》，仰海峰译，中央编译出版社，2005，中译本序言第8页。

映，因此有必要打破体现资本主义形而上学的生产之镜，寻求新的批判策略——符号政治经济学批判；奈格里和哈特非常重视后现代社会或信息化时代的“非物质劳动”，视其为真正的活劳动，或者“生命政治劳动”；在此基础上人们又进一步开展“数字资本主义和数字劳动”批判性研究（例如克里斯蒂安·福克斯的《数字劳动与卡尔·马克思》、尼克·迪尔-维斯福特的《赛博无产阶级：数字旋风中的全球劳动》）。上述不同角度的批判性分析，激发我们进一步深入思考马克思主义哲学如何有效应对历史之发展和时代之挑战，进一步推动马克思主义的时代化。

孙伯鍨、侯惠勤主编的《马克思主义哲学的历史和现状》，将彻底的批判精神和实践精神视为马克思主义哲学的深刻内涵，实践总是以其无可比拟的丰富性突破理论的界限，提出新的时代课题，需要依据社会历史之发展、时代之课题与现实之需要，不断创新，积极推动社会主义建设与现代化发展的伟大历史实践向前发展。进入新世纪之后，巨大的人口规模、不断发展的城市化、工业化和全球化，与有限的资源能源、生态系统约束日益趋紧之间，形成了不断突显的张力与冲突，如何应对资源能源压力、生态环境危机，如何有效应对气候变化，实现可持续发展，成为摆在全球各国尤其是当代中国面前的时代新课题。我国深入批判反思粗放式工业化路径和过度工业化之不足与缺陷，积极借鉴国内外经验教训，在推进中国特色社会主义建设和中华民族伟大复兴的历史实践中，适时提出了“生态文明战略、双碳目标和高质量发展理念”，积极探索中国式现代化道路，推动人与自然和谐发展、经济社会健康可持续发展，这可以说是中国化的马克思主义与时俱进、探索实践、不断创新的鲜明表现。马克思主义哲学总是在积极回应时代挑战和历史发展的现实需要中，积极探索、理解和认识世界，变革现实，改造世界。

三、历史唯物主义

历史唯物主义强调社会存在决定社会意识，从现实的人及其生产生活出发，从生产实践出发来理解近现代社会历史。生产力与生产关系、经济基础与上层建筑之间的辩证运动推动社会历史发展，社会分工在其中起到了巨大的作用。

历史唯物主义的核心观念是“社会变化的钥匙应该在人生产自己的共同生活的途径中去寻找。这种生产活动是基本的，而人用来解释和组织这种活动的观念和概念——政治的、哲学的和宗教的——是次要的”①。正如马克思、恩格斯在《德意志意识形态》中一再强调，较之于唯心史观，唯物主义历史观站在现实的历史基础上，从物质实践出发来解释观念的形成。其前提是现实的个人及其活动、物质生活条件，全部人类历史的第一个前提是有生命的个人的存在，尽管人们常常根据意识、观念（例如理性）或宗教等来区别人和动物，而当人们开始生产自己的生活资料之时，他就将自身与动物有效地区分开来，他既生产自身的生活资料，也生产自己的现实的物质生活。人的生产方式，应超越个人肉体生存的狭隘理解，是其表现自己生活的一定方式。个人如何表现自己的生活，他们自己就是怎样的。因此，他们是什么样的，同他们的生产相一致，既与其生产什么一致，也与他们如何生产一致。

历史发展的每一个阶段都会遇到某种客观、现实的物质条件，在充分认识这一客观条件的基础上，历史唯物主义还强调要发挥人的主观能动性和上层建筑的能动反作用。在马克思、恩格斯关于历史唯物主义的书信中，他们认为社会历史并非什么抽象的普遍理性的自我展现，而是现实的个体发展的历史，但人们无法自由地选择生产力或某一种社会形式，因为任何生产力作为一种既得的力量，都是以往活动的产物。认识不到这一点，就会颠倒经济范畴和人的实践活动之间的关系，将抽象的经济范畴而非人的现实生产活动视为历史发展的创造力来源，也无法把握历史的真实进程。而在恩格斯致施密特、布洛赫、梅林、博尔吉乌斯等人的书信中，他指出，虽然历史唯物主义强调历史的真正基础是社会生产力的发展，历史过程中的决定性因素是现实生活的生产与再生产，物质生产活动具有必然性与基础性，但唯物史观并非宿命论式的“经济唯物主义”或者机械决定式的“技术经济史观”，并非片面强调经济决定一切，而是在主张经济的基础地位的同时，突出上层建筑的相对独立性和对经济基础的能动反作用，强调人在创造历史的过程中的主观性和客观性的统一，人的自觉活动、意识形态等在历史进程中也有重要意义。上述书信中，马克思、恩格斯关于历

① 戴维·麦克莱伦：《马克思思想导论》（第3版），中国人民大学出版社，2016，第129页。

史唯物主义的深入阐发和全面理解，在我国社会主义革命和现代化建设的历史实践中得到了积极应用，从红军长征到扎根延安，从抗日战争到解放战争，从建立新中国到不断推进改革开放，都是将“人的主观性和客观性、立足实际情况与充分发挥人的能动性、经济基础归根结底的决定性作用和上层建筑的能动反作用”统一起来进行探索和实践，推动社会主义中国在曲折和挑战中积极向前。

较之于唯心主义历史观，历史唯物主义有助于我们更高层次、更深入地去理解人类社会历史发展的核心机制和基本规律——“生产力与生产关系、经济基础与上层建筑”之间的矛盾运动和辩证关系。但历史唯物主义的基本原理，需结合不同国家或社会的历史文化传统、现实基础和历史任务，才能真正发挥其功效，为此需要突破西欧资本主义发展路径和现代化模式，拓展其研究范围，积极探究不同社会或国家各自的发展路径和新的现代化模式，例如马克思的“东方社会理论”和“中国特色社会主义道路”。马克思晚年结合人类学研究，以及对印度、中国和俄国等东方国家的相关研究，例如亚细亚的生产方式、俄国“农村公社”传统，提出了区别于西欧社会发展模式和现代化路径的“东方社会理论”，其实质是探讨后发型非资本主义国家的现代化路径。马克思突破西欧资本主义发展道路的普遍性，提出“吸收资本主义一切有利成果”“跨越资本主义卡夫丁峡谷”“诱发无产阶级革命和奠定共产主义发展起点”等论断或展望，有助于我们积极探讨东方社会现代化的独特路径，进而思考多样化的现代化模式或路径。

结合20世纪以来社会主义革命与建设的现实性与复杂状况，尤其是社会主义国家经济发展相对落后的实情，我国将较长时间仍处于社会主义初级阶段。我们需要积极解放思想、深化改革、推动开放，从而不断解放和发展社会生产力，富裕社会，强盛国家，尤其是“中国特色社会主义道路”“新发展理念”和“中国式现代化”等思想，更是丰富和发展了马克思主义，是将历史唯物主义基本原理与中国国情、历史发展的有机结合，积极解答了“建设什么样的社会主义现代化强国、怎样建设社会主义现代化强国”这一重要时代课题。

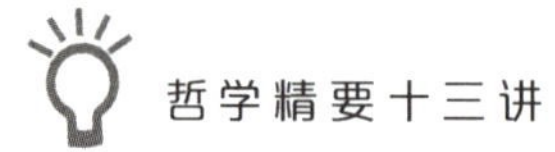

四、辩证法

辩证法的基本思想和相关范畴，在马克思主义哲学的发展观、真理观和历史观中得到较为充分的阐发，例如发展观强调事物内部矛盾推动其自我否定、更新和演化，物质世界普遍联系、永恒发展，进而探讨物质世界发展的运动规律与基本范畴（个别与一般、特殊与普遍、现象与本质、内容与形式、原因与结果、偶然与必然、可能与现实）；真理观探讨认识发展的辩证过程与真理的辩证运动；历史观中关于社会存在与历史发展、社会意识之间的关系，人的活动的合规律性与合目的性的统一，社会基本矛盾运动等问题的探讨。马克思主义辩证法的基本原理，简明扼要，易于掌握和应用，但需要结合马克思主义哲学史、经典著作和国外马克思主义等相关课程，才能获得更好、更深入的理解和认识。

借助于麦克莱伦的分析，辩证法最初乃是通过提问、交流和对话来讨论问题的艺术，借此而明晰概念与思路、谨严逻辑与理路、深化理解与思考，经由古希腊哲学、基督教神学而发展出某种在理性对话基础上的“平衡”观点和经由辩证的否定而来的“进步”观念，这两类概念构成了黑格尔历史观的核心，并转而深刻地影响了马克思的辩证概念。对黑格尔而言，人的存在主要在头脑之中，人在理性中构建了现实的大厦。在《精神现象学》中，黑格尔追踪心灵、精神或意识的发展，重新将历史运动引入哲学，分析了意识从直接感知到自我意识、理性的发展历程，借助于宗教和艺术，精神达到绝对知识，黑格尔称这个阶段为“异化”，因为绝对知识本是人的心灵的创造物，却被认为是独立于或高于人的心灵。随着绝对知识超越此前的阶段，每一个连接的阶段同时又保留了先前阶段的因素，黑格尔称这种既超越又保留的运动为“扬弃”。而构成“扬弃”运动的内在力量在于“否定的力量”，一切现存的事物状态和正在变易的东西之间，永远存在一种张力。一切现存的事物状态都处于被否定的过程中，并变成某种其他东西。这个过程就是黑格尔所指称的辩证法[①]。

---

① 本段内容主要参考戴维·麦克莱伦：《马克思思想导论》（第3版）第二部分第三章《辩证法》。

马克思思想与黑格尔哲学之间的关系，是马克思主义哲学的重要课题之一，这一关系突出地体现在“辩证法”的主题上。这一主题鲜明地体现于马克思在《1844年经济学哲学手稿》《哲学的贫困》《1857—1858年经济学手稿》和《资本论》等著作中对黑格尔辩证法的高度重视和深入探讨上。例如，马克思《1844年经济学哲学手稿》中高度评价黑格尔的辩证法，并指出其中的不足之处：“黑格尔的《现象学》及其最后成果——辩证法，作为推动原则和创造原则的否定性——的伟大之处首先在于，黑格尔把人的自我产生看作一个过程……他抓住了劳动的本质，把对象性的人、现实的因而是真正的人理解为他自己劳动的结果……他把劳动看作人的本质，看作人的自我确证的本质，他只看到劳动的积极方面，而没有看到它的消极方面……黑格尔唯一知道并承认的劳动是抽象的精神的劳动。”[①]

为了更好地理解黑格尔辩证法的伟大之处，我们有必要进一步探究黑格尔在《精神现象学》中如何从哲学层面阐发劳动的本质和意义，进而理解劳动如何体现出辩证法核心思想——作为推动原则和创造原则的否定性。前文已述，动物和人在自然界中存活方式的根本区别，在于本能活动与劳动的不同。劳动作为有意识、有目的的创造性活动，具有超越本能活动、积极建构人类文明的重要作用，而关于劳动作用的哲学分析，在《精神现象学》中得到了精辟的阐发——“陶冶事物、教化精神”，尽管都是对现成对象的否定，但较之于本能活动消耗物品以直接满足欲望，劳动并非直接消耗事物，而是节制或限制欲望，去陶冶、塑造事物，约而言之，欲望转瞬即逝，劳动却陶冶事物，而经过劳动者有意识地陶冶或塑造之后（否定了对象的自在存在），对象仍然持存下去，并且对劳动者具有独立性，黑格尔称“这个否定的中介过程或陶冶行动，就是意识的个别性或意识的纯粹自为存在”[②]。所谓意识的纯粹自为存在，强调的是能动的意识扬弃对象的自在状态，超越人的自然欲望与本能生活，赋予对象和自然性以新的形式、价值与意义。这一有意识的“劳动”过程，重塑了劳动者的场域，使劳动者和劳动对象，从消极被动的自在状态转化为主动积极的自为状态。王德峰在《哲学导论》中进一步揭示了黑格尔劳动观的哲学意义：“这个摆

① 马克思：《1844年经济学哲学手稿》，第101页。

② 黑格尔：《精神现象学》（上卷），商务印书馆，1997，第130页。

脱了直接自然性的意识，这个陶冶的行动，不是心理上个别的主观性，而是摆脱了自然欲望牵累的意识之具有普遍性的存在……原先自在的自然物，现在成了劳动的产品，而那‘劳动着的意识’则在这个产品上成为可以由意识来直观到的‘独立存在’，这就是说，自为的意识得以直观自己本身。此一直观，乃真正的是劳动之为文明创造活动的本质要素。这是黑格尔对劳动的哲学阐明最富有意义的地方。正是在这里，我们可以理解劳动对于自然意识之上升为精神的奠基作用。这个奠基作用就是劳动把自然意识‘教化’为精神。”①

进而，借助于劳动的陶冶功能和教化作用，我们才能更好地把握精神的本质特征，以及人类文明的建构与发展，也才能更好地理解马克思为何称黑格尔的劳动概念主要指的是抽象的精神的劳动。在本能活动中，对象始终是一个异己的他物，一个自然意识所需要、所欲求的他物，意识受制于对象本身，不得自由，人也无法展现其主体性，对象仍自在地存在着，对象对人而言具有某种僵硬的“客观性”，人只能达到个别的“主观性”而无法达到普遍性。而“劳动着的意识”从他物或异己的感性事物出发，并返回自身，“这次返回，绝非返回原先的纯粹主观性和个别性，而通过意识在对象身上的直观存在，返回了‘劳动着的意识’的自为的普遍存在……对象对于意识就不再是绝对的他物，而是意识的‘为我之物’。精神正由此而诞生”②。进而，“劳动使人学会了摆脱自然意识与异己他物的对峙关系，学会使异己之物成为为我之物，这就是使得意识可能去超越狭隘直接性和个别性……去寻求普遍的观点……在外部事物上去把握自为意识的客观规定。整个人类文明即奠基在由劳动教化而成的精神存在之中”③。

黑格尔把人类文明和社会历史看作是一个辩证发展的过程，并将劳动视为人的本质，而劳动的陶冶作用和教化功能为人类文明奠定了精神的基础，这种劳动更多的是精神性的，而马克思更强调感性的、现实的、物质的劳动。马克思的劳动观本身就有一个自我提升、自我超越的过程，其具体内容和表现形式恰恰就符合“作为推动和创造原则的自我否定性”的辩证法。从哲学人类学和

① 王德峰：《哲学导论》，上海人民出版社，2000，第14页。

② 王德峰：《哲学导论》，第19-20页。

③ 王德峰：《哲学导论》，第22页。

存在论视域中的“感性、对象性的活动”（《1844年经济学哲学手稿》），到历史唯物主义视域中的“物质生产活动”（《德意志意识形态》），更进一步深入政治经济学批判视域中去探讨劳动概念——劳动一方面是作为人与自然之间的物质变换的一般条件和人类生活的永恒的自然条件，另一方面则自我抽象和二重化（《1857—1858年经济学手稿》和《资本论》），即在资本原则主导之下，劳动被区分为具体的特殊劳动和抽象的劳动一般，并随着历史的发展，具体的劳动过程依据合理化和效率等原则，不断被抽象和重构。

推动马克思劳动观视域转换的关键，是资产阶级登上历史舞台之后世界历史的辩证发展，以及在理论层面对这种历史运动批判性的辩证思考。例如，马克思在《1857—1858年经济学手稿》中对“三大社会形态”，对资产阶级社会中社会关系的“物化”状况，以及对资本生产的发展趋势、文明面及其内在界限的系统、深入阐发，是我们深入理解资本主义社会历史辩证发展的枢要。与之相应，马克思阐发了作为政治经济学研究的科学方法的“从抽象到具体的方法”，扬弃黑格尔思辨哲学体系而发扬其革命辩证法，以便“发现神秘外壳中的合理内核”，使黑格尔抽象、思辨的概念辩证法倒过来，变成批判的、革命的唯物辩证法。

建立在资本主义社会历史发展、内在矛盾和自我扬弃基础上的马克思的辩证法，就其本质而言，具有革命性、批判性和创新性。这一点在《资本论》第1卷第二版跋中有集中阐发：“辩证法，在其合理形态上，引起资产阶级及其空论主义代言人的恼怒和恐怖，因为辩证法在对现存事物的肯定的理解中同时包含对现存事物的否定的理解，即对现存事物的必然灭亡的理解；辩证法对每一种既成的形式都是从不断的运动中，因而也是从它的暂时性方面去理解；辩证法不崇拜任何东西，按其本质来说，它是批判的和革命的。”①

马克思主义辩证法尤其关注社会历史进程中的运动变化、变革创新，马克思、恩格斯在《共产党宣言》中所描述的资产阶级登上历史舞台之后变动不居、不断革新的世界历史进程，非常清晰地揭示了这一点：“资产阶级除非对生产工具，从而对生产关系，从而对全部社会关系不断地进行革命，否则就不能生存下去……生产的不断变革，一切社会状况不停的动荡，永远的不安定和变动

① 马克思：《资本论》（第1卷），人民出版社，2004，第22页。

……一切固定的僵化的关系以及与之相适应的素被尊崇的观念和见解都被消除了，一切新形成的关系等不到固定下来就陈旧了。一切等级和固定的东西都烟消云散了。”[①]当今时代，科学技术不断变革，生态环境压力与应对气候变化挑战，经济萧条、债务加重、霸权横行、区域冲突等等，提出了一系列亟待我们解决的时代课题，我们需要积极发扬辩证法的革命批判精神，不断改革创新，推动中国式现代化发展和中华民族伟大复兴，积极构建人类命运共同体。

放眼世界发展，关注时代变化，“国外马克思主义或马克思学”对聚焦于“辩证法”问题上的马克思与黑格尔之间的关系问题，进行了持久而多元的关注、探讨或争论，例如卢卡奇、科尔施的“主—客体辩证法与总体性理论”，法兰克福学派的“否定辩证法”“启蒙辩证法”，阿尔都塞的“多元决定的矛盾观与辩证法”，莱文在马克思与黑格尔的对话中阐发其“体系辩证法”思想，广松涉对马克思主义辩证法的理路、新地平线及其与黑格尔辩证法的联系的深入探讨，值得我们批判性地研究和讨论。

他山之石，可以攻玉。上述不同角度的探讨，既激发了人们对马克思主义哲学的探究热情，又有助于人们结合历史发展、时代挑战和学术交流，推动相关研究走向深入。同时，我们应继承和发扬马克思主义哲学的实践观、历史唯物主义和批判精神，对国外马克思主义或马克思学的相关视角与观点展开批判性的研究，这也恰恰符合马克思主义哲学的辩证法精髓。

五、共产主义：人的全面自由发展与人类解放

马克思主义哲学的主旨，在于对资产阶级诞生以来人类社会历史发展与人的生存状况的真实、全面、科学理解，以及在批判性分析的基础上，对个人全面自由发展和人类解放，对共产主义的阐发和追求。马克思早期在批判分析黑格尔法哲学的基础上，揭示出需要从政治解放进一步推进到人类解放，并揭示了人类解放的心脏（无产阶级）和大脑（哲学），后来又进一步在批判分析黑格尔哲学、青年黑格尔派和政治经济学的基础上，揭示资本与劳动的分离带来的劳动异化、物化状况和商品拜物教，以及造成人的片面、畸形发展的结果，指

① 马克思、恩格斯：《共产党宣言》，人民出版社，2018，第30-31页。

出人要作为一个总体的人，要积极扬弃异化劳动和私有制条件下贪婪占有一切的异化生存状况，在生产力以及与之相应的社会交往充分发展的基础上，发挥其自由自觉的本质，追求全面自由的发展，进而促进人类的解放和共产主义的实现。

这一共产主义思想，首次较为集中地阐发于《1844年经济学哲学手稿》中。马克思在批判分析“异化劳动、粗陋的共产主义”等的基础上，进行了较为全面集中的阐发：“共产主义是私有财产即人的自我异化的积极的扬弃，因而是通过人并且为了人而对人的本质的真正占有。因此它是人向自身、向社会的即合乎人性的人的复归，这种复归是完全的，自觉的和在以往发展的全部财富的范围内生成的……它是人和自然界之间、人和人之间的矛盾的真正解决，是存在与本质、对象化和自我确证、自由和必然、个体和类之间斗争的真正解决。它是历史之谜的解答，而且知道自己就是这种解答。”[①]这段话，言简意赅、内涵丰富，值得深入思考。前半部分主要阐发一个总体的人，如何真正占有自己的本质，实现自身一切感觉和特性的彻底解放。在此，我们需要在把握私有财产的积极本质（人的生命的自我确证，人的生命力、创造性的积极实现和对象化，潜能的实现）和深入批判异化劳动的基础上，既扬弃那种本能性的直接、片面的物质享受，又超越那种受制于私有制而形成的对事物、对象的单纯占有欲望，而真正去占有人的本质（自由自觉的活动，创造性的生活）。这种积极意义上的占有活动，将路径（通过人）、目的（为了人）和对象（人的本质）融合在一起，这种占有活动是完全的、自觉的并保存了以往发展的全部财富。这样的人，被马克思称为“总体的人”，他应以一种全面的方式去占有自己的全面的本质，并实现人的一切感觉和特性的彻底解放。后来马尔库塞将这一点概括为“感性解放”，并提出了“培育感受力”的呼吁。后半部分则涉及共产主义如何积极解决一系列深层次的矛盾，解答历史之谜。这些矛盾，首先涉及宏阔的社会历史运动中双重最基本的关系，人与自然之间的矛盾、人与人之间的矛盾。这双重关系关涉到生产力和生产关系这一对最重要的历史范畴，也蕴含着在人口规模巨大和资源环境约束趋紧的双重压力之下，人们如何积极应对生态环境危机、经济金融危机、粮食安全等系列挑战，去实现可持续发展，构建人类命

① 马克思：《1844年经济学哲学手稿》，第81页。

运共同体。其次，这些矛盾进一步涉及更深层次的人的全面自由发展的相关命题：人的存在有其客观条件和现实基础。这些条件和基础对于人来说是一种必然的状况，但人又不甘于被这些客观条件所完全规定和制约，而是通过积极的谋划、构想与活动、实践，在社会生产生活中将其生命力、创造性发挥出来、展现出来，使其生命潜能对象化出来，自我确证、自我实现，基于客观现实又不断自我超越，追求全面自由的发展。马克思认为上述观点提供了历史之谜的解答，即从建立在私有制基础上的资本主义社会的客观矛盾中得出共产主义必然性的结论，尽管这一转变漫长而曲折。

如果说《1844年经济学哲学手稿》主要从哲学人类学和存在论角度来阐发人的全面自由发展和人类解放思想的话，那么《德意志意识形态》则从作为“历史科学”的历史唯物主义角度，进行了更加宏阔深入的阐发。马克思、恩格斯揭示了近代以来随着社会分工而来生产力的发展壮大，随着新航路开辟、工业革命、法国大革命等等而来的世界历史趋势，进而探讨了在这种社会分工和世界历史发展基础上人的异化状况及其扬弃和解放路径。“各个相互影响的活动范围在这个发展过程中越是扩大，各民族的原始封闭状态由于日益完善的生产方式、交往以及因交往而形成的不同民族之间的分工消灭得越是彻底，历史也越是成为世界历史。”①（民族性、地域性的）历史向世界历史的转变，首先并非通过观念、意识，而是通过人的物质生产、实践来实现的。

在那种自然或历史形成的而非出于自愿的分工之下，人们往往被局限于某一特定的活动范围，人本身的活动对人来说就成为一种异己的力量。单个人随着自己的活动扩大为世界历史性的活动，越来越受到“世界市场”这一异己力量的支配，而通过共产主义革命来推翻资本主义社会制度和消灭私有制，我们才能消灭这一异己力量。在人们深切感受并积极扬弃“世界市场”这一异己力量的过程中，马克思、恩格斯提出了一个很有意思的命题：单个人的解放程度与历史完全转变为世界历史的程度相一致，这个命题深化了对“人的自由全面发展与人类解放”之间关系的理解。“单个人才能摆脱种种民族局限和地域局限而同整个世界的生产（也同精神的生产）发生实际联系，才能获得利用全球的

① 马克思、恩格斯：《德意志意识形态》（节选本），第33页。

这种全面生产（人们的创造）的能力”[①]，进而，人们才能更好地、自觉地控制和驾驭那种异己的“世界市场”的力量。此处强调在全球化过程中，人们应超越各种局限，而与全世界的物质与精神生产发生实际关联，充分利用全球的全面生产能力、创造潜能，这恰恰为我们不断推进的改革开放事业所实践和印证。

进一步，马克思从人们实现自身的历史条件和存在方式来考察“三大社会形态”：“人的依赖关系（起初完全是自然发生的），是最初的社会形式，在这种形式下，人的生产能力只是在狭小的范围内和孤立的地方发展着。以物的依赖性为基础的人的独立性，是第二大形式，在这种形式下，才形成普遍的物质变换、全面的关系、多方面的需要以及全面的能力的体系。建立在个人全面发展和他们共同的、社会的生产能力成为从属于他们的社会财富这一基础上的自由个性，是第三个阶段。第二个阶段为第三个阶段创造条件。”[②]

前资本主义时代，在自然经济的条件下，人们受血缘、宗法、人伦和地域等限制，相互依赖，个性和自由无法得到实现，故称之为以人的依赖为基础的社会。及至资本主义时代，人们借助于分工和交换突破了地域、民族等等局限，建立起更加广泛的社会联系。这种社会联系突出表现在交换价值或货币上，较之于以人的依赖为基础的自然经济社会，建立在物的依赖性基础之上的市场经济社会中，人们具有了更多的独立性和选择机会、更广泛的社会联系。这种联系与其说是个人之产物，毋宁说是历史的产物，它既保证了个人的独立性，同时又产生出异己性。“在交换价值上，人的社会关系转化为物的社会关系，人的能力转化为物的能力。”[③]马克思进一步阐发全面发展的个人：“并非自然的产物，而是历史的产物，要想使得个性成为可能，能力的发展就要达到一定的程度和全面性，这正是以建立在交换价值基础上的生产为前提的，这种生产才在产生出个人同自己和同别人相异化的普遍性的同时，也产生出个人关系和个人努力的普遍性和全面性。”[④]即资本主义私有制条件下的社会分工与合作、商品交换与市场体系，一方面会造成劳动的异化、社会关系的物化，另一方面也为

---

① 马克思、恩格斯：《德意志意识形态》（节选本），第33页。

② 《马克思恩格斯全集》（第30卷），人民出版社，1995，第107-108页。

③ 《马克思恩格斯全集》（第30卷），第107页。

④ 《马克思恩格斯全集》（第30卷），第112页。

个人创造性的发挥和人与人之间更广泛的交往提供了条件。

六、资本原则及其批判性分析

资本的现代本质已被马克思先行道说出来，现代社会生活可以说是这一基本原则的自我呈现和充分展现。马克思对资本生产的发展趋势、资本的伟大文明作用以及资本的界限的深入阐发，进而对资本原则的有力揭示、深入洞察和内在批判，有助于我们更好地理解资产阶级登上历史舞台之后的人类社会历史，尤其是有助于我们更好地扬弃和利用资本，促进社会主义现代化建设，积极推动人的全面自由发展和人的解放。

（一）资本生产的趋势、资本的伟大文明作用和资本的界限[①]

马克思在《1857—1858年经济学手稿》中曾对资本生产的发展趋势、资本的伟大文明作用以及资本的界限进行了集中阐发，这有助于我们更加全面深入地理解资本原则。价值增殖或者说无限追求剩余价值是资本之本性，资本的发展趋势即奠定于此种本性之上。就绝对剩余价值而言，“资本的趋势是（1）不断扩大流通范围；（2）在一切地点把生产变成由资本推动的生产”[②]。就相对剩余价值而言，“生产相对剩余价值，即以提高和发展生产力为基础来生产剩余价值，要求生产出新的消费；要求在流通内部扩大消费范围，就像以前［在生产绝对剩余价值时］扩大生产范围一样。第一，要求在量上扩大现有的消费；第二，要求把现有的消费推广到更大的范围来造成新的消费；第三，要求生产新的需要，发现和创造新的使用价值”[③]。

而所谓资本的伟大文明作用，也与上述资本的本性及其发展趋势息息相关。一方面揭示出世界历史与全球化发展的趋势，从本质上来说，“就是推广以资本

① 这一部分借鉴了余源培、吴晓明主编的《马克思主义哲学经典文本导读》（上卷）（高等教育出版社，2005）中《资本论》及其系列手稿的“学习提示”的基本思路，谨以致谢，同时较为完整地援引《1857—1858年经济学手稿》中的相关段落，以便更好地理解本节的主题。

②《马克思恩格斯全集》（第30卷），第387页。

③《马克思恩格斯全集》（第30卷），第388页。

为基础的生产或与资本相适应的生产方式。创造世界市场的趋势已经直接包含在资本的概念本身中"[①]，资本因而"成为具有某种世界历史性的解放力量，即从根本上要求克服一切民族性、地域性的界限和偏见"[②]。另一方面，资本倾向于不断利用科技与消费来扩大和提高生产力，"这就需要探索整个自然界，以便发现物的新的有用属性……要把自然科学发展到它的最高点；同样要发现、创造和满足由社会本身产生的新的需要。培养社会的人的一切属性，并且把他作为具有尽可能丰富的属性和联系的人，因而具有尽可能广泛需要的人生产出来……以资本为基础的生产，一方面创造出普遍的产业劳动，即剩余劳动，创造价值的劳动，那么，另一方面也创造出一个普遍利用自然属性和人的属性的体系，创造出一个普遍有用性的体系，甚至科学也同一切物质的和精神的属性一样，表现为这个普遍有用性体系的体现者……因此，只有资本才创造出资产阶级社会，并创造出社会成员对自然界和社会联系本身的普遍占有，由此产生了资本的伟大文明作用"[③]。

马克思关于资本的伟大文明作用的详细分析，尤其是关于世界市场所具有的解放力量，可以克服各种闭关自守、安于现状的观念，克服各类地域、民族的界限与偏见，不断推动科学技术的发展，不断激发和满足新的社会需要，培养尽可能具有丰富特性和广泛联系的新人，从而创造出一个普遍地开发和利用自然属性与人的特性的"有用性的体系"，使得人们的生活较之于前资本主义时代，有一个质的飞跃。不论是自然界，还是人本身，抑或社会历史，都获得了某种前所未有的可能性和普遍性，我们当今时代正在实现这种潜能和展现这种普遍性。

虽然资本倾向于摧毁一切阻碍生产力发展、扩大需求、促使生产多样化的限制，从而充分利用和交换各类自然力量和精神力量，展现某种潜能与普遍性，但是"资本本身不可遏制地追求的普遍性，在资本本身的性质上遇到限制，这些限制在资本发展到一定阶段时，会使人们认识到资本本身就是这种趋势的最

---

①《马克思恩格斯全集》(第30卷)，第388页。

② 余源培、吴晓明主编《马克思主义哲学经典文本导读》(上卷)，高等教育出版社，2005，第305页。

③《马克思恩格斯全集》(第30卷)，第389-390页。

大限制，因而驱使人们利用资本本身来消灭资本”[①]。马克思集中地阐发了源于资本本性的限制或者资本的界限：“（1）必要劳动是活劳动能力的交换价值的界限；（2）剩余价值是剩余劳动和生产力的界限；（3）货币是生产的界限；（4）使用价值的生产受交换价值的限制。”[②]由此而产生生产过剩、普遍的价值丧失、资本的崩溃。而“资本的发展程度越高，它就越是成为生产的界限，从而也越是成为消费的界限。至于使资本成为生产和交往的棘手的界限的其他矛盾就不用谈了”[③]。

（二）作为社会原则的资本及其批判性思考[④]

依据马克思的“哲学—经济学”双重批判的语境，我们可以从“抽象原则”“社会关系和权力原则”和“自我增殖原则”三个维度来加以考察，揭示出资本何以成为现代社会生活的基本原则，并在此基础上来对其进行批判性的分析和研究。抽象原则不仅指思维抽象力对各种自然特性、社会特性的抽象，而且指存在论层面资本对现实生活与世界的“抽象重构和统治”，以及资产阶级对自身历史性存在的遗忘或掩饰；社会关系和权力原则透过物的存在和关系的表象来指证资本所代表的人（社会）的存在与关系，尤其揭示了资本作为“一般的社会联系”所表达出来的“普遍的社会权力”，并表现为一系列过程。作为“自我增殖与扩张原则”，资本在生产、流通、消费的统一运动过程中力图超越各种界限，不断创造剩余价值和财富，尤为重要者是揭示出资本这一本性在社会历史发展过程中和人类生产生活及生存处境面前所遇到的内外限制。这一内外限制恰恰展露了作为私有财产和资本原则之积极扬弃的共产主义运动的“客观必然性”及其“世界历史”意义。

1.抽象原则

在《资本论·第一版序言》（第1卷）中，马克思提到“分析经济形式，既

---

①《马克思恩格斯全集》（第30卷），第390页。

②《马克思恩格斯全集》（第30卷），第397页。

③《马克思恩格斯全集》（第30卷），第397页。

④这一部分借鉴了《现代性批判视域中的马克思自然观研究》（方锡良著，上海人民出版社，2014）第四章第一节相关内容。

不能用显微镜，也不能用化学试剂，二者都必须用抽象力来代替。而对资产阶级社会来说，劳动产品的商品形式，或者商品的价值形式，就是经济的细胞形式”[①]。资本作为社会基本原则，常常需要在思维中抽象掉各种具体、特殊的事物或特性，才能获得理解现代经济社会生活的基本范畴或概念。如在商品和劳动的二重性中，商品的交换价值必须抽象掉使用价值的特殊性才能获得，而一般、无差别的劳动也是抽象掉各种具体劳动才能获得。经过此番抽象之后，交换价值和抽象劳动才成为我们理解现代经济社会生活的基本范畴。

作为抽象原则，资本还需进一步打破或抽象掉各类自然、社会的性质和关系，我们习以为常、耳熟能详的一些简单概念，恰恰是最抽象的，如劳动、价值等基本概念——“价值概念完全属于现代经济学，因为它是资本本身的和以资本为基础的生产的最抽象的表现。价值概念泄露了资本的秘密。”[②]我们首先必须对这些常用的概念先行有所反思和洞察，看出这些看似“具体的概念”的“抽象性质”，之后再经过思维的综合，运用到具体的分析之中，如运用“价值”概念到“商品、货币和资本”的分析中；运用“时间”概念到“劳动”的分析中；运用“生产一般”概念到“社会历史发展”的分析中。而这恰是“从抽象到具体分析方法”所要求的。

马克思在《〈政治经济学批判〉导言》中强调“最一般的抽象总体只是产生在最丰富的具体发展的场所”[③]，所以研究“经济范畴”，问题不在于各种经济关系在“历史发展”上的先后顺序，也不在于它们在“观念”上的顺序，而在于“它们在现代资产阶级社会内部的结构”[④]。以现代经济社会生活中与“资本”密切关联的“劳动”概念为例，劳动似乎是一个十分简单、古老的范畴，但“在经济学上从这种简单性上来把握的‘劳动’，和产生这个简单抽象的那些关系一样，是现代的范畴”[⑤]。这一点恰恰揭示了亚当·斯密的伟大贡献，斯密在批判货币主义和重商主义的基础上，将关注点从商业流通领域转向更为基础

---

① 马克思:《资本论》(第1卷)，第8页。

② 《马克思恩格斯全集》(第31卷)，人民出版社，1998，第180页。

③ 《马克思恩格斯全集》(第30卷)，第45页。

④ 《马克思恩格斯全集》(第30卷)，第49页。

⑤ 《马克思恩格斯全集》(第30卷)，第44页。

的生产领域，把财富的源泉从物转向人本身，把财富的那种外在的、无思想的外在对象性“扬弃”为内在的、抽象的一般活动性，从而发现了私有财产的主体本质——劳动，深入阐发了劳动价值论。但是不幸的是，国民经济学家们忘记或回避了这种转变可能的社会历史条件，不是从“当前的经济事实”出发，而是在某种抽象“虚构的状态”中来理解私有财产和劳动。这一点被马克思在《1844年经济学哲学手稿》中着重批判，并且马克思还在《德意志意识形态》中批判“德国的哲学批判”陷入“黑格尔哲学体系”无法自拔，忽略了德国哲学和德国现实之间的关系问题。细细对比，我们就会发现国民经济学同德国哲学批判的一致之处：脱离感性的现实生活和社会历史发展，来抽象地理解感性世界和现实生活。其结果只是“理解”了世界，并力图与之相和谐，无法做到“真正的批判”，更毋庸说什么“改变世界”了。

马克思在《1844年经济学哲学手稿》中虽然高度评价了黑格尔辩证法的伟大之处“在于黑格尔把人的自我产生看作是一个过程……他抓住了劳动的本质，把对象性的人、现实因而是真正的人理解为他自己的劳动的结果”[①]，但是马克思随即跳出黑格尔“观念论”的窠臼，一针见血地指出：“黑格尔站在现代国民经济学家的立场上，把劳动看作人的本质，看作人的自我确证的本质；他只看到了劳动积极的方面，没有看到它的消极的方面……黑格尔惟一知道并承认的劳动是抽象的精神的劳动。”[②]只有回到“经济事实”，也就是回到“感性的现实生活及其实践”，才能真正看出“劳动”的“异化”性质。

与此相应，马克思深入揭露了资产阶级对于其历史和出身的有意遗忘或掩盖：“你们的利己观念把你们自己的生产关系和所有制关系从历史的、在生产过程中是暂时的关系变成永恒的自然规律和理性规律，这种利己观念是你们和一切灭亡了的统治阶级所共有的。谈到古代所有制的时候你们所能理解的，谈到封建所有制的时候你们所能理解的，一谈到资产阶级所有制你们就再也不能理解了。”[③]马克思在《1857—1858年经济学手稿》中分析“资本的原始积累”时，对此更进一步加以揭示：“资产阶级经济学家们把资本看作永恒的和自然的

---

① 马克思：《1844年经济学哲学手稿》，第101页。

② 马克思：《1844年经济学哲学手稿》，第101页。

③ 《马克思恩格斯选集》（第1卷），人民出版社，1995，第289页。

（而不是历史的）生产形式，然后又竭力为资本辩护。”[①]

何以如此？或如卢卡奇所揭示的：“对资产阶级来说，按永远有效的范畴来理解它自己的生产制度是个生死存亡的问题：它必须一方面把资本主义看成是由自然界和理性的永恒规律注定永远存在的东西，另一方面必须把无法忽视的矛盾看作与这种生产方式的本质无关而只是纯粹表面的现象。”[②]此种情况，其危害“首先在于它模糊了资本主义社会的历史的、暂时的性质。它的各种规定带有适合一切社会形态的无时间性的永恒的范畴的假象”[③]。

随着科学技术的发展和经济全球化的拓展，这种抽象原则在现代社会生活中得到更进一步的发展和深化，这一点被西方马克思主义着重揭示和阐发。

第一，自然科学的抽象方法与资本主义社会结构之间有着内在一致的关联，而现代科学技术以及技术理性、工具理性所造成的“技术统治”，也内在地强化了资本的“抽象”功能。卢卡奇认为，自然科学通过抽象方法获取所谓的“纯事实”，往往是由于现实世界的现象被置于某种不受外界干扰的理想环境中得到的，这一过程被自然科学的量化分析和数学模型构建所强化，这种认识方式乃是由资本主义本质决定的。以这种自然科学的抽象方法为圭臬的经济学家及其追随者们，也往往抽象地处理现实生活，所得到的只是“孤立的”事实（群）、单独的专门学科（经济学、法律等）。这种抽象方法的不科学性，在于它忽略了作为其依据的事实的历史性质。法兰克福学派在对日益成为自律和异化的统治力量的科学技术，以及对启蒙精神、技术理性和工具理性片面发展的深入批判中，更深入批判了现代工业文明的抽象性质，如《启蒙的辩证法》揭示出“抽象同一性”对人们生存与生活的支配作用，作为启蒙工具的“抽象”在思想中消除一切质的丰富多样性，在现实中则努力同化之，启蒙精神摒弃了一切不可度量之物，实现万物同一。形式逻辑和数学公式成为启蒙思想家看待、计算世界的基础架构，数字成为启蒙精神的准则，一切东西都必须合乎计算和实用规则。又如马尔库塞对丧失否定、批判和超越能力的“单向度的人”、单向度的社会、单向度的思维的批判性分析，丰富了现代性批判的内容。

① 《马克思恩格斯全集》（第30卷），第452页。

② 卢卡奇：《历史与阶级意识》，商务印书馆，1992，第57页。

③ 卢卡奇：《历史与阶级意识》，第59页。

第二，抽象合理化和可计算性原则成为社会生活的普遍原则，个人存在日益原子化、孤立化。整个社会需要都要以商品交换的形式来获得满足，各种生产关系和社会关系依据生产合理性和利益最大化来加以重构，人们越来越深地陷入科学技术架构、机器大生产体系和科层官僚体制的“一体化统治”中，都体现出以抽象合理化和可计算性原则来重构人类关系和社会结构。人的存在日益抽象合理化和深度机械化，劳动主体日益孤立化和原子化，莱布尼茨的孤立“单子”在当代真正获得了其鲜活体现，而斯宾诺莎所强调的作为德性之基的“自我持存”，则构成了整个西方文明和现代社会生活的真正原则。这一点在《历史与阶级意识》《启蒙的辩证法》等著作中多有揭示和阐发。

第三，人们的总体性、批判性和超越性日益丧失，现实之人日益变成了单向度的人。物化结构已经深入人的内心，演变成“物化意识”，而消费社会在制造虚假需求和畸形消费的同时，不断地削弱人们感性存在的多重维度、社会现实的丰富向度，削弱了人们的批判性和超越维度。这方面，卢卡奇、法兰克福学派以及生态学马克思主义的批判性研究提供了许多思路，有助于我们深入理解这一抽象原则。

2. 社会关系和权力原则

资本不只是物，它更根本的是人与人之间社会关系的反映，是一般的社会联系和普遍的社会权力，是一个包含着生产、流通和消费的紧密互动的统一过程。在“哲学—经济学批判”的语境中，最为紧要的关系是“资本与劳动的矛盾关系”。

（1）货币作为社会权力和社会联系

马克思在“政治经济学批判”中对货币的作用做了极富社会历史性的阐发，从中我们可以更加深入地理解作为资本的货币是如何充分展现资本的社会关系维度及其物化性质的。价值作为“商品的社会关系”和“商品经济上的质”，其概念的纯粹展开是建立在资本主义生产方式的基础上，而货币也是在资本中展开其完成的规定的。

在交换价值和相应的社会组织充分发展的基础上，货币欲或致富欲必然导致古代共同体的没落，而货币本身成为新的共同体。但作为现实的共同体，货币对于个人而言却是一个充满矛盾的共同体：“它是一切人赖以生存的一般实体，同时也是一切人的共同产物，但在货币上共同体只是抽象，对于单个人来说只是外在的、偶然的东西；同时又只是作为孤立的单个人的个人满足需要的手段。”[①]随着现代经济社会生活的展开，孤立的原子化个人凭借交换价值或货币来构建自己的社会联系与社会权力，他在衣袋里装着自己的社会权力和社会联系。货币的权力随着生产的社会性增长而增长，货币对于个人表现为一种纯粹偶然的、同个性毫无联系的物的关系，但同时这种物的性质却又“赋予个人对于社会、整个享乐和劳动等世界的普遍支配权”[②]。

进一步，“物化的社会关系”构成了被货币所支配的现代人“异化了的生存条件”：“活动的社会性质，表现为对个人来说是异己的东西，物的东西……活动和产品的普遍交换已成为每一单个人的生存条件，这种普遍交换，他们的相互联系，表现为对他们来说是异己的、独立的东西，表现为一种物。在交换价值上，人的社会关系转化为物的社会关系；人的能力转化为物的能力。”[③]但人们为什么相信物而非人自身呢？因为这种物是人们相互间的“物化的关系，是物化的交换价值，而交换价值无非是人们相互间生产活动的关系”[④]。货币对于个人只是作为“社会抵押品”来用，只是由于它具有象征性的社会属性；货币之所以能拥有社会的属性，只是因为各个人让他们自己的社会关系作为对象同他们自己相异化。

这种物的依赖关系也表现出这样的情形：“个人现在受抽象的统治，而他们以前是互相依赖的。但是，抽象或观念，无非是那些统治个人的物质关系的理论表现。”[⑤]在此，马克思批判了哲学家们的误解——新时代的特征是新时代受观念统治，推翻这种观念统治即自由个性的创造；进而批判了“将物的依赖关系加以永恒化”的意识形态错误，更进一步批判了统治阶级有意识地“加强、扶植和灌输”此一观念。这一点在卢卡奇的《历史与阶级意识》中得到了相当充分的阐发。

---

① 《马克思恩格斯全集》（第30卷），第178页。

② 《马克思恩格斯全集》（第30卷），第174页。

③ 《马克思恩格斯全集》（第30卷），第110页。

④ 《马克思恩格斯全集》（第30卷），第110页。

⑤ 《马克思恩格斯全集》（第30卷），第114页。

（2）资本作为过程

作为完成的交换价值，货币要保持自己就需要扬弃自身，必须同时表现为交换价值借以实现的过程，即需要加入流通；货币同时是作为纯粹物的形式的自身的否定，必须表现为财富的生产，而财富则表现为个人在生产中的相互关系的结果。总之，作为已经实现的交换价值，货币必须投入由流通和生产所组成的过程统一体中去。

货币必须与生产、流通发生关系，才能展现其经济存在，而不仅仅是实体存在。生产与流通在资本过程中紧密关联和互动：流通本身需要返回到生产交换价值的活动，就是返回到自身的根据，这种回返也是流通“新的出发点”；但生产又需要以发达的流通为前提，并且表现为引起流通又不断地从流通返回到自身，以便重新引起流通的不间断的过程，生产返回到与流通相联系，并以设定和实现交换价值为唯一内容的生产。恰在创造交换价值和实现交换价值的统一性中，我们看到了生产与流通在资本过程中的紧密关联与互动。

正唯如此，马克思批判了“资本是积累的劳动”这一论断的错误要害所在：只看到资本的物质方面，而忽视其形式规定；资本被理解为物，而没有被理解为关系。但资本之为关系绝非简单的关系，而是一种过程，资本在这个过程的各种不同的要素上始终是资本。作为从流通中复归于自身的东西，货币“作为资本失掉了自己的僵硬性，从一个可以捉摸的东西变成了一个过程”①。资本由于把自己的命运交给流通而获得某种不灭性，它在流通中并通过流通保存自己，使自己获得了永存的交换价值的规定性。交换价值不再是简单的等价物或劳动的简单对象化，而是自行倍增，它只有在资本中才能展开其完成的规定。

（3）资本与劳动

马克思认为，作为对象化劳动的资本与作为活劳动的雇佣劳动之间形成了本质的区别，恰在形成而又扬弃这种区别的过程中，资本本身成为过程。劳动作为资本的一个要素，作为有生产能力的生命力，对现存的资本发生作用。劳动犹如酵母，具有起死回生的力量，它被投入资本，使资本发酵成为过程，成为生产过程，变成了资本的力量。

与资本相对的劳动，作为创造价值的单纯可能性或潜能，尽管存在于工人

① 《马克思恩格斯全集》（第30卷），第220页。

之中，它必须与资本接触，才能成为实际的活动。某种意义上，只有以资本为基础并被资本吸收的劳动才是生产的，劳动只有在它生产了它自己的对立面（资本）时才是生产劳动。作为生产之基础的资本，是发展社会生产力的重要关系；但资本关系同时又以"劳动者和劳动实现条件之间的分离"为前提，资本主义生产不断地再生产和保持这种分离。随着现代社会生活中金融资本的强势扩张和科学技术的发展应用，这种分离更进一步体现为资本与人类的生活、生存之源之间的分离。黑格尔对"现时代的分裂特征"的判定和德里达对"脱节的时代"的判定，只有与"资本与劳动的分离，资本与人类生活、生存之源的分离"相联系才能获得充分理解。

马克思在《1844年经济学哲学手稿》中分析异化劳动时，首先从感性经验、经济事实出发来考察工人对劳动产品的关系，揭示出劳动产品与劳动者相异化，即"物的异化"。进而马克思说异化不仅表现在结果上，而且表现在生产行为中，表现在劳动本身中。如果劳动的产品是外化，那么生产本身必然是能动的外化、活动的外化、外化的活动。在劳动对象中的异化不过是总结了劳动活动本身的异化、外化。从"物的异化"的分析进一步推进到"劳动自身的异化"的分析，马克思潜在地借用黑格尔"辩证法"对"劳动"的理解，黑格尔将对象性的、现实的人理解为自身劳动的结果，抓住了劳动的本质。但马克思旋即指出黑格尔只看到劳动的积极方面，只是把劳动看作人的自我确证的本质，而没有看到劳动的消极方面，没有分析劳动本身及其产品与劳动者的异化或分离状况。马克思跳出黑格尔哲学"观念论"的局限，积极开展政治经济学的研究，并将哲学批判与经济学批判结合起来，认真深入地考察资本主义私有制条件下劳动与资本的"脱节分离和重新结合"。随着考察的深入，马克思揭示出，资本对劳动的利用和控制，不仅仅是对劳动产品的所有权和支配权，更是对活的劳动能力、未来的劳动潜能的支配权。这一分析，深化了《1844手稿》对"异化劳动"的批判性分析。

马克思进一步分析，随着文明的进步和社会生产力的增长，劳动不断转化为资本，并大大增加了资本对劳动的支配权："劳动作为活的、合乎目的的活动转化为资本，从自在意义上说，是资本和劳动交换的结果，因为这种交换给资本家提供了对劳动产品的所有权（以及对劳动的支配权）。这种转化只有在生产过程中才得到实现。”[①]劳动与资本之间既有本质区别，却又更加深度地密切关联，这种矛盾关系的发展，更进一步强化了资本对劳动的支配权，甚至货币作为资本，也只是取得未来（新）劳动的凭证：“这种货币不再单纯是一般财富的抽象形式，而是取得一般财富的现实的可能性即取得劳动能力的凭证，而且是取得正在生成的劳动能力的凭证。货币形式上的资本积累不是劳动的物质条件的物质积累，相反，是对劳动的所有权证书的积累。未来的劳动被设定为雇佣劳动，设定为资本的使用价值。”[②]

3. 自我增殖与扩张原则

马克思强调，如果生产行为只是保存资本的原有价值而非创造新价值，则资本发生的就会只是物质变化而非经济变化，资本价值的这种简单保存是与资本的概念相矛盾的。资本是生产过程和价值增殖过程的统一，是价值保存过程和创造新价值过程的统一，同时也是生产过程（新价值之创造）和流通过程（新价值之实现）的统一。

（1）资本之目的与本性

对于资本来说，任何一个对象本身所能具有的唯一的有用性，只能是使资本保存和增加。换言之，资本的合乎目的的活动只能是发财致富，即自我增殖。结合前文对“资本与劳动”的分析，马克思在《资本论》中总结道：“资本自行增殖的秘密归结为资本对别人的一定数量的无酬劳动的支配权。”[③]在雇佣劳动下，货币关系掩盖了雇佣工人的无酬劳动。就货币而言，它以追求自身量的增大和无限增殖为目的，但现实中它始终只是一定量的货币，所以它在量上有限，与它的本质相矛盾，也即货币的可计量性同其追求无限增殖的本性相矛盾。作为“财富的一般形式”之代表的货币，资本具有一种不断超越自己界限的无限制和无止境的欲望；作为自我生产的货币，资本是创造更多剩余价值的不停的运动。

总之，资本的目的和本性就在于：资本是力图超越自己的界限的无限制、无止境的欲望；它是力图创造更多剩余价值的不停的运动过程；货币在资本中

① 马克思：《资本论》（第1卷），第267页。

② 马克思：《资本论》（第1卷），第336页。

③ 马克思：《资本论》（第1卷），第611页。

展开其完成的规定。

（2）资本（货币）与社会历史发展

马克思指出，在资本主义私有制条件下，资本的增殖提升和劳动生产力提升之间呈现出一种目的与手段之间的工具理性关联。这种关联，客观上促进了社会生产力的提升和社会的发展进步，更强化了资本对生产力提升和社会生产生活的影响力和控制力。资本的增加和生产力的发展之间有着内在关联，一方面，资本为了自我增殖，必须大力发展劳动生产力，"劳动生产力的发展是资本增殖的必要条件，资本作为无止境地追求发财致富的欲望，力图无止境地提高劳动生产力并使之变为现实"，另一方面，劳动生产力的提升又要以资本增殖为旨归，"劳动生产力的任何提高都是资本的生产力的提高，而且从现在的观点来看，这种提高只有就它是资本的生产力来说，才是劳动的生产力"①。尽管资本增加和生产力发展之间相互影响，但资本的增加对提高生产力的影响无可比拟地大于生产力的提高对资本增长的影响。

作为发达的生产要素，货币只能存在于雇佣劳动存在的地方，也就是存在于以资本为基础的地方。在那里，货币是社会形式发展的条件和发展一切生产力的主动轮。在以雇佣劳动为基础的地方，货币不是起瓦解作用，而是起生产的作用。为了促进生产力和资本的共同发展，资产阶级一方面积极开拓世界市场和推进资本文明，从本质上讲，这就是推广以资本为基础或与资本相适应的生产生活方式。创造世界市场的趋势已经直接包含在资本的概念本身之中。作为近代以来世界历史的主趋势，资产阶级积极开拓世界市场和推进资本主义文明，这一点马克思在《共产党宣言》中有相当明快犀利的分析：资产阶级开拓世界市场，创造世界性的生产和消费，使各民族的相互往来和相互依赖日益紧密，资产阶级在全世界范围内积极推行资本主义生产方式和资本主义制度，而这恰恰有助于我们深入理解作为社会关系、权力和过程原则的资本概念。另一方面，以提高和发展生产力为基础来生产剩余价值，这既需要科学技术的不断发展和广泛应用，又要求扩大消费范围和生产出新的消费；以资本为基础的生产，也创造出一个普遍利用自然属性和人的属性的体系，创造出一个普遍有用性的体系，而科学技术与消费社会则是这个普遍有用性体系的积极体现者。

① 《马克思恩格斯全集》（第30卷），第305页。

（3）资本原则的内在矛盾及其扬弃

资本不可遏止地追求（增殖和扩张）的普遍性，在资本本身的性质上遇到了内在限制。这一内在限制从历史唯物主义角度来看表现在：强大的社会生产力的发展已经受到了资产阶级生产关系和所有制关系的严重束缚，资产阶级克服经济危机的办法不过是使得危机更加深化和使得自己处境日益困窘。这一点在《共产党宣言》等著作中有鲜明的揭示．虽然资产阶级在创造巨大生产力、推动资本主义文明的基础上开创了“世界历史”进程，但资本主义越往后发展越暴露出其内在矛盾，其表征是资本主义社会周期性爆发的经济危机，马克思称之为“社会瘟疫”。现今时代，全球化、信息化和科学技术的不断发展，固然促进了生产力和资本的巨大发展，但经济危机又因为投机性的金融资本及其衍生品的不断扩张而日益加深扩展，且与日益严峻的生态环境危机和各类复杂的政治、军事冲突交织在一起，从而在更深层次和更广领域内暴露出资本原则的内在矛盾和界限。而关于资本的内在界限已在前文进行了分析和阐发，兹不赘述。

上述三维度的内在关联：抽象原则构成了资本原则的内在逻辑；社会关系和权力原则构成了资本原则的展开机制；自我增殖与扩张原则构成了资本原则的主旨和目的。从这三个维度具体进行阐发和分析，揭示出资本何以成为现代社会生活的基本原则，并在此基础上对其进行更为深入的批判性分析和研究。

结　语

本讲乃是一种抛砖引玉之工作，旨在激发大家积极思考当今时代我们为什么更要阅读马克思以及如何阅读马克思，积极思考马克思主义哲学的基本精神、思想内涵与历史意义。借助于对马克思著作和思想的学习、思考和交流讨论，我们可以更好地洞悉历史，洞察资本；切中社会现实，引领实践变革。而马克思思想的普遍性、全面性及其穿透力、吸引力，将会吸引更多的青年学子去走进马克思、走进时代、切中现实、创造未来。

马克思主义哲学的基本精神，在于指出作为历史科学的历史唯物主义，对资本原则的有力揭示和对资本主义社会的有力批判，追求人类解放和人的全面自由发展。因此，区别于各类观念论以及旧唯物主义，马克思主义哲学具有鲜明的特征[①]：无产阶级的世界观或人类解放的学说宗旨，彻底的批判精神和实践精神，社会历史分析方法，以及改造世界的实践与行动。

推荐阅读

余源培、吴晓明主编：《马克思主义哲学经典文本导读》（上、下卷），北京：高等教育出版社，2005。

孙伯鍨、张一兵：《走进马克思》，南京：江苏人民出版社，2020。

衣俊卿：《西方马克思主义概论》（第二版），北京：北京大学出版社，2019。

韩立新：《〈巴黎手稿〉研究》，北京：北京师范大学出版社，2014。

杨照：《〈资本论〉的读法：资本及其创造的现代世界》，海口：海南出版社，2022。

大卫·哈维：《马克思与〈资本论〉》，北京：中信出版社，2018。

奥古尔特·科尔纽：《马克思恩格斯传》（三卷本），北京：生活·读书·新知三联书店，1980。

艾伦·W.伍德：《卡尔·马克思：马克思思想传记》（第2版），北京：中国人民大学出版社，2023。

莱泽克·科拉科夫斯基：《马克思主义的主要流派》（三卷本），哈尔滨：黑龙江大学出版社，2015。

米夏埃尔·宽特：《卡尔·马克思哲学研究》，北京：商务印书馆，2021。

① 孙伯鍨、侯惠勤主编《马克思主义哲学的历史和现状》（上卷），南京大学出版社，2002，第1–11页，导言。

参考文献

外文文献

A J AYER. The Problem of Knowledge. London： Macmillan，1956.

BLOOR D. Knowledge and Social Imagery. 2nd edition. Chicago and London： University of Chicago Press，1991.

CHALMERS A F. What Is This Thing Called Science?. Queensland： University of Queensland Press，2013.

DUHEM P. The Aim and Structure of Physical Theory. New Jersey： Princeton University Press，1954.

FEYERABEND P. Against Method： Outline of an Anarchistic Theory of Knowledge. London： New Left Books，1975.

FREGE G. Begriffsschrift. Halle： Verlag von Louis Nebert，1879.

GADAMER H G. Truth and Method. London： Continuum，1960.

GODFREY-SMITH P. Theory and Reality： An Introduction to the Philosophy of Science.2nd edition. Chicago and London： University of Chicago Press，2021.

HACKING I. Representing and Intervening. New York： Cambridge University Press，1983.

HANSON N R. Patterns of Discovery： An inquiry into the conceptual foundations of science. New York： Cambridge University Press，1965.

JASTROW J. Fact and Fable in Psychology. Boston and New York： Houghton，Mifflin and Company，1900.

JOHN GRECO，ERNEST SOSA. The Blackwell Guide to Epistemology. Oxford： Blackwell Publishers Ltd，1999.

KIND A. Philosophy of Mind： The Basic. London： Routledge，2020.

KUHN T S. The Structure of Scientific Revolutions. Chicago and London： The University of Chicago Press，1962.

LINDA MARTIN ALCOFF. Epistemology： The Big Questions. Oxford： Blackwell Publishers Ltd，1998.

LIPTON P. Inference to the Best Explanation. 2nd edition. London： Routledge，2004.

LLOYD P GERSON. Ancient Epistemology. New York： Cambridge University Press，2009.

LLOYD G. The Man of Reason： Male and Female in Western Philosophy. Minneapolis： University of Minnesota Press，1984.

MERLEAY-PONTY M. Phenomenology of Perception. Paris： Gallimard，1945.

MICHAEL WILLIAMS. Problem of Knowledge： A Critical Introduction to Epistemlolgy. New York： Oxford University Press，2001.

POPPER K. Conjectures and Refutations： The Growth of Scientific Knowledge. London： Routledge，2014.

PUTNAM H. Mathematics，Matter and Method. 2nd edition. New York： Cambridge University Press，1979.

VAN FRAASSEN B C. Laws and Symmetry. Oxford： Clarendon Press. 1989.

VAN FRAASSEN B C. The Scientific Image. Oxford： Clarendon Press，1980.

WITTGENSTEIN L. Philosophical Investigations. Oxford： Blackwell Publishing，1953.

CHUDEK M，MCNAMARA R，BURCH S，et al.Developmental and cross-cultural evidence for intuitive dualism.https：//www2.psych.ubc.ca/~henrich/pdfs/ChudekEtAl_InutiveDualism_WorkingPaper_June2014.pdf

CLARK A，CHALMERS D.The extended mind. Analysis，1998，58（1）：7-19.

CHURCHLAND P S，CHURCHLAND P M. Could a Machine Think?.Scientific American，1990（262）：32-39.

EDMUND L GETTIER. Is Justified True Belief Knowledge? Analysis，1963，23（6）：121-123.

HARAWAY D.Situated Knowledges：The Science Question in Feminism and the Privilege of Partial Perspective. Feminist Studies，1988（14）：575-599.

HAVAS D A，GLENBERG A M，et al.Emotion simulation during language comprehension.Psychonomic Bulletin&Review，2007（14）：436-441.

KELLENBACH M L，BRETT M，PATTERSON K.Large，colorful，or noisy? Attribute - and modality - specific activations during retrieval of perceptual attribute knowledge.Cognitive，Affective，& Behavioral Neuroscience，2001（1）：207-221.

LAUDAN L.A Confutation of Convergent Realism. Philosophy of Science，1981（49）：19-48.

QUINE W V.Two Dogmas of Empiricism. Philosophical Review，1951，60（1）：20-43.

RUPERT R. Challenge to the hypothesis of extended cognition. Journal of Philosophy，2004（101）：389-428.

中文文献

高楠顺次郎.大正新修大藏经.北京：中国书店，2021.

马克思，恩格斯.马克思恩格斯文集：第1卷.北京：人民出版社，2009.

马克思，恩格斯.马克思恩格斯文集：第2卷.北京：人民出版社，2009.

马克思，恩格斯.马克思恩格斯文集：第3卷.北京：人民出版社，2009.

马克思，恩格斯.马克思恩格斯文集：第9卷.北京：人民出版社，2009.

马克思，恩格斯.马克思恩格斯全集：第1卷.北京：人民出版社，1995.

马克思，恩格斯.马克思恩格斯全集：第30卷.北京：人民出版社，1995.

马克思，恩格斯.马克思恩格斯全集：第31卷.北京：人民出版社，1998.

马克思，恩格斯.马克思恩格斯选集：第1卷.北京：人民出版社，1995.

马克思，恩格斯.共产党宣言.北京：人民出版社，2018.

马克思，恩格斯.德意志意识形态.节选本.北京：人民出版社，2003.

马克思.1844年经济学哲学手稿.北京：人民出版社，2000.

马克思.资本论：第1卷.北京：人民出版社，2004.

马赛厄斯·施托伊普，约翰·图里，欧内斯特·索萨.知识论：当代争论.第2版.上海：上海译文出版社，2020.

王博.庄子哲学.北京：北京大学出版社，2004.

王弼.老子道德经注.北京：中华书局，2011.

王新生.马克思政治哲学研究.北京：科学出版社，2018.

王德峰.哲学导论.上海：上海人民出版社，2000.

车尔尼雪夫斯基.艺术与现实的审美关系.北京：人民文学出版社，2009.

文德尔班.哲学史教程.北京：商务印书馆，1987.

方东美.生生之德：哲学论文集.北京：中华书局，2013.

方立天.中国佛教哲学要义.北京：中国人民大学出版社，2002.

布洛克.现代艺术哲学.成都：四川人民出版社，1998.

卡尔·斯贝尔斯.论历史的起源与目标.李雪涛，译.上海：华东师范大学出版社，2016.

北京大学哲学系外国哲学史教研室.西方哲学原著选读：上卷.北京：商务印书馆，1981.

卢卡奇.历史与阶级意识.北京：商务印书馆，1992.

卢梭.论人类不平等的起源和基础.李常山，译.北京：商务印书馆，1997.

卢梭.社会契约论.何兆武，译.北京：商务印书馆，2005.

叶秀山.美的哲学.北京：北京联合出版公司，2016.

冯友兰.中国哲学史：上//三松堂全集：第2卷.郑州：河南人民出版社，2001.

冯友兰.中国哲学简史.北京：北京大学出版社，2013.

冯友兰.新原道//三松堂全集：第5卷.郑州：河南人民出版社，2000.

冯达文，郭齐勇.新编中国哲学史.北京：人民出版社，2004.

冯达文.中国古典哲学略述.广州：广东人民出版社，2009.

冯契.哲学大辞典.上海：上海辞书出版社，2007.

司空图.二十四诗品.杭州：浙江古籍出版社，2013.

亚里士多德.尼各马可伦理学.廖申白，译注.北京：商务印书馆，2003.

亚里士多德.形而上学.苗力田，译.北京：中国人民大学出版社，2003.

亚里士多德.诗学.北京：商务印书馆，1996.

朱贻庭.伦理学大辞典.上海：上海辞书出版社，2002.

朱贻庭.应用伦理学辞典.上海：上海辞书出版社，2013.

乔纳森·沃尔夫.政治哲学.毛兴贵，译.北京：中信出版社，2019.

任继周.中国农业伦理学概论.北京：中国农业出版社，2021.

伦理学编写组.伦理学.第二版.北京：高等教育出版社，2021.

邬昆如.西洋哲学史话.增订二版.台北：三民书局，2004.

邬昆如.哲学概论.北京：中国人民大学出版社，2005.

刘笑敢.老子古今.北京：中国社会科学出版社，2009.

池田大作，威尔逊.社会与宗教.成都：四川人民出版社，1996.

汤一介.郭象与魏晋玄学.北京：北京大学出版社，2000.

汤姆·洛克曼.马克思主义之后的马克思——卡尔·马克思的哲学.北京：东方出版社，2008.

安启念.新编马克思主义哲学发展史.第3版.北京：中国人民大学出版社，2015.

孙正聿.哲学通论.北京：北京师范大学出版社，2020.

孙伯鍨，侯惠勤.马克思主义哲学的历史和现状：上卷.南京：南京大学出版社，2002.

牟宗三.才性与玄理.桂林：广西师范大学出版社，2006.

牟宗三.中国哲学十九讲//牟宗三先生全集（29）.台北：联经出版事业股份有限公司，2003.

牟宗三.中国哲学的特质//牟宗三先生全集（28）.台北：联经出版事业股份有限公司，2003.

牟宗三.心体与性体：上.上海：上海古籍出版社，1999.

约翰·密尔.密尔论民主与社会主义.胡勇，译.长春：吉林出版集团，2008.

约翰·穆勒.功利主义.徐大建，译.上海：上海人民出版社，2007.

约翰·穆勒.政治经济学原理.胡企林，朱泱，译.北京：商务印书馆，1991.

麦金太尔.追寻美德：道德理论研究.南京：译林出版社，2003.

劳思光.论哲学基本问题.新北：劳思光研究中心，2016.

劳思光.新编中国哲学史.北京：生活·读书·新知三联书店，2015.

克里斯·霍奈尔，埃默里斯·韦斯科特.哲学是什么.北京：中国人民大学出版社，2013.

苏珊·哈克.逻辑哲学.罗毅，译.北京：商务印书馆，2003.

苏珊·朗格.情感与形式.北京：中国社会科学出版社，1986.

杜保瑞.中国哲学方法论.台北：台湾商务印书馆股份有限公司，2013.

杜保瑞.庄周梦蝶.台北：书泉出版社，1995.

杜保瑞.基本哲学问题.北京：华文出版社，2000.

李存山.中国气论探源与发微.北京：中国社会科学出版社，1990.

李贤中.先秦名家“名实”思想探析.台北：文史哲出版社，1992.

李德顺.哲学概论：第2版.北京：中国人民大学出版社，2019.

杨儒宾，祝平次.儒学的气论与工夫论.台北：台湾大学出版中心，2005.

吴晓明，王德峰.马克思的哲学革命及其当代意义——存在论新境域的开启.北京：人民出版社，2005.

吴倬.马克思主义哲学导论.北京：当代中国出版社，2002.

伯克.论崇高与美//伯克美学论文集.上海：上海三联书店，1990.

伽达默尔.真理与方法.北京：商务印书馆，2007.

余源培，吴晓明.马克思主义哲学经典文本导读：上卷.北京：高等教育出版社，2005.

亨普尔.经验主义的认识意义标准：问题与变化//洪谦.逻辑经验主义.北京：商务印书馆，1982.

汪子嵩，范明生，陈村富，等.希腊哲学史：第一卷.修订本.北京：人民出版社，2014.

汪子嵩，范明生，陈村富，等.希腊哲学史：第二卷.修订本.北京：人民出版社，2014.

汪子嵩，范明生，陈村富，等.希腊哲学史：第三卷.修订本.北京：人民出版社，2014.

沃尔夫.哲学概论.郭实渝，等译.桂林：广西师范大学出版社，2005.

沈清松.形上学：存有、人性与终极真实之探究.台北：台湾大学出版中心，2019.

沈清松.沈清松自选集.济南：山东教育出版社，2005.

沈清松.物理之后：形上学的发展.台北：牛顿出版股份有限公司，1991.

沈清松.哲学概论.贵阳：贵州人民出版社，2003.

张三丰.三丰全集.李涵虚，编.蔡聪哲，点校.北京：宗教文化出版社，2013.

张世英.哲学导论.北京：北京大学出版社，2016.

张立文.心.台北：七略出版社，1996.

张立文.性.台北：七略出版社，1997.

张岂之.中国思想史.台北：水牛出版社，1992.

张志伟.形而上学历史的演变.北京：中国人民大学出版社，2010.

张岱年.中国古典哲学概念范畴要论//张岱年全集.增订版.北京：中华书局，2017.

张岱年.中国哲学大纲.北京：商务印书馆，2015.

张学智.中国哲学概论.北京：高等教育出版社，2022.

张祥龙.海德格尔思想与中国天道.北京：中国人民大学出版社，2010.

阿尔文·戈德曼，马修·麦克格雷斯.当代知识论导论.方环非，译.北京：中国人民大学出版社，2022.

陈寿.三国志.裴松之，注.北京：中华书局，2011.

陈丽桂.战国时期的黄老思想.台北：联经出版事业股份有限公司，1991.

陈来.仁学本体论.北京：生活·读书·新知三联书店，2014.

陈来.朱子哲学研究.上海：华东师范大学出版社，2000.

陈望衡.中国美学史.北京：人民出版社，2005.

陈鼓应.庄子今注今译.北京：中华书局，2020.

陈嘉明.知识与确证——当代知识论引论.上海：上海人民出版社，2003.

陈嘉映.何为良好生活.上海：上海文艺出版社，2015.

陈嘉映.哲学·科学·常识.北京：东方出版社，2007.

陈德兴.气论释物的身体哲学——阴阳、五行、精气理论的身体形构.台北：五南图书出版股份有限公司，2009.

拉格兰，海特.哲学是什么.北京：人民出版社，2014.

苗力田，李毓章.西方哲学史新编.修订本.北京：人民出版社，2015.

苗力田.亚里士多德全集：第三卷.北京：中国人民大学出版社，1992.

林丽真.王弼.台北：东大图书公司，1988.

杰弗里·托马斯.政治哲学导论.顾肃，刘雪梅，译.北京：中国人民大学出版社，2021.

罗尔斯.正义论.修订版.何怀宏，何包钢，廖申白，译.北京：中国社会科学出版社，2023.

罗安宪.虚静与逍遥——道家心性论研究.北京：人民出版社，2005.

罗伯特·保罗·沃尔夫.哲学是什么：第11版.李婷婷，聂一鸣，译.北京：商务印书馆，2021.

彼得·奥斯本.问题在于改变世界：马克思导读.北京：中信出版社，2016.

金春峰.汉代思想史.北京：中国社会科学出版社，1987.

周保松.罗尔斯《正义论》（1971）//应奇.当代政治哲学名著导读.南京：江苏人民出版社，2018.

胡军.知识论.北京：北京大学出版社，2006.

柏拉图.文艺对话集.北京：人民文学出版社，1963.

柏拉图.柏拉图全集（7）.增订版.王晓朝，译.北京：人民出版社，2017.

勃特兰·罗素.西方哲学史.解志伟，侯坤杰，译.北京：应急管理出版社，2019.

威廉·G.莱肯.论盖梯尔难题的难题//斯蒂芬·海瑟林顿.知识论的未来.方

环非，译.北京：中国人民大学出版社，2022.

保罗·库尔茨.新怀疑论：探究与可靠知识.郑念，译.上海：上海交通大学出版社，2021.

侯才.哲学的涅槃.北京：中国社会科学出版社，2022.

俞可平.权力与权威——政治哲学若干重要问题.北京：商务印书馆，2020.

施特劳斯.什么是政治哲学.李世祥，等译.北京：华夏出版社，2011.

洪汉鼎，陈治国.知识论读本.北京：中国人民大学出版社，2010.

洛克.政府论：下篇.叶启芳，瞿菊农，译.北京：商务印书馆，1996.

姚大志.现代之后——20世纪晚期西方哲学.北京：东方出版社，2000.

袁珂.中国神话传说：从盘古到秦始皇.北京：北京联合出版公司，2016.

埃蒂安·巴利巴尔.马克思的哲学.北京：中国人民大学出版社，2007.

恩斯特·卡西尔.人论.上海：上海译文出版社，1985.

徐长福.拯救实践.重庆：重庆出版社，2012.

徐向东.怀疑论、知识与辩护.北京：北京大学出版社，2006.

徐向东.理解自由意志.北京：北京大学出版社，2008.

徐复观.两汉思想史（二）.北京：九州岛出版社，2014.

郭庆藩.庄子集释.北京：中华书局，2018.

郭齐勇.中国哲学通史：先秦卷.南京：江苏人民出版社，2021.

海德格尔.林中路.上海：上海译文出版社，1997.

桑塔耶纳.美感.北京：人民出版社，2013.

理查德·费尔德曼.知识论.文学平，盈俐，译.北京：中国人民大学出版社，2019.

黄玉麟.《淮南子》“道”思想之研究.新北：辅仁大学，2006.

黄颂杰.思辨与实践：解读西方哲学的重要进路//实践哲学评论：第2辑.广州：中山大学出版社，2015.

黄楠森.马克思主义哲学史.北京：高等教育出版社，2002.

梯利.西方哲学史.北京：商务印书馆，1995.

笛卡尔.第一哲学沉思集.庞景仁，译.北京：商务印书馆，1986.

康德.判断力批判.北京：中国人民大学出版社，2006.

康德.道德底形上学.李明辉，译.台北：联经出版事业股份有限公司，2015.

梁启超.清代学术概论.北京：中国人民大学出版社，2004.

梁启超.儒家哲学.上海：上海人民出版社，2009.

葛荣晋.中国思想史：第一卷.上海：复旦大学出版社，2013.

雅克·阿塔利.卡尔·马克思：世界的精神.上海：上海人民出版社，2018.

黑格尔.小逻辑.北京：商务印书馆，1980.

黑格尔.美学.北京：商务印书馆，2018.

黑格尔.哲学史讲演录：第三卷.贺麟，王太庆，等译.上海：上海人民出版社，2013.

黑格尔.哲学史讲演录：第四卷.贺麟，王太庆，等译.上海：上海人民出版社，2013.

黑格尔.精神现象学.北京：商务印书馆，1997.

傅伟勋.西洋哲学史.台北：三民书局，2005.

傅伟勋.死亡的尊严与生命的尊严.北京：北京大学出版社，2006.

鲁成波.西方怀疑论.济南：山东大学出版社，2003.

曾春海.两汉魏晋哲学史.台北：五南图书出版股份有限公司，2001.

曾春海.中国哲学概论.长春：吉林出版集团有限责任公司，2009.

温迪·林恩·李.马克思.北京：清华大学出版社，2019.

蒙培元.中国心性论//蒙培元全集：第四卷.成都：四川人民出版社，2021.

路易斯·P.波伊曼.知识论导论——我们能知道什么？.第2版.洪汉鼎，译.北京：中国人民大学出版社，2008.

詹文杰.柏拉图知识论研究.北京：北京大学出版社，2020.

鲍德里亚.生产之镜.北京：中央编译出版社，2005.

蔡仁厚.儒家心性之学论要.台北：文津出版社，1990.

霍布斯.利维坦.黎思复，黎廷弼，译.北京：商务印书馆，2010.

戴维·米勒.政治哲学与幸福根基.李里峰，译.南京：译林出版社，2013.

戴维·麦克莱伦.马克思思想导论.第3版.北京：中国人民大学出版社，2016.

万俊人.关于政治哲学几个基本问题研究论纲.天津社会科学，2004（2）：4-9.

朱汉民.朱熹以理释仁的路径和意义.中国文化，2020，51（1）：112-117.

任剑涛.政治哲学的问题架构与思想资源.江海学刊，2003（2）：23-30.

任慧，华翀，白怀儒，等.黄河文化论纲.艺术学研究，2021（1）：5-19.

向世陵.中国哲学的“本体”概念与“本体论”.哲学研究，2010（9）：47-56.

李存山.“气”概念的几个层次意义的分殊.哲学研究，2006（9）：34-41.

李猛，张志强，陈少明，等.新中国的形而上学.开放时代，2021（5）：31-49.

陈少明.把哲学当作动词——敬答“做中国哲学”工作坊上的朋友们.现代哲学，2022（3）：132-138.

陈立胜.静坐在儒家修身学中的意义.广西大学学报（哲学社会科学版），2014（4）：1-12.

陈声柏.特性、共性与自性——试论《公孙龙子·坚白论》的“性质”三义.社会科学战线，2022（10）：41-49.

陈真.苏格拉底真的认为“美德即知识”吗？伦理学研究，2006（4）：47-53.

陈晏清，王新生.政治哲学的当代复兴及其意义.哲学研究，2005（6）：25-29.

苟东锋.“生生”与“名名”——论中国哲学的“底本”.哲学分析，2022，13（6）：146-160.

林乐昌.论张载的理学纲领与气论定位.孔学堂，2020，22（1）：28-34.

段忠桥.古典政治哲学与现代政治哲学.四川大学学报（哲学社会科学版），2015（4）：31-49.

段忠桥.政治哲学、马克思政治哲学与唯物史观.社会科学辑刊，2020（4）：28-38.

姚大志.什么是政治哲学.光明日报，2013-09-24（11）.

贺来.“认识论转向”的本体论意蕴.社会科学战线，2005（3）：1-6.

倪培民.将“功夫”引入哲学.南京大学学报（哲学·人文科学·社会科学），2011（6）：86-98.

徐长福.“政治国家”与“物质国家”的辩证法——马克思政治哲学范式的发生学考察.马克思主义与现实，2020（3）：37-45.

徐长福.实践哲学的术语考释与学科素描.天津社会科学，2020（5）：25-32.

韩水法.什么是政治哲学.中央党校学报，2009（2）：28-35.

颜炳罡.从“依傍”走向主体自觉——中国哲学史研究何以回归其自身.文史哲，2005，288（3）：26 32.

后　记

《哲学精要十三讲》书稿之编撰，始于2021年下半年，讫于2025年初，历时近四载。2021年5月，编者任职兰州大学哲学社会学院，彼时，或因编者过往于台湾地区哲学概论通识教育课程之授课经验，以及哲学类本科教材之编辑写作经历，学院付与了此项重任，对个人来说深感责任与压力之重大。然在编撰工作启幕伊始，实然感受到学院老师们的同心与热诚。经数番沟通，我们很快地在区块划分、章节规划以及写作风格等方面达成共识，希冀铸就一本合适于当前中国哲学专业教育的本科生教材。教材的内容能兼顾中国哲学、外国哲学、马克思主义哲学，既可供哲学专业与通识哲学教育之教师作为基础教材，又能以浅显易读的笔触，为各界有兴趣的读者提供一本亲切可近的哲学入门读物。2023年中，初稿渐次告成，编者邀请数位本科同学共同参与读稿，为初稿提供默认之读者视角意见。继而经研讨，进一步明晰了所有章节结构的一致性原则，确知需增删与修订之处。2024年初，所有书稿再次修订完毕。其后，历经兰州大学出版社之读稿修订、学校教材出版的审核与修订，数经雕琢，终成此书稿。

诸多的哲学概论或哲学普及类书籍，喜好用“起步、初步、几堂课、阶梯”等词汇为书名，寓意着学习与接触哲学的初始阶段。在许多人身上，对哲学常有熟悉又陌生的双重观感，市面上众多的哲学概论与普及类书籍亦各具特色，任君采择。本书的撰写，汇聚十位学界中青年哲学教师之心血，透过“基础—

理论—延伸”三大篇、十三讲之内容，呼应当前中国哲学界自主知识体系建构的设定，且力求兼顾哲学基础知识的普遍性与前沿性。基于此，诸参与作者在写作上亦竭力追求文字的平实畅晓，然十位作者文风笔触实难强求一律。此一方面在于三大篇的内容广博，涵盖中国哲学、外国哲学、马克思主义哲学的古往今来，各讲章节逻辑本不宜苛求其完全一致；另一方面，实乃编者个人学力所限，统筹功力尚有欠缺。因此，读者在阅读过程中若有觉得不当之处，责任在编者本身的力有未逮，敬祈读者批评指正。对所有参与老师于编撰与撰稿过程中所倾注之心血，表示最诚挚的感谢，并期许本书的出版，能为国内哲学教育略尽绵薄之力。

王涵青

于兰州大学哲学社会学院

2025年2月24日